理由与权威

——约瑟夫·拉兹的法律规范性理论

金韬　著

法律出版社 LAW PRESS · CHINA

北京

图书在版编目(CIP)数据

理由与权威：约瑟夫·拉兹的法律规范性理论 / 金韬著. -- 北京：法律出版社，2021(2023.12 重印)
ISBN 978-7-5197-6039-7

Ⅰ. ①理… Ⅱ. ①金… Ⅲ. ①约瑟夫·拉兹-法哲学-研究 Ⅳ. ①B516.6②D90

中国版本图书馆 CIP 数据核字(2021)第 205777 号

理由与权威:约瑟夫·拉兹的法律规范性理论
LIYOU YU QUANWEI:YUESEFU · LAZI DE FALÜ GUIFANXING LILUN

金　韬　著

责任编辑　李　群　翁潇潇
装帧设计　汪奇峰

出版发行 法律出版社
编辑统筹 法规出版分社
责任校对 王晓萍
责任印制 耿润瑜
经　　销 新华书店

开本 710 毫米×1000 毫米　1/16
印张 20.5　　**字数** 276 千
版本 2021 年 11 月第 1 版
印次 2023 年 12 月第 2 次印刷
印刷 北京虎彩文化传播有限公司

地址:北京市丰台区莲花池西里 7 号(100073)
网址:www.lawpress.com.cn
投稿邮箱:info@lawpress.com.cn
举报盗版邮箱:jbwq@lawpress.com.cn
销售电话:010-83938349
客服电话:010-83938350
咨询电话:010-63939796

书号:ISBN 978-7-5197-6039-7
定价:68.00 元
凡购买本社图书,如有印装错误,我社负责退换。电话:010-83938349

目　　录

绪　论

"恶法亦法"一直被认为是法律实证主义最为著名的标签。这个标签并不准确,不过"虽不中,亦不远矣"。法律实证主义的核心命题应该是概念性问题,即"法律是什么"需要通过社会事实或社会渊源予以识别,而不必然去考察这些规范或规范体系的价值或在道德上的好坏。或者说,"法律的存在和内容取决于社会事实(或社会渊源),而不取决于其优点"。[1] 这种"社会事实命题"或"社会渊源命题"才是法律实证主义的旨趣,但如果仅仅认为法律实证主义者只关注这类概念性争论,就忽视了他们在更大范围内的一些重要讨论。这导致了国内外一些学者认为法律实证主义者不关心价值问题,支持无条件服从恶法等类似的错误判断。事实上,许多法律实证主义者和自然法学家一样关注法律的价值(包括但不限于道德价值),只不过他们把这个问题排除在法律的概念问题之外进行解决,这也就是法律规范性的研究领域。

---

[1] Leslie Green, Thomas Adams, *Legal Positivism*, Stanford Encyclopedia of Philosophy, https://plato. stanford. edu/entries/legal-positivism/.

规范性是哲学和伦理学学科的核心问题之一,最初对规范性的研究也正是出现在这些领域。简单地说,行动哲学上的规范性概念是对“应当怎样”(what ought to be the case)问题的研究。根据乔纳森·丹西(Jonathan Dancy)的理解,规范性对“应当做什么”采取了一种广义的理解,既包括对什么是好或坏的评价性应当,也包括对什么是对或错的道义上的应当。[1] 这就是说,它指“休谟法则”中“是”相对立的广阔“应然”领域。20世纪下半叶,对于规范性的探讨成为伦理学领域最为热门的话题之一,特别对社会行动的规范性问题提出了一系列研究主题。人们应当怎样行动?法律、道德、习惯等社会规范又应当如何指引、约束和评价人们的行动?这样的问题对于法律来说尤为重要,因为法律并非自生型的规范或体系,它承载着法律制定者特定的意志,而这种意志有可能违背“应然”的价值实现。也就是说,与道德规范必然带有规范性不同,法律规范与法律规范性的联系似乎并没有那么直接,这是一个词源上的悖论,更是一个实践中的困境,法哲学必须正视这样的问题。

从历史上看,法律规范性问题的重要性在当代社会更为突出。这是因为从历史层面上看,传统的规范性来源(如神话、宗教或卡里斯马)在现代社会中都逐步“怯魅”,使法律系统似乎呈现一种自我指涉的系统,那么对于这样一个失去了其他体系支撑的人为“创造”,它从何处获得指引或评价社会行为的力量?这样的问题被20世纪的世界性悲剧放大,纳粹德国同样建立了一套法律体系,我们难道就因为其自称的“法律”而必须服从其指引与评判吗?在战后纽伦堡审判中,这样的规范性困境成为争论的焦点之一。这使在20世纪之前并不属于法哲学研究焦点的法律规范性问题,突然有了极其重要的研究价值与实践意义。

---

[1] See Jonathan Dancy, *Editor's Introduction*, in Jonathan Dancy ed., Normativity, Blackwell Publishers, 2000, p. vii. 类似的观点可见 Ralph Wedgwood, *The Nature of Normativity*, Oxford University Press, 2007, p. 1。

在当代英美法哲学家当中,约瑟夫·拉兹是最早关注并且最为关注法律规范性问题的一位学者,同时也因其在法律规范性和一般规范性理论研究的贡献,这位以色列出生的犹太学者在不同的学科领域当中享有盛誉。本书就是对拉兹法律规范性理论的全面研究,基本结论是拉兹在此议题上采用了一种道德视角,以理由论与权威论作为法律规范性的两大板块,将政治哲学与伦理学的研究引入对法律的思考当中,从而超越了传统的学派之争。通过对这位当代英美法哲学领军人物的研究,本书一方面指出拉兹在本议题上思考的全面性与完备性,另一方面也说明这种理论的重要实践意义。

从早期对法律规范性的思考,到后期直接上升到在一般性的哲学层面上研究规范性问题,拉兹更是由此成为在法学和哲学领域均享有杰出声誉的学者之一。从文本的角度来说,拉兹对法律规范性理论的研究可以分为前期和后期两个阶段,以 1986 年出版的《自由的道德性》(*The Morality of Freedom*)为界限,前期将法律规范性视为一种理论预设,以此为基础探讨"描述型法理学"的问题,而后期则打破了这个预设,开始思考法律和一般的政治权威在什么条件下才会具有规范性,以及行动主动如何能够分享一种规范性视角。这表明,拉兹对法律规范性的理解是不断深入的,从研究边缘走向研究中心,因此非常有必要简要梳理一下拉兹在该问题上的认识与发展进程。

前期的拉兹将法律规范性视为理论给定的前提,只考虑法律所应当发挥的规范性指引作用,而不去探寻法律到底有没有规范性以及如何获得规范性的问题。或许与奥斯丁一样,他将其抛给了法哲学之外的伦理学研究。在最早出版的《法律体系的概念》一书中,他将"规范的、制度化的、强制性的"视为法律最为一般和重要的特点。[1] 但该书重点集中在对第二个特点的论述上,认为"关于法律

[1] 参见[英]约瑟夫·拉兹:《法律体系的概念》,吴玉章译,中国法制出版社 2003 年版,第 4 页。

规范性的解释建立在法律体系而不是法律的概念之上”。[1] 这虽然是一个重大的发现,但并未进一步分析规范性本身(该书1990年第2版新增的附录则分析了规范性和体系、个别化之间的关系)。在《实践理性与规范》中,拉兹将法律的规范性问题和行动理由联系起来,并开始区分不同理由的类别。这正是当代哲学家考察规范性问题的基本方式,但他同样是在给定的规范性前提下展开研究,而没有进一步挖掘规范性本身的问题。他将自己的法律实证主义理论称为规范理论,“预设了某种价值理论……谁应当实现何种价值,以及他如何实现这种价值,构成了规范理论的主要问题”。[2]

这段时期拉兹的理论不考虑价值的来源问题,与传统的实证主义理论类似,他将这个问题扔给了其他学科领域;但是与传统的实证主义理论又不一样,因为他的规范理论预设了考察的对象是有价值的规范(包括但不限于道德上的价值),这就说明他只考察已经具备规范性的“良法”,分析的重点则是规范性如何被实现的问题。简单地说,这时候的拉兹拒绝探讨规范性的来源问题,只研究其运作方式问题。这一点在《法律的权威》中体现得最为明显,该著作第一章就鲜明地指出考察对象是正当性权威。尽管历史进程中各种不具备正当性的法律体系并不少见,不过如同自然法理论的拒绝一样,这些体系并不进入关于运作方式研究的考察范围。重要的是,拉兹在这本著作中详尽分析了法律权威的规范性如何运作。他指出,法律权威通过给予人们“保护性理由”来完成行为指引,这种理由不同于普通的行动理由(如道德理由),而是通过排除普通的行动理由来进行指引。比如,一个正当的法律权威规定“小汽车高速公路限速120码”,这样的交通法规就排除了驾驶员自己去权衡在高速公路上开多

[1] [英]约瑟夫·拉兹:《法律体系的概念》,吴玉章译,中国法制出版社2003年版,第202页。

[2] [英]约瑟夫·拉兹:《实践理性与规范》,朱学平译,中国法制出版社2011年版,第4页。

少码合适，指引并约束他们只按照法律行事，从而完成了法律规范性的实现。这时的拉兹还在法律实证主义的渊源论和正当性法律权威理论之间徘徊，一方面，他认为只有正当性法律权威才能提供行动理由；另一方面，他又认为公共可鉴别的行为标准是法律存在的唯一判准，这不涉及道德论证。[1] 尽管本书将论证这两者之间并不必然存在矛盾，但此时的拉兹明显并未将两者整合起来，其中所缺乏的重要一环就是法律渊源如何获得正当性，也就是规范性的来源问题。

1986 年拉兹出版了《自由的道德性》，这标志着他理论研究的重大转向，从纯粹概念分析的法哲学进入了政治哲学的领域中。这种政治哲学的思考能为他的法律规范性理论提供更多的伦理学资源，因为规范性归根结底是一个伦理学问题。该书的第二部分“权威的边界”最为集中地处理了规范性理论。从这时起，拉兹的学术重心放在了规范性的来源问题上。首先，针对《法律的权威》受到的批评，拉兹通过深入分析权威与理由之间的关系进行反驳。他强调主张权威和拥有权威的不同，法律存在的必要条件只要求前者，但是只有后者才真正地拥有规范性。这种规范性通过给予人们行动理由来指导、约束和评价社会行为，“权威通过权威性表述方式（utterances）的手段来影响人们的实践推理”，[2] 而这种行动理由就是《法律的权威》中分析的“保护性理由”。其次，拉兹并不认为所有的权威都是正当的，它的正当性只能由一些命题予以检验，通过了检测的实践权威才有规范性。这些命题包括“依附命题”“常态证立命题”“先占命题”。其中前两个命题构成了“服务型观念”，也就是拉兹规范性理论的主要方面。当然，这种规范性理论并不意在探寻法律应当被赋予何种实质性价值，而是追问在何种条件下法律应当具有约束力。最后，拉兹认为能够通过这些命题测试（特别是常态证立命题）的权

---

〔1〕 See Joseph Raz, *The Authority of Law: Essays on Law and Morality*, Oxford University Press, 1979, p. 52.

〔2〕 Joseph Raz, *The Morality of Freedom*, Clarendon Press, 1986, p. 28.

威非常少见,而且很难进行一概而论的处理,因此否定了一般意义上服从法律的道德义务。可以看到,在《自由的道德性》中,拉兹拓展了之前对法律规范性的功能分析,不仅指出具有规范性的权威怎样指引和约束人们的行为,还开始探讨权威的规范性怎样获得,搭建了一种"背景性理由→权威→权威性(保护性)理由"之间的完整的规范性理论链条。

《自由的道德性》并不是一本法学著作,更多的是在探讨一般意义上的规范性理论。之后在《公共领域中的伦理学》这本书集中,拉兹完成了将规范性理论应用到法律领域的尝试,其中影响力最大的《权威、法律与道德》一文将法律实证主义理论和规范性权威理论进行了对接,将前述的权威命题运用到法律权威上,以此论证"法律可能并不拥有权威,但只能以某些方式不拥有权威"。[1] 之后一段时间,拉兹开始将主要的研究精力放在伦理学的理由论之上,并与哲学和伦理学领域的学者进行持续对话和辩驳,直到 2009 年才将一些散见于其间的法哲学论文编成文集。这本书与法律规范性密切相关的是,拉兹开始反思之前的"服务型观念",明确将规范性的理论限于前两个命题,而将"先占命题"视为服务型权威的正常延伸,而非法律规范性的检测标准,并对命题的细节进行了修改,进一步限缩法律规范性的可能。[2] 在拉兹的最近一部著作中,他再次从伦理学的角度谈论规范性,与之前的《自由的道德性》不同,这次的探讨是他多年沉浸于理由论之后,从理由而非权威的角度出发进行的讨论。与法律规范性相关的内容可能包含以下两部分:一方面,他再次区别了不同理由的类型,并将其与实践推理过程进行了整合;另一方面,他开始思

---

〔1〕 Joseph Raz, *Ethics in the Public Domain*: *Essays in the Morality of Law and Politics* (*Revised Edition*), Clarendon Press, 2001, p. 216. 在本书写作中,《公共领域中的伦理学》一书的相关译文参考了该书的中译本,但在部分表述上有所改动。

〔2〕 See Joseph Raz, *Between Authority and Interpretation*: *On the Theory of Law and Practical Reason*, Oxford University Press, 2009, p. 126-165.

考理由的客观性问题,鲜明反对将理由和规范性主观化。[1]

通过对上述拉兹理论的分阶段介绍可以看出,他的理论关注点并不是单一的。拉兹本人的专著和论文涉及法哲学、政治哲学和伦理学等多个领域,学界至今仍没有对拉兹法律规范性理论进行全方位介绍与评论的文献。本研究的目的之一就试图证明法律规范性理论成为沟通他关于法哲学、政治哲学和规范伦理学的重要桥梁,其中最为核心的就是权威与理由两个分析单元。一方面,权威是法哲学和政治哲学共同研究的一个话题,当代政治哲学的研究领域之一就是如何正当化权威的存在,而法律作为当代最重要的制度化权威,成为该领域争论的焦点所在。另一方面,理由概念则是经拉兹引入法哲学的一个规范伦理学概念,规范伦理学将理由视为研究规范性的媒介,拉兹完全同意这一点,并将法律规范性与法律理由加入伦理学的对话之中。因此我们能有把握地说,法律规范性理论是贯穿拉兹的不同阶段、不同领域理论研究的一个主线。

尽管法律规范性主题在拉兹的理论中非常重要,但到目前为止,国内外学界都缺乏对其进行全面的分析。当然,这并不意味着这一主题缺乏关注度。恰恰相反,对这一主题某个具体方面展开的研究并不少见,例如,对拉兹的自由至善论、服务型权威观、排他性理由等方面的研究。但是,这些研究通常集中于对拉兹特定时期的具体观点展开分析和批判,忽视了规范性问题的整体性特征。局部研究不能代替对该问题的整体研究,对于理论不断发展的拉兹更是如此。排他性理由就是一个很典型的例子,仅仅对《法律的权威》进行文本解读的话,就不可能认识到法律能够提供一种保护性理由(同时作为一阶理由和排他性理由)。如果认为所有的法律都能够提供排他性理由,这就完全误解了拉兹,也可能会导向"盲从"法律——这种被拉

[1] See Joseph Raz, *From Normativity to Responsibility*, Oxford University Press, 2013, p. 85-103.

兹明确拒绝的观点。[1] 甚至,即使将文本转换到《公共领域中的伦理学》,将拉兹的权威理论与排他性理由对接,也难以避免错误的解读,这是因为这些文本已经预设了一种独特的理由论,不理解理由产生的环境、理由的不可通约性,就很难掌握拉兹将权威和理由之间进行连接的精妙之处。因此,我们需要整体一贯地对待拉兹前后期的著作,理解拉兹在这个主题之上的整体思想。

那么,应该怎样进行对该主题的整体研究呢?在这里,我们面对的是一个仍然在世的当代思想家,国内较为流行的剑桥学派和施特劳斯学派的思想解读方法很难应用在研究拉兹身上。因此,笔者采用了拉兹的方法研究拉兹,也就是说,本书仍然是沿用了分析法哲学的研究思路,以对文本和思想的分析作为研究方法,而不涉及文本之外的语境、写作目的的探索,也不涉及关于"未曾言说的话语"之类的解读。这种分析式的方法使本书的研究目的有限且明确,可以用两个标准检验本书的研究是否成功:其一,它是拉兹的理论吗?其二,它是一种足够融贯的解读吗?

尽管这两个目标似乎并不难达成,但是却有一定的模糊之处,需要进行进一步的阐释。通常来说,对于特定思想的解读可以包括不同的层面。第一个层面可以称为说明,也就是对该思想进行全面的描绘。在这一层面上,被解读的思想和解读者是不平等的。解读者仅仅限于忠实地将已经成文的思想记录下来,并进行系统化的整理。借用布兰顿的一本书名,解读者的工作是"使之清晰"(make it explicit)而已,[2] 这也是分析式研究最为标准的方法。第二个层面可以称为诠释。这一层面的解读者有了更大的能动性,他的任务不仅是说明思想说了什么,还在于给出一个对于被解读思想的最佳解

---

[1] See Joseph Raz, *The Authority of Law*: *Essays on Law and Morality*, Oxford University Press, 1979, p. 227-243.

[2] See Robert E. Brandom, *Make it Explicit*: *Reasoning*, *Representing*, *and Discursive Commitment*, Harvard University Press, 1994.

释。很多学者的理论观点都是在不断演进变化的,甚至前后观点存在明显的不融贯之处。有些学者已经给出了对不融贯的解决方案,如罗尔斯很清晰地说明了政治自由主义和正义论伦理学的差异。但是,更多的学者并没有给出解决方案。这留给了解读者很大的空间,在既有的理论资源之中寻找一种最佳解释。不同于"使之清晰",这一层的工作还包括"使之融贯"。第三个层面则可以称为建构。在这一层面上,解读者颠倒了自身和文本的关系,试图在可利用的文本内外的相关思想资源之中建构出一种成功的理论。如果说诠释关注的是不脱离思想的最为融贯的解读,那么建构就是提炼文本的思想,使其具有最大的解释现实社会的力量。这并不是说建构是摆脱文本的,而是指基于文本建构的理论很可能已经脱离了文本写作者所能接受的范围,基于文本的建构成功与否的标准外在于文本本身。当然,这三个层面并不是截然区分的,在很多研究之中它们都彼此缠绕在一起。

本书的研究试图同时包含这三个层面,并且相信这是对待拉兹法律规范性理论的正确方法。前半部分侧重于说明和诠释,理由论和权威论被本书视为拉兹在该主题上的两个"犄角",因此首先精确说明拉兹对理由和权威的分析。然而,如前所述,拉兹的理论不断演进,很多具体观点仅见于特定的某些文本之中,甚至前后的一些观点还有未经说明的冲突,因此本书希望能够找到两者之间最为融贯的结合。由于笔者相信,这种以理由和权威为基础的理论是目前学界最有力的规范性理论,因此在后半部分笔者试图给出两者的结合所带来的一些理论蕴含(implication),而这些蕴含并非拉兹本人明确在文本之中提出的。因此,后半部分更多是采用了诠释和建构的层面,无论是规范性间隙还是法治理论,都仅是笔者发挥了能动性予以积极解读的结果,试图在拉兹文本中提炼出一种非常有价值的理论观点。特别是后者,甚至可能支持一种拉兹本人反对的法治观点。好在解释学已经普遍承认,思想和文本可能会有脱离生产者的独立生命，“解释者无法发现、甚至没必要发现某个解释对象的‘原意’是什么”。[1] 所以，这后半部分的解读既是拉兹的，也是拉兹式的。总体来说，本书的章节编排可以说是一个逐渐“离开”拉兹文本的过程，在介绍完拉兹本人关于法律规范性理论的论述之后，本书将一步步地离开拉兹文本，在遵循拉兹文本精神的同时，诠释并建构出这种理论在不同议题上给出的答复。

这三个层面在分析上是相互独立的，研究的评价标准也各不相同：说明层面的评价标准是“准确”，诠释层面的评价标准是“融贯”，建构层面的评价标准是“成功”。本书同时包含三个层面的思想解读方法，笔者自然想要完全满足这些不同的评价标准。然而，理论研究总是有着这样或那样的缺陷，对于拉兹这样思想晦涩的学者更难免有所误读。如果本书的研究（特别是后半部分）并不能准确描绘拉兹的观点，那么笔者至少希望自己的能动性发挥也提供了一种融贯且成功的规范性理论。

无论如何，本书想要提供一种融贯的拉兹（式）解读。拉兹的思想一直在演进之中，对法律规范性理论的理论在不同时期可能有着些许不同的论证，甚至在前后期之间有着细节上的矛盾，这就为如何理解拉兹的思想带来了困难。那么，该如何发现并解决这些理论上的不融贯呢？笔者采取了两种较为少见的研究方法，以消除对拉兹理论的多重不同解读。一方面，除了概述性的第一章，其余章节中笔者在分析的同时，也会介绍学界对该章节所论述主题的批判，这种介绍并不是为了证明拉兹理论的缺陷，而是希望在正反辩驳之中找出对拉兹理论最适当的解释。因此，尽管拉兹本人并未直接回复有些批评，但笔者在理解力所允许的范围之内，还是试图从拉兹的理论中提取相关资源，以建构出对批评者最有力的回答，并且通过这种回答更为清晰地看到拉兹法律规范性理论的内在逻辑。另一方面，本书

---

[1] 赵英男：《论整全法与哲学解释学的同一与差异——基于方法论的考察》，载《法制与社会发展》2019 年第 3 期。

对拉兹的不同文本并没有采用偏好式解读,也就是并不将拉兹的某一种或几种文本视为最具权威性的文本给予特殊权重。广为人知的是,罗尔斯采用了一种“反思平衡”的研究方法,在抽象的道德原则和深思熟虑的道德判断之间进行反复验证,但并不给予其中之一特殊地位,既允许原则修订判断,也允许判断修订原则。[1] 笔者采用的方法则可以说是“文本的反思平衡”,并不将后期的文本视为拉兹的最为正确理论,而是在不同文本之间穿梭,试图找出最融贯的规范性理论的平衡点。这既是对文本的重新整合,也是尊重文本内在精神的一种体现。至于这些方法能否达到笔者所欲的目的,则交给读者们予以判断吧。

---

[1] 这一方法的介绍可见[美]约翰·罗尔斯:《正义论》,何怀宏、何包刚、廖申白译,中国社会科学出版社 1988 年版,第 45~50 页。学界研究指出,罗尔斯在不同的章节分别运用了广义和狭义的反思平衡,两者的区别在于道德原则的抽象性不同。See Norman Daniels, *Wide Reflective Equilibrium and Theory Acceptance in Ethics*, Journal of Philosophy, Vol. 76:5, p. 256-82(1979).

第一章　规范性与法律规范性

长久以来,规范性问题是一个哲学伦理学的中心议题。自苏格拉底以来,几乎所有的哲学家或伦理学家都会思考"我们应当如何生活"的规范性问题,并间接影响了所有的人文与社会科学。具体到法学理论领域,无论是以规则形态还是以原则形态存在的法律,都是规范的类型之一,而规范(norm)和规范性(normativity)明显有着同源身份。这些规范部分塑造了"我们应当如何生活",因此规范性也或多或少成为法哲学家涉及的重要议题。[1] 然而与其他学科领域不同,自然法学家将规范性视为自然依附于法律规范之物,而早期的法律实证主义者则将其排除在法哲学研究之外,这使很长一段时间之内规范性并不是法哲学家所争议的主题。也就是说,法哲学经常在谈论规范性的实践,却不研究规范性的议题。

这样的局面在 20 世纪中叶得到了转变,凯尔森

---

〔1〕 有学者认为,直接涉及规范性谈论的学科至少包括心灵哲学、形而上学、行动理论、元伦理学、社会哲学、政治哲学、伦理理论和法哲学。See Stefano Bertea & George Pavlakos, *Introduction*, in Stefano Bertea & George Pavlakos eds., New Essays on the Normativity of Law, Hart Publishing, 2011, p. 2.

和哈特开启了法哲学领域对规范性的研究，特别是后者引发了法哲学领域持续至今的“法律规范性争议”。从此以后，规范性问题就成为法哲学研究的关键问题之一，之后英美法哲学都不得不涉及对该问题的研究，在此问题上的争论也不再是“恶法是不是法”这样的概念问题，而是“什么样的法律才能指引美好生活”这样的规范性问题。本章就是对这一争论的简要概括，介绍目前学界关于法律规范性的主流理论。第一节涉及规范性的基本理论，从著名的休谟问题出发，界定规范性的理论议题以及它与法学理论之间的关系。第二节则是对法律规范性问题的简要回顾，先分析传统上两大学派对这个问题的处理，再介绍法律实证主义者哈特的法律规范性理论，正是后者极大地启发了当代英美法哲学，尤其是法律实证主义对该问题的处理。由于本书的主题是法律实证主义拉兹的法律规范性理论，最后一节将分析当代法律实证主义内部发展出来的另外两种法律规范性理论——惯习理论与规划理论，它们和拉兹的理论形成了一种可能的竞争关系，因此这一节将介绍这两种理论，并初步指出这种囿于法律内部处理规范性议题的方式无法给出完整的答案。因此，本章虽然并不直接涉及拉兹的法律规范性理论，但是为理解其理论提供了一般性的分析基础。

第一节 什么是规范性？

一、休谟法则

归根结底，规范性是一个哲学或伦理学命题。简单地说，哲学上的规范性概念是指关于“应当做什么”的研究，根据前述乔纳森·丹西的理解，规范性对“应当做什么”采取了一种广义的理解，既包括对什么是好或坏的评价性应当，也包括对什么是对或错的道义上的应当。[1] 这就是说,它指"休谟法则"中对立于"是"的"应然"广阔领域。为了更好地理解规范性,我们就需要对"应然"做出一个基本的限定。

设想一个简单的场景,两个朋友小王和小张在一起聚餐,小王点菜时要了一瓶啤酒。等酒菜上桌之后,小张对小王说,"不应该点啤酒,因为我怀孕了"。这里似乎存在一个初步的实践推理:因为某人怀孕,所以不能喝啤酒,因此不应该点啤酒。然而这是一个错误的推断,其错误不在于推断的后半段,而是在前半段,怀孕这个事实本身并不能直接推断出不能喝酒这个结论。这个推断缺少了一项大前提,在这个场景中小张认为小王共享着这项大前提,因此在对话中被隐藏了起来。如果我们将其补全的话,这项推断应该是:大前提——孕妇不应该喝酒;小前提——小张是孕妇;结论——小张不应当喝酒。为什么前一个推断是错误的,只有经过补全大前提之后该推断才能成立?这是因为前一个推断是从一个事实出发——小张是孕妇,推断出一种规范性判断,这犯下了一种逻辑错误。而后一个推断的大前提是一种规范性判断——孕妇不应该喝酒,该实践推断是从规范性前提到规范性结论,在逻辑上就能够成立。再进一步分析还可以看到,其大前提的规范性可能不是不言而喻的,我们还可以追问"为什么孕妇不应该喝酒",合适的回答可能是一项理论推断:人不应该做损害自己的事,而喝酒会对孕妇身体会造成损害,所以孕妇不应该喝酒。当然,大前提的追问还可以继续下去,但重要的是我们看到推断的前件一直是价值性或评价性的,这就使整个推理链条从理论推断的前件到实践推断的结论都是发生在价值性或评价性的领域,在其中事实(小张是孕妇)不断被推断前提所涵摄,但自身并不会成为推断的前件。我们可以看到,即使是这项规范性实践推理的最终结论(小张不应当喝酒)也不是一个事实,而只构成对事实的指引

---

〔1〕 See Jonathan Dancy, *Editor's Introduction*, in Jonathan Dancy ed., Normativity, Blackwell Publishers, 2000, p. vii.

或评价。即使小张最后推不过朋友之间的情面喝了点酒，也无法推翻整个推断过程。简言之，每个规范性主张都至少有一个规范性前提。

对于事实和价值之间的分野，大卫·休谟则在理论上给出了最有影响力的断言：从是（is）之中绝对无法推导出应当（ought）。这一答案影响了后来的哲学和伦理学领域，虽然有不少学者试图挑战或者修改这个论断，但迄今为止其核心部分不但为被推翻，反而成为整个人文和社会科学的根本“法则”。具体而言，休谟给出了这样的论述：[1]

> 对于这些推理我必须要加上一条附论，这条附论或许会被发现为相当重要的。在我所遇到的每一个道德学体系中，我一向注意到，作者在一个时期中是照平常的推理方式进行的，确定了上帝的存在，或是对人事作了一番议论；可是突然之间，我却大吃一惊地发现，我所遇到的不再是命题中通常的“是”与“不是”等连系词，而是没有一个命题不是由一个“应该”或一个“不应该”联系起来的。这个变化虽是不知不觉的，却是有极其重大的关系的。因为这个应该或不应该既然表示一种新的关系或肯定，所以就必需加以论述和说明；同时对于这种似乎完全不可思议的事情，即这个新关系如何能由完全不同的另外一些关系推出来的，也应当举出理由加以说明。

休谟的论述将事实领域和价值领域进行了区分，前者通常由“是”或“不是”这样的连词进行陈述，而后者的陈述则采用“应该”或“不应该”（或“好”与“坏”等）这样的连词，两者之间不能直接进行逻辑推导。自休谟开始，所有的研究领域也就区分成了两块，描述性研究关注事实问题，而规范性研究关心价值问题，尽管一个理论可以

---

[1] ［英］休谟：《人性论》，关之运译，商务印书馆 1980 年版，第 509~510 页。

同时涉及这两者,但它们之间并不能构成相互的推导关系。

二、规范性与理由

休谟法则为事实与价值划出了界限,而规范性就属于应然的价值领域。无论是评价性的应当还是道义上的应当,都无法化约为事实层面上的因果逻辑关系。然而规范性是一个相当模糊不清的概念,如何理解规范性成为哲学或伦理学领域著名的难题。当代的"实践理性转向"复兴了规范伦理学,同时其成果也被引入了法哲学领域,补充了由哈特开启的法律规范性研究,使法哲学的规范性争论成了热点话题。因此在进入法哲学研究之前,我们简要勾勒一下这次"实践理性转向"的研究成果——将理由作为研究规范性的基本单元。通过对理由的分析,规范性卸掉其模糊的装束,成为当代哲学和伦理学中规范性研究进行对话的必要基础。

20 世纪初,认识论上的非认知主义兴起几乎摧毁了整个规范伦理学领域。乔治·爱德华·摩尔(George Edward Moore)指出伦理学传统研究犯下了方法论的错误,即如果某物有着某种属性或特征就会被认为是善的,然而采取这种方式定义作为价值的善,无论怎样都无法跨越"某某特征是善的这句话有意义吗"的理论检测。摩尔重点分析了将善还原为经验客体和形而上学客体的错误,摩尔称其为"自然主义谬误",他由此主张善的概念本身是不可定义的。[1] 尽管摩尔本人反对善的主观主义,但"自然主义谬误"为接下来的直觉主义敞开了大门,这些直觉主义者认为善的实体只能由人们的直觉去把握。这种非认知主义路径完全摒弃了通过理性来把握规范性主张的可能,根据其最极端理论形式,善恶、好坏和对错无外乎是个人情感的表达。规范性的研究要么不可能,要么也只是一种个人主观的叙述,因此关于道德概念和逻辑形式的元伦理分析取代了传统的规

---

〔1〕 参见[英]乔治·爱德华·摩尔:《伦理学原理》,长河译,上海世纪出版集团 2003 年版,第 19 页。

范性分析，成为20世纪上半叶的伦理学“显学”。

“实践理性转向”[1]对于规范性伦理学的复兴非常重要，它将研究的焦点放在人的理性行动上，规范性的概念被用来解释行动的规范性，也就是说我们可以通过理性认识行动并对其进行评价。通过实践理性进行“实践推理是一种研究道德和伦理的方法。这种方法主要关注我们支持和反对特定行动和选择的理由。这个词通常是指（或源于）亚里士多德关于实践推理和思辨推理的区分。实践推理（最终）与行为联系在一起”。[2] 这其中最重要的连结点就是理由（reason），该词汇由拉丁语 ratio 转化而来，其智识传统中一方面与激情、自我利益对立，另一方面与不合理性（irrationality）对立。[3] 规范性的基本命题“应当做什么”就是指人们有理由去做什么，或者更为具体地说，规范性包括人们用一个或多个好的行动理由去指引他们如何行动。[4]

然而，规范性和理由之间的关系极为复杂，两者之间不能完全等同，这里可能存在一种非对称关系。一方面，并非所有的行动都经理由所指引，理由与合理性（rationality）密切相关，合理性是理由发挥功能的核心模式，最典型的例子就是一项理由构成实践推理的大前提，当所规定的事实存在之时，人们应当按照理由的指示行动。根据拉兹的理解，我们的理性要求对理由进行认可和回应，将理由转化为

---

[1] 需要说明的是，实践理性转向的一大成果是将规范性和行动理由联系起来，其思想直接溯源到康德的实践理性观念，但附带的后果是将行动理由的类型窄化，前现代的一些具有超验性质的行动理由很少进入分析的范围，因为这些理由无法通过康德式实践合理性的检测。对这种实践理由窄化的情况本书不予置评，但需要说明的是后文对实践理由的论述几乎都不涉及超验性实践理由。

[2] [美]布赖恩·H. 比克斯：《牛津法律理论词典》，邱昭继、马得华、刘叶深等译，法律出版社2007年版，第175页。

[3] See Jon Elster, *Reason and Rationality*, Princeton University Press, 2009, p. 1-3. 可以说，拉兹基本接受了两方面的论断，但是他可能会认为理由与合理性的关系没有这么紧密，两者并不完全等同，后者只是前者影响行为的核心模式。

[4] See Matthew H. Kramer, *In The Realm of Legal and Moral Philosophy: Critical Encounters*, ST. Martin Press, 1999, p. 176.

我们的信念或行动。当这种回应产生之时,我们就是信念或者行动合理性的,而当这种理性能力发生了“功能紊乱”(malfunction)时,我们就是不合理性的。[1] 但是很明显,社会中很多行动都与合理性无关,也有一些并非通过理由所构成的大前提直接推导的行动存在,比如基于自我利益审慎原则的行动,基于情感或本能的行动。但在很多伦理学家看来,理由仍是理解规范性的关键所在,有一定规范性的非理由行动也需要通过理由的关联得到理解。拉兹就很直接地指出了其中的关联,“所有的规范性就在于它规范的构成,或者提供理由,或者其他相关的方式与理由相联系”。[2] 另一方面,理由也可以分为说明性理由(explanatory reasons)和规范性理由,前者并不能提供规范性,而是对某个事项提供一种说明,可以通过其提供的内容是否有用来判别是否为一个好理由。例如,有人携带了易燃易爆物品是这辆火车发生事故的解释性理由,堵车是车辆晚点的理由等,但该理由本身并不是规范性研究的主题,即使与人的行动有关,它也只是一种因果逻辑式的说明方式。规范性理由则提供“应然”的指引,作为理性存在的人,其表现形式就是对各种理由进行回应的能力,这种回应就包括“使用规范指引我们的行动、信念、情感与渴求等等”。[3] 这样看来,实践领域规范性和理由之间是一种单方面的蕴含的关系,所有行动的规范性都必须基于理由得到理解,但并非所有的理由都用来解释规范性,其中重叠的部分被称为规范性理由,然而正是该

---

〔1〕 Joseph Raz, *From Normativity to Responsibility*, Oxford University Press, 1999, p. 67. 拉兹对合理性的理解似乎非常接近于斯坎伦(而非帕菲特),只有当理由慎思过程得出了结论性理由或不败的理由之后,不去服从理由才是不合理性的,这使他的合理性概念只是依照理由行动的核心部分。我们完全可以设想,行动主体进行了不合理性或与合理性无关的推论,却也能够做出符合理由的行动。拉兹认肯这种观点,关键是理由和行动的关联,通过行动实现了理由背后的价值,而不是合理性在推理之中的作用,这有可能是他强调我们符合而非遵从保护性理由的原因(详见第二章)。

〔2〕 Joseph Raz, *Engaging Reason: On the Theory of Value and Action*, Oxford University Press, 2011, p. 93.

〔3〕 John Gardner, *Nearly Natural Law*, American Journal of Jurisprudence, Vol. 52:1, p. 1 (2007).

重叠部分,是“实践理性转向”关注的焦点,也是研究权威的关键所在。本书除了另有说明外,“理由”一词均指规范性理由。

规范性研究将规范性理由作为基本的分析单元,这是“实践理性转向”的重要发现。以前的规范性研究,通常将“善”置于研究中心(如摩尔),这一分析地位如今已经被“行动理由”取代。托马斯·斯坎伦(T. M. Scanlon)就将这一转变称为“理由原教旨主义”(reason fundamentalism),理由不能被化约为自然世界的客体、因果效应,也不能根据合理性或理性主体这样的概念来说明,甚至诸如“善”和“应当”这些概念也只能通过理由予以分析。[1] 也就是说,理由是规范性研究唯一的基本粒子。这表明规范性理由至少在一定程度上是一种客观理由,行动主体将其纳入理性的实践推理,并借助理由证成自身的行动。

三、法律与规范性

由于本书关注点为法律的规范性,因此可以避免深入到哲学或伦理学之中对于理由和规范性的多重未定争论。法律规范性并非自成一派的神秘之物,它与道德哲学、政治哲学共享着对于“规范性”概念的基本理解。[2] 前述的分析虽然未能对规范性给出一个明确的定义(这在哲学和伦理学领域亦无定论),但这种最低限度的哲学共识已经可以为我们理解法律规范性奠定哲学上的基本支撑——规范性涉及的是应然领域,其基本分析单元为理由——在法律领域中同样如此。

---

[1] T. M. Scanlon, *Being Realistic about Reasons*, Oxford University Press, 2014, p. 2. 在元伦理学领域,拉兹更应当被视为一位“价值原教旨主义”者,但本书并不涉及价值和理由之间的元伦理学争议。

[2] See Brian H. Bix, *The Normativity of Law*, in Torben Spaak & Patricia Mindus eds., The Cambridge Companion to Legal Positivism, Cambridge University Press, 2021, p. 592. 比克斯在该文中并不否认有些学者对法律规范性有着完全不同的理解,认为它完全不可化约为道德性或审慎考量,但比克斯还是认为这种理解在当代法哲学研究之中是非常规的(unconventional),很难清晰地被陈述,也很难获得证成。

不过,法律和规范性的关系远没有表明上看起来那么直接,法律是否具有规范性在法律研究中尚有疑问。这就导致了早期法哲学对法律规范性的研究相对薄弱,“法律哲学中的一个重要的空白点是,还缺乏把法律的规范性作为一个独立的内容加以解释”。[1] 法哲学之外的很多法学研究就干脆直接抛弃了法律的规范性维度。在斯堪的纳维亚的法律现实主义者眼中,法律规范内在并没有规范性,人们是出于一种神秘的心理压力而服从法律,这种理论将法律和法律体系视为产生心理压力机制,这种机制能够带来类似自然世界因果关系的法则,因而属于休谟法则中的事实领域,只能通过心理学而非哲学与伦理学进行研究。[2] 同样,美国的法律现实主义者也可能不会同意法律有规范性,因为在他们看来,法律的作用是预测法官的行为,而法官尤其是最高法院的法官的行为就是法律本身,而法官的个人性格、情绪起伏、社会阶层以及其他偏好都是决定法律是什么的因素,对法律的研究就可以化约为心理学、经济学和人类学等社会科学的研究,这些研究可以提升我们对法官行为预测的准确率,正如奥利弗·霍姆斯的名言,“对于法律的理性研究而言,现在是属于研究文本的人,而将来则属于研究统计学和精通经济学的人”。[3] 法律行为主义和法律经济学这些学科同样也会反对规范性研究,它们将其视为神秘之物,不能通过经验得到证实或证伪,而只有关于法律现象的数据和模型才能获得法律知识。

除了这些外部批判之外,在法哲学内部也有不少人怀疑规范性的存在,进而否定法哲学应该对规范性问题进行研究。毕竟,法律和道德不同,道德凭借其自身就能成为规范性的存在。与法律类似,道德也指引和评价人们的行为,但是当我们援引道德规范和道德理由作为行动理由时,这种援引必然包含着人们这种规范性的肯定。比

[1] [英]约瑟夫·拉兹:《法律体系的概念》,吴玉章译,中国法制出版社 2003 年版,第 273 页。

[2] See Alf Ross, *On Law and Justice*, Stevens, 1958, p. 39.

[3] [美]小奥利弗·温德尔·霍姆斯:《霍姆斯读本:论文与公共演讲选集》,刘思达译,上海三联书店 2009 年版,第 29 页。

如，在人们的行动中，“不应该撒谎”成了一个指引人们行动的道德理由，并用这条规范谴责撒谎的行动，对这些行动分别打上道德或不道德的标签。几乎所有的道德规范都是这样通过给予道德理由来指引或评价人们的行动。而在批判性道德中，我们通过原有的道德规范不具备规范性来去除实定规范的道德地位，并且这种地位去除具备着回溯效应。奴隶制中的行动规范就经历了这样的变迁，在18世纪以前，西方大部分国家将奴隶制视为一种道德制度，奴隶有道德理由服从奴隶主的规定，但是社会文化发生变迁之后，社会批判家通过否定这种制度的规范性来废除奴隶制度的相关规范，现在我们看来奴隶制自始就是不道德的，不应该具有规范性。因此，在道德领域，道德规范、道德理由和规范性之间是一种共生关系，一旦否定了后者，规范和理由也就不复存在。

法律领域则不同，法律和规范性之间没有这么紧密的关系。设想一个总体上较为完善的法律制度，但是突然有一天制定了一部非常糟糕的法律，内容上非常混乱，形式上也充满了溯及既往的模糊性条款，它不但不能指引人们的行为，反而会造成严重的社会无序。法学家可能都会否定这部法律的规范性，无论是出于内容的理由还是出于形式的理由，但是他们可能会对这是否为“有效”（valid）的法律产生争议，因为它是在一个整体良善的法律制度中通过适当立法程序完成的。这表明，在法律领域，法律身份和规范性之间并非完全是一种共生关系，有效的法律和有规范性的法律之间可能并不等同。这导致了一些法哲学家并不关心规范性问题，他们或许会认为某些法律具备规范性，但是这不是法哲学或法律科学研究的课题。约翰·奥斯丁就断言，“法律的存在是一个问题。法的优劣，则是另外一个问题”，[1]法哲学理论只用关注前者。

---

〔1〕 John Austin, *Lectures on Jurisprudence or the Philosophy of Positive Law*, London: John Murray, 1885, p. 214. 转引自刘星：《译者序：奥斯丁的“法理学的范围”》，载［英］约翰·奥斯丁：《法理学的范围》，刘星译，中国法制出版社2002年版，第7页。

尽管这些批判能带来很多启发,无论是外部批判还是内部批判都没有太大的说服力,不能将法律规范性排除在法律研究之外。对于外部批判来说,其批评完全偏离了目标,至少有四个理由可以对其进行反驳。首先,这些法社会学、法经济学或法律现实主义的批判只能证明法律规范性不是法学研究唯一的领域,有其他同样重要的研究要采用完全不同的研究手段才能完成。对于法律的事实维度来说,法律规范性领域无法完成研究目的,但这不是不需要对后者进行研究的理由。其次,这些研究方法在研究时预设了一个法律或法律体系的概念,而这个概念远远不是不证自明的。比如,在有些国家中,具有约束力的商业习惯和法学学说都是有效的法律渊源,因此规范性的法律研究可能会在这些研究之前的阶段出现,没有规范性的法律研究,这些外部研究就可能从起点上就犯下了悬而未决的谬误。再次,哪怕这些研究通过直觉获得了正确的研究起点,但这其中最好的理论也只能完成纯粹的描述性研究。一旦我们进入应然领域的法学研究,就不得不把法律规范性放在核心位置。现实中对法律的研究远远不止描述性理论,人们是否应当服从法律、法官在疑难案件中应该怎样裁决、应该以功利主义作为立法原则吗,这些经典的法学问题都涉及法律规范性。无论是心理压力机制还是预测法官行为都无法回答这些问题,因果关系一旦涉及规范性领域,就违背了经典的休谟法则。最后,很多描述性理论的研究方法之中也暗含了规范性成分。比如在法经济学中,一个基本的预设是法律应当提升社会的总体福利,因此评价真实的法律体系的好坏时就采用了这种福利功利主义的标准,然而法经济学的理论并没有解释为什么总体福利的提升就能作为基本的评价性原则。一个可能的解释就是它们认为社会总体福利的提升能够带来法律的规范性,这样的法律能够最有效的指引或评价人们的行动，人们应当服从这样的法律。[1] 这样看来，外部批判不能简单地将规范性问题抛弃在研究视野之外，尽管它们表面上谴责规范性是形而上学的，但它们自己的分析中法律规范性问题总会时不时地跳出来，或许我们可以称为“规范性的幽灵”。

相比外部批判，法哲学内部对规范性的反对要严肃得多，毕竟这些理论家之间有着共同的对话基础。这些内部批判确实有一定的道理，法律和道德不同，如果说道德是规范性的核心体现，那么法律和规范性的联系有时是直接，但有时也只能是间接的。直接联系的例子如“不得故意杀人”这条在法律和道德中同时存在的规范，而间接联系可能体现在“在菲律宾，所有的机动车必须靠右行驶”这样的法律规范，虽然道德领域并没有相同的规范，但违背这条规范可能会导致社会混乱，因此通过法律规范所服务的目标——社会协调，法律和道德以及规范性建立了间接链接。同样，内部批判很正确地指出，不能仅仅因为法律的不道德就去除其法律身份（尽管部分自然法学家可能会反对），法律身份赋予了规范效力，而规范性赋予了规范理由，两者之间有着明显的区别。然而，这些内部批判至多也只能说明法律规范性不是法哲学的全部。尽管规范性和道德直接相关，但法律规范性是这些道德问题在法律领域的体现，我们不能拱手交给法哲学之外的领域进行研究。比如自古以来，法哲学家都在苦苦探寻着什么是良法，也就是什么是具有（直接或间接）道德性的法律，如果像奥斯丁那样将这些问题留待伦理学家进行解决，法哲学研究就自缚了手脚。描述性的概念问题只留给法哲学相当有限的空间——法律的本质特征和法律的逻辑结构。并不是说这些问题不值得研究，而是如果只研究这些问题，就大大窄化了法哲学的研究范围。在休谟那里描述性理论和规范性理论是哲学研究的两块平行领域，在

---

[1] 具体到理查德·波斯纳这位当代法经济学的旗手来说，还引入了一个“效率假说”的规范性基础——法官应当服务于效率的方式裁判。参见［美］欧文·费斯：《如法所能》，师帅译，中国政法大学出版社 2008 年版，第 255~256 页。

法哲学领域同样也是如此。如果放弃了规范性研究,法哲学就很难称为一份完整的法哲学。这也难怪当代著名的法哲学家,无论德沃金、拉兹还是菲尼斯,都是有着较为完整的描述性和规范性理论,尽管两者并不能相互化约。

第二节 法律规范性的理论争议

一、传统的自然法视野下的法律规范性

在法哲学领域,自然法学与法律实证主义几乎垄断了所有的争议。前者占据了西方法律思想史的大部分时间,而后者自 19 世纪兴起以来,已经成为当代最有影响力的学派。尽管两造之间最为引人注目、也是最容易被误读的学术争论是"恶法亦法/恶法非法"之争,但事实上它们的共同点和分歧点可以扩展到整个法哲学的论点——虽然本书试图表明拉兹将要突破这个界限。规范性就是这样的领域,"当个体 A 服从个体 B 的法律效力之时,而 B 运用这一权力从而改变 A 的法律地位,那么,这种改变无法用因果律来解释,而只能通过规范性来解释",[1]古今自然法和当代法律实证主义者都同意这样的论断——规范性不同于因果律,然而他们对法律如何具备规范性却有着大相径庭的看法。

传统的自然法学认为,在国家法和国际法这些人为制定的法之上,有一项更高级的法律决定着这些法律的身份和效力——这种高级法通常被称为"自然法"。[2] 其最极端的形式声称"恶法非法",也就是说实定之"法"因其严重违背了自然法的规定,因而不能具备法律的身份。经典的"拉德布鲁赫公式"就规定到,"凡正义根

[1] [美]斯坦利·L. 鲍尔森:《汉斯·凯尔森的规范主义》,载张龑编译:《法治国作为中道:汉斯·凯尔森法哲学与公法学论集》,中国法制出版社 2017 年版,第 155~156 页。

[2] 参见[意]登特列夫:《自然法:法律哲学导论》,李日章、梁捷、王利译,新星出版社 2008 年版,第 1 页。

本不被追求的地方，凡构成正义之核心的平等在实在法制定过程中有意地不被承认的地方，法律不仅仅是‘非正确的法’，它甚至根本上就缺乏法的性质”。[1] 传统的理论认为，这番论述规定的是法律的概念，也就是关于“什么是法”问题的自然法回答。事实上不仅如此，如果“恶法非法”仅仅是一种关于法概念的定义之争，那么它就是无意义的口头争议。一方面，把非法之法排除在法概念之外似乎违背了我们日常语言的使用，毕竟很多普通公民和学者都会毫不犹豫地在日常言谈中提及纳粹时期的“法律”——这是最典型的恶法之一。另一方面，即使学术语言和日常语言之间有所区别，对于法概念的这种争议也不能仅仅根据这种区别得到证成。哪怕我们将恶法排除在法概念之外，在学术研究中恶法和良法还是需要进行整体研究、不断对比，才能获得我们对于法律的相关理解。把恶法排除在法概念之外也并不能把它们排除在法哲学研究之外，这样的排除只会为研究产生更多的混淆和困惑。所以在这个意义上，哈特的批判就显得特别有力，“在对于法律的理论或科学研究里，我们无法从狭义的概念得到任何的成果；这会使我们排除某些法律，即使它们具有法律其他的组成特质。把这些规则的研究丢给其他领域，当然只是更加混淆，也没有任何历史或法学研究会这么做”。[2]

然而，自然法学的旨趣明显不在法概念的本体问题，其对“恶法非法”的断定更多的是出于规范性的旨趣。在自然法学看来，法律规范与道德规范属于同源关系，其身份、效力与规范性密切相连，否定了规范性也就否定了其身份与效力。这种同源身份正如凯尔森一针见血的评判，“从法概念中演绎出法规范，这是赤裸裸的自然法学的

[1] [德]古斯塔夫·拉德布鲁赫：《法律的不法与超法律的法》，舒国滢译，载雷磊编：《拉德布鲁赫公式》，中国政法大学出版社 2015 年版，第 10 页。

[2] [英]H. L. A. 哈特：《法律的概念》，许家馨、李冠宜译，法律出版社 2006 年版，第 193 页。

做法”。〔1〕不过，与道德规范有所不同的是，法律规范是实定规范，而非在约定、习俗演化中生成的道德规范，因而可能会出现规范性与实定内容相反的情形。在这种情况下，自然法确定规范其法律身份的标准是规范性而非实证性。也就是说，在法律规范的身份和效力问题上，自然法的回答是首先经过规范性的筛选之后，实证性才能确立其法律地位。在这些理论看来，没有规范性的实定性就像没有翅膀的鸟、不能打电话的手机一样，无法发挥其功能——指引和评价人们的行为，因而不能称为法律。这些非法之“法”，就是写在纸上的一串无意义的符号文字，不值得法哲学进行研究。

二、当代非法律实证主义视野中的法律规范性

传统自然法学将法律规范和道德规范视为同源身份的做法遭到了不少当代学者的反对，如果只是将法律规范视为一种实证化的道德规范，这样做就无法解释法律体系中大量存在的其他实证规范。从经验层面上看，即使是制定良好的法律体系之中也难免出现程度不一的“恶法”，如果就这样轻易否定了其法律规范的身份，那么留下来的法律规范也就很难称得上是一个完整的体系，甚至很难确定这个体系本身的身份和效力。何况在道德分歧在现实社会之中比比皆是，法律制度也是解决道德分歧的关键所在。即使是拉德布鲁赫这样的自然法学家，也不得不把自己的公式限定在纳粹这样极度不正义的规范体系之中。从理论层面来看，传统自然法学的问题在于无法解释法律规范的“实践差异命题”，〔2〕根据该命题，法律规范的作用就是意图获得一种实践差异，即使法律与道德规定有所不同，法律

---

〔1〕［美］斯坦利·鲍尔森：《赫尔曼·黑勒对纯粹法学的批判》，载张龑编译：《法治国作为中道：汉斯·凯尔森法哲学与公法学论集》，中国法制出版社 2017 年版，第 479 页。

〔2〕“实践差异命题”是法律实证主义者共享的基本命题之一，其具体内容可参见陈景辉：《法律的界限：实证主义命题群之展开》，中国政法大学出版社 2007 年版，第 239 页；［美］朱尔斯·L. 科尔曼：《原则的实践：为法律理论的实用主义方法辩护》，丁海俊译，法律出版社 2006 年版，第 26 页。

还是主张社会主体按照自身的要求行事。如果按照传统自然法的同源理论,法律和道德之间——特别是道德分歧中主流道德之间——就不可能产生任何的实践差异。这最终导致我们无法获知为什么需要法律规范和法律制度。道德法庭完全可以贯彻法律的作用,法律不过就是一个可有可无的累赘。

由于"实践差异命题"的挑战,当代法学家纷纷放弃或弱化了传统自然法的法概念。即使是同意道德对法律规范进行必要约束的学者,也大都承认不道德的法律仍然可以称为法律,但由于这些人赞成法律与道德之间的概念性必然联系,通常又被称为当代的自然法理论家。他们的研究方法和传统自然法截然不同,大多数都拆卸了身份和效力的联系,倾向于认可法律实证主义的法概念理论,以及法律规范有着制造实践差异的能力,而将目光集中在效力与规范性的联系之上。也就是说,他们同意某些恶法的法律身份,但因为过于邪恶而不具备法律效力。介于研究方法上与传统自然法区别很大,再加上他们内部的方法也呈现出纷繁复杂的多元特征,我们最好称其通称为非法律实证主义者,而非自然法理论家。[1]

朗·富勒(Lon Fuller)的程序自然法理论并未直接研究规范性问题,但是他与传统自然法理论的亲和力表明了其理论背后有着规范性支撑,因此可以重构发掘其对规范性的看法。简单地说,富勒的法律规范性理论有着双重性的特征,一方面是愿景式的,另一方面是门槛式的,这表明特定的法律规范或法律体系必须达到一定的门槛才能同时获得规范性与法律身份,但其规范性能力又随着对愿景的符合程度而有所区别。从门槛的一面来说,富勒提出了著名的程序自然法理论,有着表述清晰、明确、稳定等要求,并且官方行为需要与规则相一致。他认为任何人法的系统要真正的产生法律效力,就必须在一定程度上遵循"形式合法性"的建构标准,这种方法由八项程

[1] See Roger Shiner, *Norm and Nature: The Movement of Legal Thought*, Clarendon Press, 1992, p. 14.

序判准所评判,他将其统称为程序自然法。如果忽视了其中任何一项标准,也就违背了实践理性对法律制定的基本要求,因而丧失了法律的身份。达不到最低限度程序自然法门槛的——富勒称其为义务的道德,就不能称之为法律,甚至不能成为规则,因而也自然不具备任何法律的效力和规范性。从愿景的角度来看,法律则是服从规则治理的事业,对规则的服从就要求提升规则的道德能力,也就是在最低限度之上改进对八项程序判准的符合程度。富勒将这种自然法与古典意义上的广义自然法则进行了类比,"它们像是木匠的自然法则,或者至少像是一位想使自己所建造的房子经久耐用并服务于居住者之目的的木匠师傅所尊重的法则",[1]我们永远不可能使法律达到程序自然法的最高要求,但它要求我们按照这些要求不断改进法律。在富勒看来,法律规范性既是必要性的,在任何地方达不到最低限度程序自然法的要求都会丧失法律的身份,同时又是累进性的,在最低门槛之上我们都可以称为法律,但其规范性的程序会随着符合程度有所区别。[2]

另一位非法律实证主义的代表人物罗纳德·德沃金(Ronald Dworkin)从完全不同的角度阐明了他的法律规范性理论,其早期理论的核心在于法律原则。在德沃金看来,法律原则不同于法律规则,后者是实定之法,并且同意法律实证主义者对于法律规则的看法——其规范性与道德没有直接联系。然而,法律规则不能穷尽所有的规范,法律原则作为嵌入在法律制度之中的高级法,成为规范性的源泉。包含了法律规则和法律原则在内的整体"法律的一般理论必须既是规范性的又是概念性的",[3]这种理论的规范性部分与哲学、伦理学中的规范性理论有着密切的联系。法律原则就是这样的联结点,它们不仅是法律的原则,还是政治的原则和道德的原则,最

---

[1] [美]富勒:《法律的道德性》,郑戈译,商务印书馆2011年版,第113页。

[2] 当然富勒的规范性理论还有其"外在道德"的一面,但是他在这方面着墨较少。

[3] [美]罗纳德·德沃金:《认真对待权利》,信春鹰、吴玉章译,上海三联书店2008年版,第2页。

终必须用它们来证成法律权利和国家对权力的使用。在德沃金这里,法律原则将道德领域的规范性引入到法律之中,并且只有通过了法律原则的规范性测试,其他法律规则才会具有规范性。既有的法律规则和判例若无法通过原则的检测,虽然它们不会失去法律的身份,但也不应当指引人们的行动,同时法官有义务通过判决来限定或修订这些有着规范性缺陷的规则和判例。更为重要的是,德沃金以其生活的美国法律制度为例,并不认为这些充满了规范性的法律原则都是成文的规范,在疑难案件中要求法官从所有的法律材料里——包括判例和法律制度——推导出来法律原则。在里格斯诉帕尔默案中(Riggs v. Palmer),帕尔默为了获得遗产将其祖父杀害,如果拘泥于先例和规则的字面解释,那帕尔默仍然有资格获得这份遗产,但纽约州的法院根据了一项法律原则"任何人不得从自己的错误行为获利"剥夺了帕尔默的继承权利。德沃金认为这并非法官从道德领域进行的一项规范性判决,而是从制度化的道德,也就是法律原则之中进行的规范。法律原则构成了法律的上层建筑,哪怕是还未被发现的法律原则都具备了规范能力,成为道德制度和法律制度联结的桥梁。法律规范性与法律原则密切相关,即使是有待法官去发现的法律原则都对整个法律制度产生了规范性后果。比起传统自然法,德沃金扩张了法律的概念范围,将法院所依赖的所有可能的标准都视为法律,[1]却裁减了法律制度独立的规范能力。

非法律实证主义理论中还有一种引人注目的规范性方法,是由约翰·菲尼斯(John Finnis)所采用的新托马斯主义。由于菲尼斯的规范性理论与拉兹十分相似,第四章还将详细分析其异同点,本部分仅简单的介绍其关于法律规范性的基本观点。作为实证主义者哈特的学生,菲尼斯同样也认为善恶并非界定法律身份的要素,在很大程

---

〔1〕 See Joseph Raz, *Legal Principles and The Limits of Law*, in Marshall Cohen ed., Ronald Dworkin and Contemporary Jurisprudence, Duckworth, 1983, p. 84-85. 德沃金后期发展了非常不同,但更为精致地对法律实证主义的批评,对德沃金后期相关观点的分析和评估,可参见本书第三章。

度上他赞成实定法是一种社会事实的观点,并认为"恶法非法"是对自然法理论的误读。不过,他指出法律实证主义将研究的重心放在包括恶法在内的所有法律之上是一种错误,只有符合实践理性要求的实定法才是研究的重心,在他的理论中始终将法律的非缺陷性状态作为研究对象。菲尼斯区分了"中心案件"和"边缘案件",认为在法哲学中只有前者具有分析的价值,因为前者处于非缺陷性状态之下,始终通过实践理性服务于共同善,而后者中理性处于一种不完备的状态,或是无法认识共同善,或是无法真正实现共同善。所有,后者只能作为法律的败坏,无法帮助我们真正理解法律,而我们"必须通过询问那些通过关注、决定和活动来创造或构成主题事项的人认为在该领域被认为重要或重要的内容,来评估其主题内部的相似和差异的重要性或重要性"。[1] 由于法律规范将人们的行为导向共同善,只有在"中心案件"之中它们才能发挥出这样的功能,如果法哲学家坚持描述性理论的话,就无法区分"中心案件"和"边缘案件"的区别,也就看不到法律是一种理性的命令。菲尼斯的理论将充满规范性的法律作为研究对象,而不具有规范性或是规范性不足的法律在理论研究中没有太大的价值,而人们也不应当去服从这样的规范。总体来说,共同善或终极善作为规范性的最终来源,真正的法律会通过实践理性的引导服务于规范性的来源,在"中心案件"里法律因为服务共同善而获得了规范性。

三、法律实证主义研究的规范性转向

很多的非法律实证主义者本身就是一种规范性理论,这导致它们对于法律规范性的解释可能很有力,但其描述性理论却显得异常薄弱。传统的"恶法非法"理论就是其中最极端的例子,由于法律和道德同源,其规范性直接将道德嫁接到法律领域,然而用规范性理论

---

[1] John Finnis, *Natural Law and Natural Right*, Oxford University Press, 2011, p. 12.

裁减描述性理论导致了其将大量我们视为法律之物排除在法律定义之外，并且削弱了法哲学研究上的重要性。法律实证主义站在了相反的位置，其描述性理论或许很符合我们对法律概念的使用和直觉，但由于主张法律与道德不存在必然的概念联系，似乎很难解释其规范性理论的合理性，毕竟非道德的法律如何能指引和评价人们的行为。这使法律实证主义的批评者会质疑，实证主义的路径"大体上宣称个别法律规范或整个法律体系没有必要的道德内容，这似乎最起码会这样的假设存在紧张关系：法律具有一种强劲(robust)的规范性"。[1] 因此，我们需要梳理法律实证主义者持平的如何对待规范性的难题的完整的法理论。[2]

法律与规范性之间的关系远远不如道德来得直接，或者说只是一种"弱规范性"。[3] 道德规范形成于人与人的互动之中，天生就具有规范性，如"人不应该说谎"这样的道德规范，即使很少有人做到这一点，也不会否认它的约束力量。在有人撒谎时，其他人会对他说"撒谎是不对的，好人不应该撒谎"，通过人们诉诸自己的良心就能自觉地知晓并服从道德理由。然而，法律规范不必然是道德规范，人们应当怎样判别其是否有规范性呢？早期的法律实证主义者奥斯丁并不关注法律自身的规范性，他将法律的指引功能附属于主权者的命令之上，这样的命令由制裁所保障，因此在奥斯丁那里，人们是出于服从命令或恐惧制裁而关注法律，法律本身是否具备规范性并不是奥斯丁的考虑范围。"法律的存在是一个问题。法的优劣，则是另外一个问题"，奥斯丁的法律理论只关注前者，而规范性理论却可能抛给了伦理学研究，特别是他信奉的功利主义原则，但这只是回避问题而非解决问题，"规范性的幽灵"始终萦绕在其理论之上。奥斯丁的

---

〔1〕 Brian H. Bix, *The Normativity of Law*, in Torben Spaak & Patricia Mindus eds., The Cambridge Companion to Legal Positivism, Cambridge University Press, 2021, p. 585.

〔2〕 对法律实证主义理论转变过程的精细梳理，亦可参见马驰：《法律规范性的基础：以法律实证主义的演进为线索》，法律出版社 2013 年版。

〔3〕 范立波：《论法律规范性的概念与来源》，载《法律科学》2010 年第 4 期。

理论统治了英美法哲学界近一个世纪,这一时期法律自身的规范性不是一般性法哲学的研究对象。准确地说,汉斯·凯尔森应当是最早提出法律规范性理论的实证主义者,“在这一法律认知的历史征程中,凯尔森发现了法的本质属性——规范性,这成为法律思想史上的一个界碑。后来者,如伟大的哈特以及他众多的杰出弟子们,都是这一路标的追随者”。[1] 不过,虽然凯尔森为法律实证主义开启了规范性的大门,但是英美法哲学界的通说还是认为,真正具有影响力的法律规范性理论还是由哈特所开创。

哈特将自己的理论贴上“描述性社会学”的标签,这表明他写作《法律的概念》的意图并非提供一种规范性理论,然而已经有学者通过详细的分析表明了哈特的核心理论同样也涉及规范性议题,[2] 并通过这类议题指出了奥斯丁理论的两大困难。一方面,以强力为基础的命令说无法识别法律的规范性,很难将法律与其他强制性命令区别开来。在抢劫情形中,抢匪向银行职员下达一个命令,“把钱交给我,不如我要开枪了”。[3] 这种情形与奥斯丁对法律的定义非常相似,抢匪——类似于政治社会中的主权者——是两造之间的“强者”,因此他下达的是一个命令(order),而非平等主体之间的建议或者请求;而使他成为强者的原因是在该情境下,他拥有着对方无法企

---

[1] 参见张龑编译:《法治国作为中道:汉斯·凯尔森法哲学与公法学论集》,中国法制出版社 2017 年版,第 482~483 页。凯尔森的规范性理论非常精妙,核心要素的基础规范,既非事实又非道德的规范性来源正是其称为法律科学的基础,但本书不再进一步分析这项复杂的理论。比克斯最近的一篇论文可以作为参考,他认为凯尔森的法律规范性是完全独立于道德规范体系的,而哈特等英美法律实证主义则一致认为法律产生道德主张,笔者后文将要表明拉兹是在这条路上走得最远的一位。See Brian Bix, *Kelsen, Hart, and Legal Normativity*, Revus: Journal for Constitutional Theory and Philosophy of Law, Vol. 34, p. 1(2018).

[2] See Gerald Postema, *Conformity, Custom, and Congruence: Rethinking the Efficacy of Law*, in Mathew H. Kramer, Claire Grant, Ben Colburn and Antony Hatzustavron eds., The Legacy of H. L. A. Hart: Legal, Political and Moral Philosophy, Cambridge University Press, 2008, p. 48.

[3] [英]H. L. A. 哈特:《法律的概念》,许家馨、李冠宜译,法律出版社 2006 年版,第 19 页。

及的自然或社会资源——如手枪或匕首。这些资源向对方施加了威胁，意图使其依照命令的内容行动，否则在逻辑上会产生制裁性的剥夺。在加上一般性、普遍性和持续性等特征之后，抢匪情形就和奥斯丁的法律定义难以区分，然而无论是普通公民还是法律人都不会把这种抢匪的命令视为一道法律。哈特认为这是由于奥斯丁以制裁为基础的定义忽略了法律规范性维度，他称其为内在面向，人们通过法律规范辩护自己的行动并批评与之相反的行动，其通常表现为援引法律规范进行的“我/你应该……”推理形式之中。正如理查德·黑尔所说，在这类规范性词汇出现的场合，其“描述性意义……从属于它的评价性意义”，[1]也就是说法律的规范性维度不能化约为命令和制裁这样的经验事实。

另一方面的困难则是法律规范的类型问题。早期法律实证主义者将法律规范与制裁联系在了一起，无论是直接的还是间接的，这导致了他们采取了一种化约论的方式研究法律规范。现代法律体系中的法律规范丰富多彩，并非所有的法律规范都是施加义务的规范，也并非所有的施加义务的法律规范都与制裁直接或间接相关。哈特区分了初级规则和次级规则，前者是施加义务的规范，后者是授予权力的规范，而这些授予公共权力或私人权力的规范并不能由制裁和“命令说”所囊括，然而它们毫无疑问都是法律体系的一部分。进一步讲，哈特考虑了两种可能的反对意见，但他认为这些意见为了理论上的化约整洁(tidiness)，扭曲了人们对法律现象的日常理解。首先，私法，尤其是契约法中有很多契约的生效条件，一旦达不到这些条件，契约就不能被视为一项合法契约或有效契约，这一反对意见将无效视为一种制裁。然而，哈特反驳道“规定契约之法法律形式的法律规则，并非设计来压制某些行为的。这些规则只是使得约定无法获

[1] [英]理查德·麦尔文·黑尔：《道德语言》，万俊人译，商务印书馆1999年版，第113页。

得法律上的承认”。[1] 如果我们将制裁一词扩张到这种无效化的情景中的话,反倒使这个词汇失去了在日常语义中的重要意义,因为制裁常常是与生理或心理上的剥夺感或恶紧密相关的。第二种反对意见并没有改变语词的含义,反倒是改变了规范的形态以求得理论化约。凯尔森就是这样的代表,他将强制性规范或是制裁支撑的规范视为真正的法律规范,而授予权力的规范只是这些义务性规范的“条件子句”。也就是说,授予权力的规范是一种不完整的规范形态,前述的契约法规范必须将其转化为“当契约被违反诉讼至法院之后,法院应当实施××的制裁”这样的完整格式。哈特认为这样做或许在逻辑上存在可能,但是为此付出了相当大的代价。法律规范有着不同的社会功能,凯尔森将关注点放在法院的制裁之上,因而忽视了法律在日常生活中的最重要的行为指引功能。

哈特自己对这个问题的回答是引入了“内在观点”这个规范性因素。内在观点表明,人们对规则不是盲目地服从,也不是迫于制裁地服从,而是通过对规则自身的内容进行反思性批判之后,由于认同而接受规则的指引和评价,“法的规范作用就表现为指引行为和评价行为”。[2] 而无论是内部批判中的命令说还是外部批判中的预测论都没有看到规则与行动主体之间的关系,正是因为有着内在观点或规则内在面向的存在,人们才能将规则与非规则的命令、预测、风俗、习惯等区别开来。[3] 一旦整体社会群体的人,或者该群体内的特定的人群通过反思性批判将规则视为整个群体遵从的普遍标准,该规则就能不断的再生产确保其持续成为一条社会规则。这就使一方面“此种规则存在之处,偏离被视为将导致过失或错误的批判,并且有

---

〔1〕[英]H. L. A. 哈特:《法律的概念》,许家馨、李冠宜译,法律出版社 2006 年版,第 34 页。

〔2〕张文显:《二十世纪西方法哲学思潮研究》,法律出版社 1996 年版,第 101 页。

〔3〕哈特、夏皮罗等人将习惯(habit)视为一种非规范性的行为规律性,但法哲学一些最新研究认为,习惯和规范性规则的关系可能会更为复杂。See Sylvie Delacroix, *Law and Habits*, Oxford Journal of Legal Studies, Vol. 37:3, p. 660-686(2017).

偏离之虞的行为也会遭遇要求遵从的压力”，另一方面“对于偏离的批评被视为正当的，或是被证立的”。[1] 也就是说，内在观点在正反两方面施加的压力使得规则成为一种指引和评价社会行动的标准，这种压力既使得规则的存在和持续，又产生了规则的规范性。在内在观点所及之处，我们都能看到大量的“应当”“对错”“好坏”这样的规范性术语。

对于法律规范性来说，内在观点有着独特的性质，这项特质共同维护了哈特主张的“分离命题”——法律和道德没有概念上的必然联系，内在观点不是所有法律规范存在的必要条件。与所有的法律实证主义者一样，哈特也认为法律是一种社会事实，因而人们的反思性批判自身并不能使它成为一项实证法，这就有必要区别承认规则和其他规则。在承认规则不存在的社会，法律与道德、习惯这样的非实证性存在似乎无法区分，我们不能说所服从的到底是一项法律规则还是道德规则。从实证性的角度来看，此时社会秩序的形成不存在“实践差异命题”，单独的法律领域并不存在。但是这样的社会有着自身无法解决的缺陷，其中规则本身不确定性的缺陷引入了次级的承认规则，实证化的法律体系由此产生，次级的承认规则就是赋予规则的法律身份和法律效力的关键所在。通过承认规则的识别，我们就可以说一条规则是法律规则，有着法律效力。因此，如果说在没有承认规则的社会，规则的存在和持续是完全由内在观点完成的话，那么在法律体系中完成这一任务的就是承认规则。但这并不表明内在观点本身在法律体系中就毫无作用，在回答德沃金的批评时，哈特明确表示只有承认规则必然是社会规则，只有承认规则的存在和规范性之间保持了同一性，而同时支撑这两者的就是官员（特别是法官）群体对承认规则通过反思性批判进行的实践，也就是内在观

---

[1] [英]H. L. A. 哈特：《法律的概念》，许家馨、李冠宜译，法律出版社 2006 年版，第 53 页。

点。[1] 至于法律体系的其他规则,其法律身份是由承认规则所保障,通过立法行为而获得存在。如果官员或普通公民对这些规则能够采取内在观点,那么这些规则也能获得社会规则的规范性,但这并不是法律体系存在的身份性条件,因此也不是哈特这样的法律实证主义者考虑的问题。但至少我们可以有把握的说,哈特的内在观点理论是一种规范性理论,它是承认规则存续的充分条件,同时也可以赋予其他法律规则更多的规范性力量。

虽然哈特的"内在观点"理论开启了英美法律实证主义者的规范性研究,但其含糊之处遭到了学界的猛烈批判。与本书相关的问题在于,他的内在观点理论并非一种规范性的道德理论。哈特内在观点的提出是反对奥斯丁或霍姆斯的外在观点,但同时作为一个法律实证主义者,他并未将内在观点视为一种道德观点。[2] 人们反思性批判后接受规则的理由可能有很多,接受内在观点表明"接受规则并自愿合作以维持规则,并愿从规则的角度来看待他们自己和他人的行为",[3]哈特排除在外的仅仅是出于恐惧制裁而服从的视角,因此内在观点要求的是接受规则而非对规则的道德认同。比克斯就认为,哈特秉持了法律实证主义的传统分离论,"内在观点"只是表面人们有理由按照法律的规定行事,但并未进一步探究这是"何种类型的理由"。这样的规范性理论似乎带来了哲学混淆,如第一部分表明规范性必须能够为人们提供有价值的行动理由,因此哈特的内在观点

---

〔1〕 参见[英]H. L. A. 哈特:《法律的概念》,许家馨、李冠宜译,法律出版社 2006 年版,第 236 页。

〔2〕 See Brian Bix, *Kelsen, Hart, and Legal Normativity*, Revus: Journal for Constitutional Theory and Philosophy of Law, Vol. 34, p. 6(2018). 也因此有学者将哈特视为伦理学上的"表达主义"(expressivism)者,不过笔者觉得这个标签不怎么恰当,因为哈特只是在方法论上的节制"戒除"了进一步探讨的可能,而非持有一种伦理学上的非认知主义观点。See Kevin Toh, *Hart's Expressivism and His Benthamite Project*, Legal Theory, Vol. 11:2, p. 75-123(2005).

〔3〕 [英]H. L. A. 哈特:《法律的概念》,许家馨、李冠宜译,法律出版社 2006 年版,第 86 页。

又不得不再细分为多个不同的部分,其中一个部分比其他部分更具备规范性,因而更能够说明法律是一种规范性的事物。麦考密克就将规范性的"内在观点"进行了划分:"认知性内部观点"与"意志性内部观点"。前者似乎包括哈特书中提到的"无知的人""感到困惑的人",只需理解规则及其中的规范性意义,用以指导自己的行为即可,社会中这样的人比比皆是,他们并不需要主动的意志层面的认知,也没有用理性的态度进行反思,根据法律说什么就做什么。后者包含前者且是"内在观点"的核心,通过反思性的批判建构了规则的规范性,"行为人对规则的主动遵奉上的,这些行为人根据某些自认为有利的理由,主动遵守一个给定的行为模式,使该模式称为他自己、他人或者大家共同的行为标准"。[1] 也就是说前者适用规则,后者在适用的同时,也保证了规则本身的存在。这么看来在哈特那里,将认知性和意志性混为一谈的"内在观点"或"规则的内在面向"也并非一个完备的规范性理论。[2]

第三节 狭义的法律规范性理论

一、法律规划理论

哈特通过内在观点理论将规范性引入法哲学,由此真正开启了英美法哲学界对于规范性理论的关注。后来的法哲学家在建立自己的理论时,既不能像传统自然法学那样将规范性视为法律的给定之

---

[1] [英]尼尔·麦考密克:《法律推理与法律理论》,姜峰译,法律出版社2005年版,第278~279页。

[2] 朱利斯·科尔曼就批判哈特并不足以完全解释法律的规范性,他自己规范性理论就只采纳了哈特"内在观点"中具备道德视角的那一部分。See Jules L. Coleman, *The Architecture of Jurisprudence*, The Yale Law Journal, Vol. 121:1, p. 24-28(2011). 杰弗里·卡普兰也认为哈特采用混杂的态度观念使其并未将规范性视为自己处理的主要议题。See Jeffery Kaplan, *Attitude and the Normativity of Law*, Law and Philosophy, Vol. 36:5, p. 469-471(2017).

物,也不能像传统法律实证主义那样将其抛给伦理学,而是必须直接面对“规范性的幽灵”。不过哈特对“内在观点”的阐述非常模糊,其关注点仍然在于法律的存在条件之上,因而也富有争议,有学者就认为哈特的分析性方法很难处理规范性的问题。[1] 在这之后,受到哈特影响的法哲学家开始主动与哲学、伦理学领域的规范性研究进行对话,从而产生了很多富有影响力的成果。

除了前述的富勒、德沃金和菲尼斯这样的非法律实证主义者之外,法律实证主义内部也在持续思考规范性与法律理论之间的关系。对于主张法律是一种社会事实的他们来说,规范性问题显得特别棘手,因此对于这个问题的讨论就更加直接和详细。除了本书主题性研究的拉兹的法律规范性理论之外,当代法律实证主义者还发展了另外两种较为成熟的理论——法律规划理论与法律惯习理论,[2] 其创立者都是拉兹的学生。这两种理论的相似之处在于,它们通过研究法律是何种类型的事实,来完成对于法律规范性的分析,而不过多涉及价值,特别是道德问题的争议,来说明法律的规范性。也就是说,由于法律是一种特定的事实,所以它能够具有指引功能。本书将这种研究规范性的思路称为“狭义的法律规范性理论”。在进入对拉兹理论的分析之前,我们需要简单地了解这两种“狭义的法律规范性理论”的基本观点和缺陷。

斯科特·夏皮罗(Scott Shapiro)是法律规划理论的创立者,他赞同休谟法则并将法理学区分为规范性的和描述性的,“规范法理学处

---

[1] See Binesh Hass, *The Methods of Normativity*, Canadian Journal of Law & Jurisprudence, Vol. 30:1, p. 159-186 (2017).

[2] See Stefano Bertea & George Pavlakos, *Introduction*, in Stefano Bertea & George Pavlakos eds., New Essays on the Normativity of Law, Hart Publishing, 2011, p. 1. 本书的编者将规划、惯习和建构模式视为三种新的法律规范性理论,不过建构理论的代表人罗伯特·阿列克西的规范性理论较为特殊。本书除了在涉及“正确性命题”之外,不再探讨阿列克西的规范性理论。

理特定法的道德基础问题，而分析法理学检讨法律的形而上学基础”，[1]并将自己的理论限定为后者。确切地说，他认为可以不深入规范性的道德理论而对法律的规范性做出一种描述性的说明，这种分析方法就是法律观点或超然观点，而非内在观点。这种观点可以不用涉及描述者的道德认同，但却能对描述对象进行认知和理解。[2] 例如，我可以提醒一名素食主义朋友点餐时“不应该选择肉类菜品”，尽管我完全不赞同素食主义的实践，但这不妨碍我对素食主义规范的援引与表达。事实上，在法律领域，很多学者特别是比较法或法律史学者的研究都是一种法律观点，我们并不接受外国或古代的法律规范，甚至在很多时候我们会批判它们脱离实际或是反映了资本家的利益，但这并不妨碍学者们能以相对超然的态度去研究这些规范。

夏皮罗声称自己的理论就是这种视角，它的出发点是描述一种社会事实以及由此带来的规范性。具体来说，就是描述社会规划，“其中的规范只能通过社会观察而非道德观察才能查明……确定规划之存在的恰当方式不过就是指出它们被采纳和接受的事实……实证主义在规划的问题上显然是正确的，不存在任何争议：规划的存在是一回事，它的好坏则完全是另一回事”。[3] 日常生活之中，我们会有很多意向，这些意向或许是突发奇想，或许是社会压力，也或许是长久以来的欲望所造成，比如我现在的意向是如何最为简明地介绍夏皮罗的规划理论。当这样的意向足够强烈时，就会产生一项个人

---

[1] [美]斯科特·夏皮罗：《合法性》，郑玉双、刘叶深译，中国法制出版社 2016 年版，第 2 页。

[2] 参见[英]H. L. A. 哈特：《法理学与哲学论文集》，支振锋译，法律出版社 2005 年版，第 15 页。确切地说，我们需要区分法律理论的规范性和法律规范性，夏皮罗否认了其理论的规范性，认为是对法律本质的说明。但是正如哈特所言，法律观点也好，超然观点也罢，最终都必须寄生于内在观点之上，因此它必须对法律规范性进行说明，哪怕是描述性的说明。

[3] [美]斯科特·夏皮罗：《合法性》，郑玉双、刘叶深译，中国法制出版社 2016 年版，第 155 页。

规划——我该如何行动。由于人的理性和能力都是有限的,在每一个规划当中,我们还可能有不同的"次规划",这些次规划都是服务于总规划的手段,它们像锁链一般环环相扣,是一种"嵌套结构",每一个都可能会是其他一个或一些次规划的前序列。因此,在我写论文的总规划中,我会规划先打开哪几个网站,在桌上摆哪几本参考书——其中最核心的参考书是夏皮罗的《合法性》,怎样完成第一段落等。当然,夏皮罗告诉我们规划并非一成不变的,在一项大型规划的行动过程中,我们会随时依照规划完成的情况,以及新获得的信息改变接下来的次规划,但是"在构想我的规划的时候,我把前面所做出的关于手段和目标的决定视为给定的。这些规划和次规划已被确定,就不会再重新纳入考虑"。[1] 这样看来,当我们调整规划时,又进入了重新设计规划的时段,但是通常来说当一项规划设定完成之后,它在执行阶段有规范我们行动的能力,在个体规划中这种能力体现在节约性的特点之中。

在个体规划中,规划解决了人们犹豫不定的行动,同时这样的个体次规划还形成了一道道时序上的步骤,因而形成了规划在时间上的融贯性,确保了个体在过去、现在和未来之间一致完成规划的行动。然而,规划理论不仅仅是一个个关于个体理论,要说明法律的特性,还必须将其延伸到社会行动中来,夏皮罗认为它能够完成这样的目的。社会中个体之间形成的规划比比皆是,比如我和我同学要一起做一道番茄炒蛋的菜,这个目标是我俩都有意向去完成的,这时我们可能就设计一个共同的规划,在其中又设计不同的次规划来规定我们各自的任务和角色——我去某个菜场买番茄,他去某个超市买鸡蛋。同样,这种规划可以扩展到三个、四个以及更大规模的社会行动。与个体规划所不同的是,这类涉及的所规划的行动不仅仅是历时性的,还可能是共时性的,因而为了保障规划内部的融贯性,就必

---

〔1〕 [美]斯科特·夏皮罗:《合法性》,郑玉双、刘叶深译,中国法制出版社 2016 年版,第 159 页。

须在节约性的特点之外再加上协作性的特征——规划只有确定了社会协作才能够确保其完成。为了确保规划具备这种协作能力，社会规划比起个体规划来说就需要添加更多的必要条件。首先，规划所涉及的所有行动主体都能够对这份共享规划有着共同的知识，至少在他们需要在规划内行动时，能够简单的获知规划的要求。其次，当社会主体对规划认知出现差异，或是想修改甚至退出这份规划时，有着和平与开放的程序可以利用。在这一点上，我们可以联想到哈特对次级规则的论述，但夏皮罗的这种理论并非仅仅涉及法律制度，而是试图解释所有的社会规划。因此，社会规划在这个意义上并不能用内在观点的"接受"解释，而是社会联结的纽带，"共享规划使群体联结在一起"。[1] 在制度化的大型规划之中，规划内部还产生了纵向分工和横向分工，我和我同学因为做菜而产生的分工是一次性的规划，从有共同意向开始到做菜结束可能也就短短几个小时，而制度化的大型规划是长时段且涉及很多陌生人之间的规划，这种融贯的节约性和协调性就无法因为个人信任而产生，而是需要进行制度化的角色分配。夏皮罗认为法律就是制度化大型规划的顶点，国际法这样的法律制度主张覆盖到所有人、国家和社会组织，即使是国内法，最袖珍的国家之一圣马力诺共和国也有三万多人口，更别说像中国这样的人口大国。法律制度另一个特征是主张永久性，这不是说法律制度不会被废除，但没有任何一个法律制度是自我主张废除的，而是主张从生效之日扩展到无穷尽的未来。由于时间和空间上潜在的无限延展性，这种大型社会建立规划的融贯性压力会非常大。因此，这就需要一种公开的、清晰的、角色定位的方式建构一种总体规划，这种规划就是现代法律制度。这种制度分配了不同的制度化角色，如立法者、法官、执法人员等，这些角色不依赖于个体而存在，夏皮罗似乎认为法律就是韦伯式官僚制的规划结构。

---

〔1〕［美］斯科特·夏皮罗：《合法性》，郑玉双、刘叶深译，中国法制出版社 2016 年版，第 180 页。

通过以上的理论重构,我们可以看到,夏皮罗意在为自己的规范性理论提供一种过程论的分析,根据这种方式从个体规划到个体之间的规划再到社会规划,法律制度从中脱颖而出。法律不是为了去解决具体的道德问题,而是从群体社会生活的时间与空间——也就是逐渐增加的节约和协调的压力中产生,参考法律规定人们能提前安排好自己的行动规划,并对他人的行动规划形成一个良好预期,使社会中各种其他规划(无论个体的还是群体的)可以在此法律的总体规划的庇护之下完成,"法律制度是一种社会规划制度,它们的基本目标是弥补在合法性环境下其他形式的规划缺陷"。[1] 这样看来,法律规划理论对法律规范性的说明是从意向性出发,辅之以节约和协调的问题,因为如果社会主体不服从法律的指引,整体的规划就会遭到破坏,从而影响到规划内的所有社会主体。也就是说,"应当服从法律"这样的规范性要求出自法律的规划能力。如果法律设计非常拙劣,其规范性就会受到损害;反之,如果法律设计非常优秀,服从法律可以实现群体目标,并能够实现内部的节约和协调,其规范性也就获得了支撑。

然而,如果仅仅从这个方面解释规范性,似乎并不能理解法律规范性的完整来源。夏皮罗的规划理论主要借鉴了哲学中的"共享合作理论"(SCA),然而即使是共享合作理论的创始人米歇尔·布拉特曼也认为自己的理论并不能完全地说明规范性来源,而是主要解决社会合作的问题。[2] 在法律领域似乎问题更加突出,法律中的很多规定并不能完全由社会规划进行说明,社会规划本身是一个相当保守的合作理论。比如美国著名的宪法判例布朗诉教育委员会案件(Brown v. Board of Education),当时很多美国人(特别是南方)还坚

〔1〕 [美]斯科特·夏皮罗:《合法性》,郑玉双、刘叶深译,中国法制出版社 2016 年版,第 222 页。

〔2〕 See Michael E. Bratman, *Reflections on Law*, *Normativity and Plans*, in Stefano Bertea & George Pavlakos eds., New Essays on the Normativity of Law, Hart Publishing, 2011, p. 73-85.

信“隔离但平等”的教条，也就是说在公共领域内黑人和白人之间进行种族隔离是一件平等做法。沃伦法院的判决挑战了这一主流思想，推翻了“隔离但平等”的先例，要求教育领域（以及后来的其他领域）取消种族隔离。虽然在今天我们认为沃伦法院的判决是一项具有规范性的判决，但是在当时却造成了很大的社会混乱，美国南方许多州拒绝承认该判决，在阿肯色州的小石城，由于总统派兵才使黑人学生进入该城原先的白人高中的校园。从社会规划的角度来说，当时的判决造成了社会混乱，在节约和协调上存在明显的缺陷，或许美国最高法院的法官们不去触碰“隔离但平等”的先例是最符合社会规划的做法。但没有人会因此认为布朗案不具备规范性，而人们“应该”去服从旧有的隔离法律。因而，布拉特曼的批评颇有道理，如果并非仅仅对社会事实的进行描述的话，其理论似乎应该先解释法律的规范性，之后才谈论法律的节约和协作能力，而非相反。

然而，我们也不能轻易地断言在解释法律规范性上规划理论的失败，因为综观全书似乎夏皮罗还在理论的其他部分处理着“规范性的幽灵”，这就是当他谈论信任问题之时。夏皮罗讨论法律解释时谈到的社会信任，认为法律规范性基于大型社会中人们的社会信任，并通过法律来分配这种信任，这样看来信任也可能成为规划理论的规范性来源，只有在法律创制和解释过程中获得社会信任的法律才具备规范性，才应当引导人们的行动。夏皮罗认为：[1]

> 从规划理论中可以推出：法律所预设的信任和不信任的态度对于选择解释方法论是处于核心地位的。简单来说，规划理论要求，一个人被给予越多的信任，他就被给予更多的解释裁量权；反过来，在法律生活的其他部分中一个人被给予更少的信任，他就获得更少的裁量权……对于法律的元解释来说，信任的态度是核心性的，因为它们对于规

---

〔1〕［美］斯科特·夏皮罗：《合法性》，郑玉双、刘叶深译，中国法制出版社2016年版，第435页。

划的元解释是核心性的——而法律就是规划,或者类似于规划的规范。

尽管夏皮罗将自己的社会信任观点限于法律解释理论,但在英美法系中法律解释恰恰是法律发展的重要手段,而当他谈论到元解释时,心里肯定认定了这里的问题是宪法性的疑难案件。这种社会信任理论表明,对法律解释者的角色信任越大,其创立判例的规范性越大,反之亦然。但是正如有些学者已经指出,不具备道德性的法律,哪怕被信任也是无法进行规划的。[1] 尽管在美国,美国最高法院享有极高的社会信任(对比立法和行政分支),但其也有着不少荒唐的判例,"隔离但平等"的判决正是他们对于美国宪法第十四修正案的法律解释而作出,但显然即使具备法律效力,也不具备法律规范性。因而,与规划中的节约和协调一样,社会信任最多也只是法律规范性的一部分,而不能解释规范性的全部。我们最好先有一个完整的法律规范性门槛,在这之上如果法律能够解决节约和协调问题,其解释者也能够获得社会信任,那么它的规范性就更加充分,法律规划理论只能作为法律规范性理论的附属理论而存在。

二、法律惯习理论

与规划理论不同,法律惯习是一项早已被法哲学家认可的理论。在不涉及道德价值的前提下,它试图说明法律的协调功能。休谟就将社会正义、财产制度和人类语言视为惯习性存在,以此反对流行于启蒙思想家之中的客观道德和社会契约理论。在制度理论中,最低限度的惯习产生只需要三个条件:共同理解、最低限度的意识、最低限度的实践合理性。[2] 因此,与客观道德理论不同,社会惯习本身

---

〔1〕 See Veronica Rodriguez-Blanco, *the Moral Puzzle of Legal Authority*, in Stefano Bertea & George Pavlakos eds., New Essays on the Normativity of Law, Hart Publishing, 2011, p. 86-106.

〔2〕 See Cyril Hédoin, *Institutions, Rule-Following and Game Theory*, Economics & Philosophy, Vol. 33:1, p. 43-72(2017).

并不包含任何先验的道德价值，不同的历史、社会和文化可能会产生不同的惯习性制度。与社会契约论不同，惯习并不涉及特定明示或假定的承诺，而承诺是契约的必要组成部分。虽然只是后哈特时代，法哲学家才将社会惯习理论用来集中分析法律规范性问题，但追随者甚众，不但法律实证主义者朱尔斯·科尔曼、杰拉德·波斯特马和安德烈·马默采用了这种理论，而且非法律实证主义者约翰·菲尼斯和杰里米·沃尔德伦也认为法律惯习是法律规范性理论中的一部分（尽管是工具性的部分）。

面对德沃金的批判，哈特将自己的内在观点理论限定于承认规则，这通常被视为法律实证主义的“惯习主义”转向。[1] 然而，哈特的修订带来了新的问题，他只是简单地认可承认规则是一种社会惯习，并没有注意到惯习理论和自己所提出的社会规则理论之间的潜在矛盾，科尔曼就试图通过对惯习的进一步分析，在不损害哈特理论范式中核心命题的基础上，将哲学中对惯习理论的分析嵌入实证主义的命题群之中。[2] 科尔曼暗示，若将内在观点解释为惯习义务的来源，就会产生一个无法调和的矛盾。因为内在观点是将社会规则内在化，从而作为社会主体行为的个别理由，用哈特的术语，内在观点是个人通过反思性批判来“接受”（accept）规则指引行为。这与法律义务的约束性产生冲突，法律义务不可能化约为单个个体的心理态度，“义务的本质却是，受其约束的人们不能够主动地取消作为原因的义务”。[3] 在聚合性社会实践当中，每个社会主体不但需要个别的接受惯习规则作为自己行为的指引，同时其他社会实践者依照惯习规范行为的事实本身就是他受到惯习义务约束的理由之一。比

[1] Leslie Green, *Positivism and Conventionalism*, Canadian Journal of Law & Jurisprudence, Vol. 12:1, p. 35(1999).

[2] 科尔曼所参照的哲学理论为刘易斯-吉尔伯特的社会惯习理论。这种理论框架可参见 David Lewis, *Convention: A Philosophical Study*, Blackwell Publishing, 2002。

[3] [美]朱尔斯·L. 科尔曼：《原则的实践：为法律理论的实用主义方法辩护》，丁海俊译，法律出版社 2006 年版，第 120 页。

如,当问到某人为何靠右行车时,他人靠右行车的事实就成为他不得不也这样做的行动理由。相比起私人化的内在观点,这样的解释就确保了义务的稳定性。当然,承认规则不是解决所有的社会协作问题,而是法律制度成为可能所必须解决的协调问题。承认规则的惯习属性也就为整个法律体系的实践提供了义务性的理由,这种义务性理由要求社会主体,特别是官员将惯习作为指引和评价行动的标准。由此,科尔曼认为承认规则是一项(或一组)义务性规则而非授权性的次级规则。

协作性惯习理论相对独立地解释了法律规范性的来源,可以说这是科尔曼为包容性实证主义所建造的双保险,避开了内在观点本身的不稳定性,聚焦于社会实践的行为本身。承认规则是一种在共享合作框架内产生的协作性惯习(coordination conventions),该共享合作框架搭建了社会实践的结构,而解决协作问题的社会惯习又具有任意性的特点,既不必然排除也不必然包含实质性的道德论证。[1] 这就使承认规则同时具有事实面向和规范面向,在说明法律规范性的之时又避免了诉诸自然法的道德理论以及排他性实证主义的权威理论。

然而,科尔曼的协作性惯习理论即使限定在承认规则之内也很难单独解释法律的规范性。一方面,承认规则也可能并非仅仅是一条协作性规范,承认规则的功能是赋予或识别法律有效性,从而界定法律体系的边界,构建相对独立的法律制度。然而,法律有效性并非一个协作问题,某项规范是否具有法律上的有效性,并没有预设要解决何种协作问题。这样,该理论的拥护者可能会退到一个相对弱的主张,认为承认规则要发挥其主要功能就必须通过协作性惯习来完成。也就是说惯习只具有工具性功能,用来解决识别和适用承认规则可能的不协调。然而,即使是这样一个相对弱的主张,也无法肯定

[1] See Jules L. Coleman, *Negative and Positive Positivism*, The Journal of Legal Studies, Vol. 11:1, p. 139-164(1982).

得出协作性惯习的结论。因为“确认（承认）规则的基本作用是去构建相关制度。一种法律体系的基本确认规则是构成性规则……它们的协调功能顶多算是次要的”。[1] 除非在很模糊的意义上使用协作一词，否则看不出协作性惯习的工具性功能。但正如德沃金一针见血地指出，如果惯习一词过于抽象或模糊，使它看起来可以回答任何的批评，这就使它失去了可分析性的意义。[2] 另一方面，和规划理论一样，惯习理论将自己的主张视为一种规范性的来源，但很多学者已经只出，单纯的惯习规范不具备指引和评价行动的规范性。科尔曼意图解释的承认规则的义务性特征依然无法完成。[3] 在某种意义上来说，法官确实是惯习性适用承认规则的，但这并没有带来一种规范性的适用义务。因为“法官有遵循承认规则的义务完全是因为没有能力改变它，这种无能为力意味着缺乏残酷的因果性力量，而不是缺乏规范性能力”。[4] 如果协作问题并非一个可靠的基础，只要一个强有力的权威（哪怕是不具备正当性的事实权威）给出全新的选项，原来的服从义务就不复存在。这样看来，原先的遵从惯习也仅仅是一种赤裸裸的因果事实，而非规范性关系，如果该遵从行为真正带有义务，那也只是基于互惠、信赖或忠诚而产生的义务，这些规范性因素是独立并先于惯习存在的。一旦这样的基础被打断，协作问题本身无法恢复对惯习的服从义务，也就无法独自承担起法律规范性的重任。这导致了科尔曼最终放弃了法律惯习理论，而依照前述的共享合作行动理论进行修正。

即使协作性惯习理论在解释法律规范性时面临这样大的困

---

〔1〕［美］安德瑞·马默：《社会惯习》，程朝阳译，中国政法大学出版社 2013 年版，第 193 页。

〔2〕See Ronald Dworkin, *A Reply by Ronald Dworkin*, in Marshall Cohen ed., Ronald Dworkin and Contemporary Jurisprudence, Duckworth, 1983, p. 253.

〔3〕See Leslie Green, *Review: The Concept of Law Revisited*, Michigan Law Review, Vol. 94:6, p. 1687-1717(1996).

〔4〕［英］莱斯利·格林：《国家的权威》，毛兴贵译，中国政法大学出版社 2013 年版，第 142 页。

境,但依然有不少学者试图进行修正和完善,而不是抛弃这种理论。毕竟惯习理论是既有的哲学理论中对于社会规则的最佳解释之一,其遵循依赖和任意性的特点自然吸引着支持社会事实命题和分离命题的法哲学家。安德瑞·马默(Andrei Marmor)认为,困境的产生并非科尔曼对协作性惯习的错误理解,也不是承认规则和惯习无关,而是在哲学层面上,其所借鉴的刘易斯对惯习的定位过于狭隘,因此无须彻底否定承认规则的惯习属性。换句话说,这并非源自法学困境,而是一个哲学困境。他因此认为需要重新定义社会惯习的哲学基础,除了协作性惯习之外,我们还有另一种社会惯习——建构性惯习,其基本定义如下:[1]

> 1. 有这样一群人,一个群体 P,他们通常在情境 C 下会遵循 R。
>
> 2. P 的成员有 A 这样一个理由或一组理由在情境 C 下遵循 R。
>
> 3. 如果 P 的参与在情境 C 中实际遵循的至少还有另外一个潜在规则 S,那么 A 可能会是 P 的成员在情境 C 中遵循 S 而不是 R 的一个充分理由,而且至少部分地是因为普遍遵循的规则是 S 而非 R。规则 R 和 S 如此这般,以致在情境 C 中同时遵循它们是不可能的(或毫无意义)。

建构性惯习是通过对社会实践的根本价值的界定来发挥建构功能,同时这种独特的功能也使该实践成为部分自治的社会实践,其评价标准只与实践价值相关,而不同于外部评判。[2] 比如,在象棋游戏中,"求赢避输"的价值是由践行如何下棋的系统的游戏惯习群所界定的——比如吃掉对方将军即为胜利的惯习、如何行车马炮的惯习以及回合制游戏惯习。这些建构性惯习形成一个有效性链条,将

---

〔1〕 [美]安德瑞·马默:《社会惯习》,程朝阳译,中国政法大学出版社 2013 年版,第 2 页。

〔2〕 See Andrei Marmor, *Positive Law and Objective Values*, Oxford University Press, 2001, p. 14.

游戏的价值锁定在惯习系统之中，在这个意义上它们也是拉兹所称的"联合有效的体系"。[1]

回到法律领域的承认规则问题上，马默指出承认规则不是协作性惯习，而是建构性惯习。作为法律体系的基础，惯习性承认规则建构了法律这项社会实践。特别是其中的一些深层惯习，界定了法律的内在价值以及所需服务的社会功能。马默的建构性惯习理论由于将实践价值嵌入进法律制度之中，因而避免了科尔曼惯习理论将规范性直接归属于惯习本身的困境。

然而，即使是引入了全新的建构性惯习，惯习理论也面临了一系列规范性的挑战。首先是马默将建构性惯习分为了深层和表层两块，其中深层惯习更接近于价值一端，且在大多数时候都不是一种成文的表达，其实践也是通过表层惯习的实践而获得。不过，马默对深层惯习的定位从一开始就有着模糊之处，它既是对"基本社会需要和心理需要的规范性回应"，也是"致使一套表层惯习得以出现"，同时"通过遵循其相应的表层惯习而被实际践行"。[2] 这样的定位似乎能够区别于表层惯习，但却无法使其区别于价值。

在这里，马默似乎只有两种选择，要么承认它们只是价值，特别是长久历史所形成的独特价值，通过表层惯习（如承认规则和其他诉讼惯习）嵌入社会实践之中；要么认为它们能直接实践，散布到表层惯习之中，而将表层惯习区分不同的层次，其中一些与深层价值有着更为紧密的联系。夏皮罗甚至建议，惯习性承认规则在理论上无法合适的安放价值的位置，所以应当放弃"惯习性要求，赞同合适的方法论是法律体系之目的的函数，但仍坚持体系之目的是社会事实问

---

〔1〕［英］约瑟夫·拉兹：《实践理性与规范》，朱学平译，中国法制出版社2011年版，第124页。

〔2〕［美］安德瑞·马默：《社会惯习》，程朝阳译，中国政法大学出版社2013年版，第68页。

题”。[1] 无论夏皮罗的建议是否得当,至少深层惯习似乎并没有独立存在的空间。其次,对于一般性的建构性惯习来说,哪些价值能够进入法律制度仍然是一个开放问题。马默似乎认为对于特定的社会实践来说,有一种或几种稳定的价值模式,这些客观的价值被惯习嵌入在实践之中,只有经过缓慢的社会变迁,这些价值可以被不同的新生价值所替代。但即使是同一时期,如此稳定的实践价值也并不存在,他们并不是外在于实践的客观价值,而是在主体不停的实践中所体验的流动的价值。“我们可能以不同的方式、在不同的社会制度中对这些活动进行体验,这潜在地导致不同的概化(generalizations)”,但这始终是同一种活动。[2] 因此,如果马默的理论不能成功解决这些与价值相连接的规范性问题,我们还不能称其为一种合格的法律规范性理论。

无论是规划理论还是惯习理论,它们对于法律规范性的解释都是不完整的。这些由法律实证主义者构想的“狭义的法律规范性理论”都没有解决法律领域所独有的“如何”的规范性问题(How Problem),“由实践构成的法律体系如何能够被设计出来,建立全新的、可废止的、内容独立的客观动机理由,来服从一些管理非官方行为的强制性法律规范”。[3] 这些“狭义的法律规范性理论”执着于哈特的教条,试图在避免追问价值基础的前提下,对法律规范性问题予以充分的说明。

---

〔1〕 [美]斯科特·夏皮罗:《哈特与德沃金之争:答疑解惑》,郑玉双译,载郑永流主编:《法哲学与法社会学论丛》2012 年卷,法律出版社 2012 年版,第 144 页。

〔2〕 Maksymilian Del Mar, *Marmor's Social Conventions: The Limits of Practical Reason*, Philosophy of the Social Sciences, Vol. 41:3, p. 420-445(2011). 德尔·玛在文中还提出一个对马默的质疑,即在已内在化规则的群体中如何导致遵循依赖的问题。他认为只有在不熟悉规则或有着不同于规则的独立行为理由的情况下,才能将他人的行为作为行为理由,除非将熟悉陌生化。然而这种质疑至多只能限制惯习的适用范围,因为马默认为遵循依赖并不是完整的行为理由,而可能是部分的行为理由。

〔3〕 Kenneth Einar Himma, *Coercion and the Nature of Law*, Oxford University Press, 2020, p. 124.

事实上,这些理论说明的不是法律规范性本身,而是描绘了法律规范性如何能够在现实社会之中发挥功能。也就是说,它们没有提供规范性理论,而是一种外在观点的描述性理论,甚至不是一种超然的法学理论。从描述性角度来说,规划理论和惯习理论各有优点,或许它们都可以相对准确地说明法律运作的状态。但是,如果将其作为规范性的基础,就很难成立了。法律规范性理论是一种对于应然约束力的分析,也就是法律为什么以及应该怎样指引人们行动的理论。"因为法律是一种规划或惯习,所以它具有规范性,应该指引我们的行动",这样假设的说法毫无意义。作为社会主体,我并不知道为什么规划或惯习本身就能具有这种约束力,为什么我不应该根据自己的判断行动,而去服从这些规划或惯习呢?甚至,在假设的说法之中,因果关系的链条也没有意义,"狭义的法律规范性理论"本身就是一种同义反复。规划或惯习是有了规范性才成为规划和惯习,而不是因为它是规划或惯习才有了规范性。规划理论和惯习理论是预设了法律规范性之后,对规范性如何发挥功能的两种阐释,它以规范性为前提条件,因而不能解答我们对规范性的追问。也就是说,"狭义的法律规范性理论"之中的理由已经是一种具有规范性的行动理由。后文还将证明,在拉兹的法律规范性理论之中,规划理论和惯习理论可能都补充拉兹的论述,有着自己的独特位置,但是它们不能替代对于规范性本身的分析。因此,我们最好跳出"狭义的法律规范性理论",看看拉兹在更广阔的哲学伦理学视野下对法律规范性的全面研究。这种研究分为法律应该如何发挥指引功能,以及法律的规范性从何而来这两个问题,本书分别称为理由论和权威论,将在接下来两章之中分别论述。

第二章　理由论:规范性的运作方式

在日常观点看来,法律似乎有着两个不同的面向,既是事实又是规范。法哲学领域之外的人,一方面,认为法律是一种社会事实,当需要了解法律体系或法律规范内容时,我们能够通过立法过程、法律文本或司法裁决进行找寻法律渊源;另一方面,法律又是一种规范,它意图指引人们行为、稳定社会预期,尽管偶尔有人违背法律,但这无法否认国家中大多数人都可能主动将其视为一种行动标准。对于法哲学内部的争论,持日常观点的人会感到非常困惑,为什么研究者会持有两种截然相反的观点。传统自然法学和法律实证主义站在了休谟法则的对立领域,前者将规范性视为法律的主要面向,通过对法律定义的概念性剪裁,忽视了法律的事实面向。而法律实证主义似乎很好地说明了事实面向,但规范性问题可能是其理论的“阿喀琉斯之踵”,由于是与应然的分离,很难发掘法律事实的规范面向。上一章指出,自哈特以降,多数法律实证主义者都致力于对法律规范性的分析,但是他们都试图从法律自身来说明规范性:法律存在这一事实就部分生发出了规范性。哈特认为法律实践者的“内在观点”将规范和行动相连接，夏皮罗则将规划、协作和信任视作规范性的来源，而科尔曼和马默则试图用惯习理论来解释法律规范性。这样看来，无论他们的理论有多大的分歧，这些“狭义的法律规范性理论”共同点就是尽可能排除价值因素，而采用社会事实说明法律的规范性问题。然而，在哲学与伦理学中价值领域才被认为是规范性领域，可能正因为有意忽视这一点，上述几位法哲学家都未能提供一份合格的法律规范性理论，法律的规范性不能在法律内部由“狭义的法律规范性理论”来解决。

不过，法律实证主义内部仍有将价值与法律规范性联系的学者，约瑟夫·拉兹就是其中的代表人物，他断定“法哲学只不过是适用于一种社会制度的实践哲学”，[1]其理由论和权威论[2]将实践理性与法哲学进行了对接，试图通过价值——特别是道德价值——来说明法律的规范性。也就是说，尽管拉兹在法律定义问题上认为“道德无涉”，但在规范性领域他采用了道德视角。本章将首先探讨他的理由论，具体分为三个部分。第一部分分析一阶理由（first-order reasons），一阶理由本身就是规范性理由，可以说是理由的“自然状态”。尽管它们本身并不能构成法律，但为法律提供了规范性的基础。第二部分进入法律领域，拉兹认为法律规范的一个重要运作方式就是通过排除其他相冲突的理由，而影响行动主体的实践慎思，因此法律提供的不仅仅是一阶理由，还包括二阶理由（second-order reasons）。第三部分进一步阐明法律理由的运作方式，并将其与拉兹的权威论进行对接，回驳对排他性的反对意见。

---

〔1〕［英］约瑟夫·拉兹：《实践理性与规范》，朱学平译，中国法制出版社2011年版，第168页。

〔2〕需要说明的是，其他法律实证主义者也可能并不完全排斥理由论和权威论，特别是夏皮罗和马默，他们都基本同意法律主张权威和法律提供行动理由。他们或许认为拉兹的理由和权威理论过度解释了法律的规范性，因而提出自己的理论进行限制和补充，第一章已经表明他们的替代理论“狭义的法律规范性理论”并不成功。

第一节　一阶的道德理由

一、困惑之人与理性之人

现实社会并非坦途,很多情况下我们会感到困惑,会犹豫不决,也会不知所措。从小事来说,一个写博士论文的学生,长时间的伏案写作会感到倦怠,这时候他可能会犹豫是该喝咖啡继续完成论文,还是休息睡觉改天再写。从大事来说,一个即将毕业的法学博士可能面临着职业选择,是该进入实务界做一名律师,还是去学术界做一名教师。这两个例子的重要性不可同日而语,困惑的时间和程度也会大相径庭,但这恰恰说明了一个事实,我们的人生常常走在分岔路口上,当面对着许多未知的选择,困惑、彷徨、恐惧是我们在日常生活中难以避免的情绪。

哈特富有同情心地指出了这一点,无论英雄还是小人物都只有"有限的理解和意志力量",[1]因此法律和道德体系都奠基在含此在内的一些基本事实之上。对于这些"有限的理解和意志力量"的生物体,包括法律与道德在内的社会规范都旨在提供一种指引,解决他们的部分困惑,告知他们在这些情景中应当去选择怎样行动。因此,法律和道德并非仅仅是为霍姆斯口中的"坏人"而设,或许更重要的是为了"困惑之人"指明方向。"坏人"把法律和道德看作制裁机器,这种机器会产生大量的选择成本,因此他会企图规避制裁来获取自己的利益,社会中不乏有一些这样的人,但对他们来说法律和道德没有区别,甚至和其他制裁手段没有区别,税收即罚款、道德即谩骂、法律即抢匪。但是社会中的大多数人并非如此,他们需要法律和道德来走出困境,告知他们在困惑之时怎样选择才正确。正如哈特所言,

---

〔1〕［英］H. L. A. 哈特:《法律的概念》,许家馨、李冠宜译,法律出版社 2006 年版,第 193 页。

“法律的这种主要功能是:在法院之外,法律以各式各样的方式被用来控制、引导和计划我们的生活”,〔1〕道德亦如此,道德法庭只是道德指引功能的一个副产品。

在经验层面上,困惑常常是由于我们“有限的理解和意志力量”所造成,但不必然如此,我们可以把这个论证向前推进一步。有些困惑可以通过理解力的提升而得到解决,理解力不足的小孩可能会不了解认真读书和逃课去玩之间的重要性,但成长后理解力提升就不会被这种选择所困惑,经验丰富的长者可以通过自己的阅历练就的丰富理解力解答年轻人的困难。同样,意志力的提升也能解决很多困惑,一个成年人可能不缺乏理解力去选择不同的理财产品,如果他有足够的时间去查阅信息和获取知识,就不难选择对自己最佳的理财项目,但是很多时候我们不具备这样的意志力,当困倦来临之时我们就会胡乱地做出决定,甚至放弃任何理财。也就是说,意志力确实是造成困惑的原因之一,我们不难发现很多走上巅峰的人士都有着超乎常人的意志力,哪怕这种意志力不值得过于夸大。然而,我们把理解力和意志力推到极致,也并不能解决任何困惑。我们可以设想一个足够理性之人,如同中国神话中的女娲或荷马史诗中的奥德修斯一般,他具备卓越的理解力和意志力,但这只是不具备指引方向的能力,因为仅仅凭借理解力和意志力不能告诉我们如何走出困惑。也就是说,必须有一项或多项规范系统,分配了不同选项的价值分量,只有在此基础之上,理解力和意志力才能发挥作用。如果认真读书和逃课去玩这两个选项之间,没有在选择之前具备任何先在的(apriori)分量,那么理性之人仍然是一位困惑之人,不能给出任何的

〔1〕[英]H. L. A. 哈特:《法律的概念》,许家馨、李冠宜译,法律出版社2006年版,第39页。笔者早期的一篇文章曾经将“困惑之人”的视角并列为内在观点和外在观点之外的认知视角,现在看来是错误的,参见金韬:《哈特“内在观点”理论的新解读》,载谢进杰主编:《中山大学法律评论》第8卷第2辑,法律出版社2010年版,第398~412页。莱斯利·格林已经令人信服地指出,“困惑之人”没有预设任何视角,而是一个前视角阶段,在过程上先于视角的采纳。See Leslie Green, *The Force of Law: Duty, Coercion, and Power*, Ratio Juris, Vol. 29:2, p. 164-181(2016).

答复。

即使我们弥补了理解和意志力的弱点，并且也引入了评价性的规范体系，社会生活之中仍然会存在诸多困惑。这些困惑的原因在于行动选择之间的不可比较性，也就是理由和价值的不可通约性问题。例如，由于社会规范系统已经被建立，理智的成年人可能都能看出认真读书优于逃课去玩，但是他们仍然无法看出律师职业还是教师职业更为优越（假定我同等拥有两个职业所需要的技能）。如果选择律师职业，我可能会赚到更多钱，但如果选择教师职业，我可能会有机会继续研究自己还算感兴趣的法哲学。这并不仅仅是未来的不确定性带来的选择困难，而是来源于两个选项之间没有可比较的价值通约性基础，就像我们不能单纯地说达·芬奇伟大还是贝多芬伟大一样。拉兹认为这种两难之中，欲望和理性都不能做出最佳判断，任何选择都是合理的，因此给人的意志选择留下了空间。[1] 值得注意的是，在社会生活之中，不可比较性带来的困惑似乎比前两个困惑更为突出。现代理性社会之中我们不可避免会遭遇到持有与自身不同选项的人，虽然这些选项之间同样合理，但是难免会带来社会冲突或社会合作的困难，如两种不同却相互竞争的美好生活观念。因此，拉兹似乎将这类困惑置于权威理论之中的典范位置，权威的主要功能就是解决合作性问题。但是笔者怀疑拉兹可能走得太远了，这三种困惑情形似乎同等需要规范性制度体系提供行动理由。

解决困惑的关键还是在于规范体系的存在，也就是通过社会规范给出不同行动的价值分量，或是在同等价值的选项之间做出决断，提供规范性理由来提供行动指引。[2] 然而，弗雷德里克·肖尔认为社会之中这样的人群似乎也被过度夸大了，绝大多数普通公民都不会像哈特笔下的“困惑之人”那样去主动寻找并服从法律规

---

〔1〕 See Joseph Raz, *Engaging Reason: On the Theory of Value and Action*, Oxford University Press, 1999, p. 50-64.

〔2〕 See Joseph Raz, *The Guise of the Bad*, Journal of Ethics & Social Philosophy, Vol. 10:3, p. 2(2016).

范，而是生活在法律的阴影之下，被强力的威胁驱使着与法律的规定相一致。[1] 也就是说，社会中大多数人在遇到困惑的时候不是通过慎思主动寻找出路，而是在强制力的驱使之下不得不走出困惑。正如狼入羊群一样，不给羊群思考的时间，而是通过本能、习惯或运气来行动。肖尔似乎认为在经验层面上的质疑可以打消人们对规范性的疑惑，并不是规范以及行动的重要程度，而是强制力给出了明晰的答案。但是肖尔的这个质疑不能带来法哲学的批判力量，且不说经验层面困惑之人和理性之人占比如何，强制力只能附属于规范体系才能解决一般人的困惑。首先，仅靠强制力的行动指引是不稳定的，没有人们的规范性认同，强制力体系和抢匪模式并无区别，因此很难具备持久解决困惑的能力。其次，不管经验层面上数量的多少，但肯定会有困惑之人诉诸规范体系，他们是社会价值和社会规范再生产的核心，[2] 对他们的解释优先于对强制力的解释。这样看来，困惑之人或是理性之人（更常见的是具备理性的困惑之人）是我们认识规范性的切入口，对他们的分析或许可以说明作为社会事实的法律为何同时具备规范能力。[3]

二、价值与一阶理由

社会中的困惑之人或理性之人使规范性成为可能，他们视道德

---

[1] See Frederick Schauer, *The Force of Law*, Havard University Press, 2015, p. 46–47.

[2] See Jules L. Coleman, *The Architecture of Jurisprudence*, The Yale Law Journal, Vol. 121：1, p. 24–28（2011）.

[3] 很多学者注意到了法律作为社会事实与具备规范性的矛盾。Toh 就以规范性只能从规范前提中获得来拒绝社会事实命题，而格林伯格认为即使法律是一种事实，其中理性联结与功能不能仅仅依靠社会事实解释。莱文布克以一种非拉兹的方式反对两者的论证。这场争论的三篇核心论文可参见 Kevin Toh, *An Argument Against The Social Fact Thesis*（*and some additional preliminary steps towards a new conception of legal positivism*）, Law and philosophy, Vol. 27：5, p. 445–504（2008）. Mark Greenberg, *How Facts Make Law*, Legal Theory, Vol. 10：3, p. 157–198（2004）. Barbara Baum Levenbook, *How to Hold the Social Fact Thesis：A Reply to Greenberg and Toh*, in Leslie Green & Brian Leiter eds., Oxford Studies in Philosophy of Law：Volume 2, Oxford University Press, 2013, p. 75–100。

或法律等规范为有指引和约束能力的行动标准。一方面,他们将此规范作为自己和他人行动的指引标准;另一方面,对违反规范的行动主体施加社会压力或进行社会批评时,他们认为规范证成了这种压力或批评。这表明了规范性本身是一个客观概念,而不是斯堪的纳维亚现法律实主义者认为的主观心理感受,以下这段对法律规范性的评论可以适用于所有规范性约束,"实存与应然的二元主义禁止将法律的效力回溯到纯粹的实存事实,将国家仅仅归为事实上的权力关系。如果将实证法理解为一种有效的、立于应然效力之上的规范可以成功的话,那么,人们必然预设了,这些规范表达的是一种客观的、约束义务人的应然"。[1] 在面临困惑时,人们就不应该随意行事,而是有理由进行规范性的慎思,首先把规范性或价值分量不足的选项排除在困惑之外,"一个合乎情理的人,一旦他面对一个道德问题时,都显露出这样一种倾向,即寻找理由去支持或反驳那些对他开放的可能的行为准则"。[2] 正是在理由这种具备规范体系的情况中,我们才有理由认真学习,而不是逃课去玩。这时我们可以看到,理由被引入人们的慎思之中,"有理由这样行动"或"有理由批判那样的行动"就成为理性之人进行对话的方式。这就回到了第一章指出的规范性理论,当代哲学或伦理学中的规范性理论正是将理由作为规范性的分析单位,即使是规划理论或惯习理论的支持者,也需要将其理论转化为理由的基本单元来证明其规范性。

拉兹直接将理由与其法哲学和伦理学进行了对接,并提出了极具影响力的理由分类学,指出不同的理由类型在社会中有着截然不同的运作方式。学界对此喝彩者有之,批判者亦有之,因此理解拉兹的法律规范性理论就可以从理由这个一般性的分析单元入手,我国

〔1〕 [奥]彼得·科勒:《20世纪法律实证主义的里程碑:凯尔森的"纯粹法学"与哈特的"法的概念"》,张龑译,载张龑编译:《法治国作为中道:汉斯·凯尔森法哲学与公法学论集》,中国法制出版社2017年版,第71页。

〔2〕 [美]约翰·罗尔斯:《罗尔斯论文全集》,陈肖生等译,吉林出版集团有限公司2013年版,第3页。

学界也对此着墨甚多。目前法哲学界对拉兹理由论的探讨更多的是建立在其早期的理论之上,也就是法律提供的理由如何区别于一阶理由,很少研究其一阶理由本身的特性。然而,正如我们将在关于权威的论述中详细分析的,一阶理由是法律权威的基础,尽管法律权威所提供的理由试图阻断人们对一阶理由的思考,但只有其权威本身立基在一阶理由的道德性之后,它才能完成这种运作。一阶理由本身是规范性的基础,不理解一阶理由可能就无法理解法律规范性本身。由于拉兹后期的伦理学著作已经对一阶理由做出了详尽的分析,我们有必要将其纳入法哲学的研究视野。本节试图简要勾勒拉兹关于一阶理由的论述,不过本书无意涉及伦理学中更多的细节探讨,所以这种勾勒只能是粗略的,可能会以概括性的方式丧失拉兹理论的精确性。好在本书是法哲学的研究,这样粗略的介绍旨在了解拉兹的伦理学研究成果,为后文的法律规范性提供一种伦理学基础。

拉兹认为理由是规范性的核心,所有的规范性问题都直接或间接与理由相联系,"'理由'是说明所有实践性概念的基本单元,这是我选择'以理由为基础说明'(reason-based explanation)的一个原因"〔1〕。有些理由试图规范我们的信念,比如达尔文提出的生物进化论,作为理论权威就改变了后世对生物学的信念。另一些理由试图规范我们的行动,"一个规范性实践理由是这样一种事实,某种行动在它实施时具有一些属性,能给出实施的一个要旨或目的(a point or a purpose),这些属性使拥有它们的人们有可能执行这些行动,并且由于这个事实而使这些行动是可理解的"。〔2〕尽管拉兹倾向于模糊这两种理由的界限,〔3〕但对我们后文分析法律而言,重要的还是后者:试图改变社会主体在行动上的规范性状态。在行动理由中,一

〔1〕 Joseph Raz, *The Authority of Law: Essays on Law and Morality*, Oxford University Press, 1979, p. 12.

〔2〕 Joseph Raz, *From Normativity to Responsibility*, Oxford University Press, 2011, p. 13.

〔3〕 See Joseph Raz, *Introduction*, in Joseph Raz ed., Practical Reasoning, Oxford University Press, 1978, p. 2-4.

阶理由是一种“自然状态”。

简单来说，一阶理由是支持或反对做某事的行动理由，在面临困惑时赋予不同行动选项之间的不同分量。[1] 尊敬老师、人生成功、自我实现等这些都可以成为认真学习的理由，而朋友的友谊、兴趣和乐趣则在某些情况下会成为逃课去玩的理由，在实践慎思中一阶理由常常表现为“因为理由 A 所以(不)行动 B”的逻辑形式。拉兹进一步以肯定和否定的方式指出了一阶理由的特征。在肯定层面上，一阶理由和善或价值有着必然联系，或者说有价值的事物才能成为行动理由。[2] 在柏拉图-亚里士多德传统中，行动理由对行动主体有着一定的约束力，是指引主体通过行动进入“美好生活”(good life)的重要工具，因此它们承载着对善或价值的识别和使用。这个哲学传统强调，人类有理性能力通过意向行动(intentional actions)掌控自己的生活，并对自己的行动后果负责。粗略地说，人们通过意向行动将外在的善和价值引入到自己的行动中，并通过自己的行动实现价值和实现人生。因此，理性的意向行动就是依理由行动，也是有价值的行动。在这个传统中，价值是客观价值，行动理由是客观理由，并不依照行动主体的视角而变化，比如不得故意杀人这个道德理由，承载了生命是宝贵的这样的重要价值，即使某个杀手可以通过杀人获得报酬，对其生活有所改善，但行动理由的客观性反对这样后果论的主体判断。这种客观理由也是一种事实性存在，“理由是这样一种事实……因为行动在某些方面或某种程度上是善的”。[3] 当

---

[1] 陈景辉教授将规则与二阶理由，原则和一阶理由相联系，若采用德沃金的原则和规则区分，这一连结或许是站得住脚的，但是这并不适合运用于拉兹的理论。参见陈景辉：《实践理由与法律推理》，北京大学出版社 2012 年版，第二章。

[2] 在其最新的一本著作《从规范性到责任》中，拉兹明确否定了价值与理由的直接联系。不过，本书基于“文本的反思平衡”的方法采用了拉兹其他论著之中对此问题的表述。事实上，拉兹在后期反对的是价值是理由的充分条件。本书所赞同的关联性并非这种强关联，前者仅是后者的必要条件。

[3] Joseph Raz, *Engaging Reason: On the Theory of Value and Action*, Oxford University Press, 1999, p. 23.

然,理由的客观性并不代表着普遍性,拉兹认为几乎所有的价值都是社会依附的,要么它们的存在和持续依赖于群体社会实践,要么它们的实践和保护形式依赖于社会实践。[1] 这就表明拉兹的价值理论是社群性的,简单地说价值的存续和实现依赖于每一个社群的历史。不承认普遍存在并普遍适用的价值选项,所有的价值都或多或少依赖于社群传承下来的社会实践活动。即使几乎在所有社群都被承认的人的生命价值,其保护力度和保护形式也会依赖于社群的实践习惯而确定。

这种社群性与客观性的理由概念可以澄清很多对拉兹理由论的误解,其中最典型就是斯蒂芬·佩里(Stephen Perry)的"价值基础的权威观"[2](the value-based conception of authority)。佩里认为,拉兹的规范性理论中的理由是一种原子化的理由,因此无法解释一些基于社会价值的理由论。具体来说,第三章将要分析的"常态证立命题"认为,当权威提供的行动理由比个体自我权衡更好地服务于道德理由时,权威才能得到证成。但是佩里认为,很多权威并不涉及个体的背景性理由,相反它们是为了实现一种集体的共同价值。比如,法律规定汽车向右行驶,这种规定所立基的并不只是驾驶员之间的协调,还在于使社会秩序得到形成,即使是一个不开车的社会成员也能从中受益。因此,如果某条路上的驾驶员签署了一份在此路上向左行驶的协议,也不能被视为一份有权威的行动指引。佩里强调,在拉兹的理由论之中,由于权威给出的保护性理由只是基于相关利益者

[1] See Joseph Raz, *The Practice of Value*, Clarendon Press, 2005, p. 19. 拉兹将两种依赖分别称为"特殊社会依赖命题"和"一般社会依赖命题",因而有学者将拉兹视为社群主义者。准确地说,拉兹提出的是一种至善论的自由主义(perfectionist liberalism),用以调和自由主义与社群主义之别,其核心论点在于强调自治、选择和自我实现在价值多元体系中的基础地位。See Joseph Raz, *Autonomy, Toleration, and the Harm Principle*, in Ruth Gavison ed., Issues in Contemporary Legal Philosophy, Oxford University Press, 1987, p. 313-33.

[2] See Stephen Perry, *Political Authority and Political Obligation*, in Leslie Green & Brian Leiter eds., Oxford Studies in Philosophy of Law: Volume 2, Oxford University Press, 2013, p. 57-58.

的背景性理由,因而无法看到更大范围内的集体利益的存在。因此,需要一种比拉兹理论更为实质性的权威证成(或服从证成)理论。不过,佩里误解了拉兹(当然拉兹的某些论述容易受到佩里的指控),因为背景性理由不是基于行动者自己的视角或是自己的利益,而是基于社群性的实践所生产出的价值,因此社会中所存在的背景性理由至少从社群内部的角度看来是一种客观性理由,即使它无法使某些成员或群体直接受益。相反至少是间接地,背景性理由可以最终溯源至社群共同善,否则就无法解释征兵、纳税、公共服务这些制度的权威性。

有人可能仍然会反对:那是道德理由的情形,而非所有的行动理由都与道德相关,比如法律或其他规范性文本提出的行动理由。的确如此,拉兹并未将所有的一阶行动理由都归为道德理由。很多事物在具体的环境中都有着价值的一面,这就能在该环境中成为人们行动的理由,[1]这种价值可能是纯粹的美学价值、感官价值和道德价值。就美学价值来说,三亚的日落很美就可以是某人去三亚旅游的行动理由;从感官价值来说,冰激凌味道很好同样也可以成为某人买冰激凌的行动理由。它们都不涉及任何道德价值。这些看起来很小的价值在人们的行动理由中十分常见,我们不必将道德理由与行动理由完全等同。但对本书来说,道德理由却是一阶理由的典范情形,这是道德规范了人际往来中最重要的事,而法律如同道德一样是一个整体性与全面性的规范体系,我们不可能在不参照法律体系的前提下理解单一法律规范的特性,这使对法律规范性的证成是一项整体性的权威证成,即使它提供的是一项又一项个别的法律理由。

---

[1] See Joseph Raz, *Engaging Reason: On the Theory of Value and Action*, Oxford University Press, 1999, p. 29-30. 需要注意的是,拉兹认为所有的理由都直接或间接与规范性相连,但并非都与价值相连。他区分了实践理由(practical reason)与适应性理由(adaptive reason),后者是一种认识上的理由,虽然也属于规范性理由,但并不与价值联系。本书对法律与道德规范的讨论不涉及这类适应性理由(尽管它可能在个人认知法律的过程中非常重要),因此本书谈及的理由都与价值相联系。See Joseph Raz, *From Normativity to Responsibility*, Oxford University Press, 2011, p. 36-58.

在整体证成中,道德的核心地位就得到了体现,笔者怀疑,这使拉兹理论中法律的规范性主要奠基在道德规范性之上。从直接方面来说,法律保护着最重要的道德价值;从间接方面来说,法律通过解决协调性问题为个人与社会的道德实践提供保护。与此同时,美学价值和感官价值确实在日常生活中决定了人们的很多行动,通过对不同价值分量的慎思,某一项或一些理由引领理性之人走出困惑。然而,在当代绝大多数法律和道德体系中,美学价值和感官价值的判断都留给个人完成选择。也就是说,法律理由更多的是选择了道德的规范领域,而像去三亚旅游或吃冰激凌等事项并不应该属于法律干涉的范围,尽管法律有能力去干涉。所以说法律的规范性主要是来源于一阶的道德理由,它们证成了法律权威,也是法律权威成立之后意在排除的慎思理由,因此当本书提到一阶理由时,通常指的是道德理由,也就是基于道德善或道德价值提出的做或不做某事的行动理由。

价值赋予了一阶理由的规范性,特别是其中的道德价值使道德理由成为一阶理由的典范情形,这就在价值和一阶理由之间建立了肯定的联系。而在否定层面上,拉兹提出了两项重要的区分,澄清人们对理由的认识。

首先,他仔细分析了前文提及的规范性理由与说明性理由之分。很多学者注意到,日常语言对"理由"(reason)一词的使用是非常混乱的,在有些情况下理由仅仅是原因的代名词。比如,一阵风刮过将屋里的门给关上了,当有人问起门为什么突然关上的时候,我们既可以说风刮过是门关上的原因,也可以说是门关上的理由,但是由于整个事件中并不涉及任何人的意向行动,它不能称为规范性理由,而仅仅是说明性理由(the explanatory reasons)。通过说明,前后事件的逻辑或概念关系得到了解释,并且其陈述的真假可以通过事件的还原获得判断。尽管所有的理由都有一定的说明功能,但规范性理由道德重点却不在说明之上,"如果它们是规范性理由,那么就会赞成(in favour of)其理由所意欲的。它们潜在地(也就是,它们可能)证成和要求它们所赞成的”。[1] 具体来说,规范性理由当然说明了价值和行动之间的逻辑或概念关系,但更重要的是用价值对行动进行评价和证成。在这一点上,我们谈论的一阶理由就属于规范性理由的类型,在体现着说明功能的同时,也具有证成和评价行动的能力。

其次,在一阶理由内部,拉兹澄清了审慎理由和道德理由的关系。审慎理由往往和美学理由、感官理由相混淆,但很多学者认为它是作为道德理由的对立面存在的,所以对于规范性来说有着较为重要的区分意义。审慎理由一般是指完全基于自我利益的考虑,而指引和评价人们行动的“理由”形式。哲学家詹姆斯·格里芬就将审慎理由视为规范性理由的一种,认为没必要与道德理由进行区分,价值本身无论是以审慎还是道德的状态呈现,都具有规范性。[2] 拉兹并不同意这种观点,他认为道德价值没有必要与其他价值领域进行区分,但纯粹的自我利益并不是规范性的来源。如前所述,拉兹对价值持有一种客观论的态度,尽管它们是由社会实践所生产或实现,但当它们存续之后,人们不能以不认识这些价值否定其规范性。自我利益本身则是一种主观态度,无法进行普遍化,它或许是一种评价性态度,但无法成为普遍的行动指引。如果没有道德理由构成我们生活的目的或目标,纯粹的利己主义不能构成规范性理由。在这一点上,拉兹和主流哲学家保持了一致。罗伯特·诺奇克曾有一个著名的思想实验,如果生产出来一台“心理体验机”,人们可以每天活在机器所制造的美好梦境之中,使自我的欲望得到永远的满足,这种纯粹自我利益的满足是否构成了生活的目的或目标,诺奇克的答案是否

[1] Joseph Raz, *From Normativity to Responsibility*, Oxford University Press, 2011, p. 18. 在一阶规范性理由的定义问题上,拉兹似乎非常接近于斯坎伦的观点,两者都强调理由和赞同之间的关联性。See T. M. Scanlon, *What We Own to Each Other*, Belknap Press, 1998, p. 17-22.

[2] See James Griffin, *Well-Being*, Oxford University Press, 1996, p. 161.

定的,“我们想做一些事情,而不仅仅是想拥有做事情的体验”,[1]是客观价值的实现,而非单纯的个人满足构成了美好生活。自我利益本身不是价值系统的一部分,即使自我利益的实现也必须屈从与美好生活的目标之下。价值的规范性,“它能说明为什么是有约束力的,为什么每个人有理由服从”。[2] 这样看来,拉兹似乎将完全基于自我利益的审慎理由排除在规范性理由之外,或者至少它们不能成为有约束力的行动理由。因此我们寻找一阶理由背后的价值,就必须首先排除掉不能普遍化的利己主义,在自我利益之外找寻规范性的指向,就本书来说,这就是一阶理由的价值特征,特别是其中的道德理由。由于审慎理由不是规范性理由,也无法被正当性权威所吸纳,后文将其称为审慎原则,以区别于“理由”一词的标准用法。在本书的第四章,笔者还会进一步考察规范性理由与审慎原则在法律推理中的作用。

三、基于一阶理由的行动

一阶理由是基于价值的理由,其中的典范是基于道德价值的理由,这些一阶理由在日常生活中构筑了一张理由之网,将不同的事物置于不同的价值分量之上。拉兹认为真正基于一阶理由的行动是意向行动,也就是行动主体对理由进行慎思之后,出于理由的引导之下行动。也就是说,不仅仅是行动和理由的外在“符合”,而是两者之间有着归因性的“遵从”。[3] 当理性之人遇到困惑时,必须运用其卓越理解力和意志力,搜索和思考当下行动的规范性理由,指引其走出困

---

[1] [美]罗伯特·诺奇克:《无政府、国家和乌托邦》,姚大志译,中国社会科学出版社2008年版,第52页。

[2] Joseph Raz, *Engaging Reason: On The Theory of Value and Action*, Oxford University Press, 1999, p. 303.

[3] 参见[英]约瑟夫·拉兹:《实践理性与规范》,朱学平译,中国法制出版社2011年版,第204~205页。拉兹认为在进行法律或道德归责时,只需考虑行动是否符合理由。遵从是一种过强的要求,没有意识到法律或道德责任,或是依照其他理由而符合该理由行动时,我们就不应当承担责任。

惑。不过,在现实生活中,人们常常在同一时间会面对着不同的一阶理由,由此造成了"理由的困惑"。每一个理由都有着一定的价值,呼唤着社会主体的行动,但理由 A 和理由 B 之间存在冲突,我们只能在其中选择一项理由行动,如何选择就成为难题,这里有两种可能的情况。[1]

第一种情况是应用的冲突,也就是说在价值层面上两种一阶理由并不冲突,但在某个具体事件中无法同时实践两个理由。比如中国的古语"忠孝不能两全",或是不得杀人和孝顺父母这两项一阶道德理由,分别承载了生命价值和家庭价值,抽象地看并没有任何价值冲突,甚至没有任何关联。然而,在一定情况下,两个理由却指向完全不同的行动方向,我们就必须在此间进行抉择。在民国时期有一个轰动全国的"侠女"案件,案件主角施剑翘的父亲战败后,被直系军阀孙传芳所杀,施剑翘计划多年后终在佛教寺院居士林用手枪击杀孙传芳。这个案件本身并不复杂,施剑翘本人计划多年,甚至在行刺当年打听孙传芳的行踪,这说明该刺杀行为属于意向行动。同样,在施剑翘刺杀成功之后,她当众公布自己的性命、行刺目的和散发声明等行为说明她试图用孝敬父亲的道德理由为自己的行动辩护。[2]我们可以通过规范性重构这段历史,在其中施剑翘也是一位困惑之人,孝顺父亲的行动理由告诉她应当杀害孙传芳(父债子还可以作为孝顺父母在中国的实现形式之一),与此同时尊重他人生命的行动理由告诉她不应该伤害孙传芳的生命,在父亲被孙传芳杀害之后,她是怎样解决这个理由应用冲突的?

在拉兹看来,这就涉及两个一阶理由的分量,其中分量或强度

---

〔1〕 无论是下述应用层面冲突还是价值层面的冲突,拉兹都认为应该指引人们行动的是一个不败的或结论性的理由。这种对一阶理由的分析非常类似于大卫·罗斯"初步的义务"与"实际的义务"之区分。See David Ross, *The Right and the Good*, Clarendon Press, 1930, p. 20-25.

〔2〕 施剑翘案详细的史料,可参见[美]林郁沁:《施剑翘复仇案:民国时期公众同情心的兴起和影响》,陈湘静译,江苏人民出版社 2011 年版,第 23~55 页。

(stringency)更大的理由应当指引困惑之人的行动。事实上,拉兹将德沃金的原则模式视为理由应用冲突的典型。[1] 只不过在德沃金那里,原则是道德和法律理由的连接点,但拉兹仅将其视为一阶理由的表现形式。对比拉兹对理由冲突的细碎论述,德沃金对原则的探讨更加容易把握,我们可以通过分析原则来认识一阶理由的应用冲突。德沃金指出原则并非以一种全有或全无的方式应用,当原则之间相互冲突的时候,"就必须考虑原则分量的强弱",并且即使我们选择了其中一项原则,未被选择的原则也不因此而失去效力。[2] 一阶理由亦是如此,由于理由源自客观价值,即使未被选择的理由也依然有着规范性,只是在此具体冲突情形中无法指引行动。这就表明,在应用冲突的情形中,我们应当权衡不同理由的价值分量,依照在此情形中分量或严格性更大的理由行动,只有完成了这样从慎思到行动的过程,我们才能证立和辩护自己的行动,理由的规范性才是获得了最佳实现。[3]

然而,在拉兹那里,应用的冲突并非一阶理由唯一的冲突情况,另一种情况是在价值层面上的直接冲突。与德沃金不同,拉兹不是一个价值整体论者(holism)。德沃金只承认价值在实践应用层面的冲突,而在抽象层面上,它们是相互连接并相互支持的。[4] 拉兹与此相反,认为价值是多元且不可通约的。笔者无意在德沃金和拉兹的价值论中做出裁决,但此差异就导致了拉兹会承认在应用层面

---

[1] See Joseph Raz, *Legal Principles and The Limits of Law*, in Marshall Cohen ed., Ronald Dworkin and Contemporary Jurisprudence, Duckworth, 1983, p. 81-86.

[2] [美]罗纳德·德沃金:《认真对待权利》,信春鹰、吴玉章译,上海三联书店2008年版,第37~38页。

[3] 值得强调的是,理由的分量和严格性并不是固定不变的,因此一阶理由的权衡不是简单地加减计算,而是涉及在给定的环境之中,主体、价值和行动多方面的关联性,这使我们似乎无法简单给出一个抽象的理由权衡公式。

[4] See Joseph Raz, *A Hedghog's Unity of Value*, in Wil Waluchow & Stefan Sciaraffa eds, The Legacy of Ronald Dworkin, Oxford: Oxford University Press, 2016, p. 17. 德沃金自己最清晰的理论分析可参见 Ronald Dworkin, *Justice for Hedgehogs*, Bleknap Press, 2011。

之外,不同的理由和价值在定义上就存在冲突。归根结底,拉兹的这种价值多元论根植在他的至善理论之中。拉兹认为几乎所有的价值,要么其存在和持续依赖于社会实践,要么其实现和保护的方式依赖于社会实践,因此不同社会的价值会有所不同,甚至在同一社会价值实践方式的不同都会导致它们在抽象层面上的冲突,自由价值和民主价值冲突,个人价值和社会价值冲突等。如前所述,选项之间的不可比较性在个人选择时带来了困惑,对于社会而言,这可能就会产生价值冲突。由于价值之间无法通约,没有一项衡量所有价值的度量衡,我们甚至无法在抽象层面上对其进行比较,"两种物体的价值,两个选项的善性,是不可通约的,在其中既不是说哪个比另外的更好,也不是说它们同等重要"。[1] 因此,在涉及不可通约的价值的每一个情形中,我们都不得不对其进行痛苦的抉择。当然在具体场景中,抽象的价值和理由具体化之后会有一定的重要性之别,比如在自由受到更大危机的时刻,保护自由价值可能就会比保护民主价值更加重要。而在某些场景中,我们没有面临这种紧迫性时,对不可通约价值之间的抉择就不是理性能够解决的困惑了。因此,基于一阶理由的行动可以解决一些个体的困惑和一些价值的冲突,但是这种理由的"自然状态"不可能完全消弭困惑和冲突。不过,拉兹发现二阶理由可以有效地完成这一任务,并且这种独特理由类型的背后是权威的存在。

第二节　二阶理由与保护性理由

一、建议、要求和命令

哈特认为前法律(pre-legal)的社会有很多优点,在这样的社会

〔1〕 Joseph Raz, *Engaging Reason: On The Theory of Value and Action*, Oxford University Press, 1999, p. 46.

中每个行动主体都更可能以内在观点看待规范,规范也就能够得到最大限度的自愿服从,违法者将承受最大程度的社会压力。这样的社会可能从来没有在世界上存在过,历史学家描述的史前社会可能最接近于这种情景,其中有些社会并没有制度化的强制手段,但由于其唯一的价值体系获得了群体成员的一致认同,每一项道德规范都被近乎机械的服从,因而对违法者施加的舆论压力有时比现代社会的强制力更加有效。但由于道德和习惯规范的不确定性、静态性和无效率性,该社会不得不发展出三类“次级规则”逐一进行弥补,从前法律社会进化到法律社会。[1] 这是哈特法哲学的核心观点,承认规则是鉴别法律概念的关键所在。尽管这种法律进化理论并无不妥,但它并没有穷尽从前法律社会到法律社会进化的路径,前法律社会中还存在其他类型的问题,使其有必要发展出一套法律或类似法律的规范性体系,克服纯粹自生的规范性体系的内在缺陷。从拉兹的角度来说,这就是一阶理由本身的问题。

拉兹的理由论指出,只有一阶理由的社会是一个与价值紧密相连的社会,每一个理由都承载并意在实现某个或某类价值。这些价值与所在群体的社会实践紧密相关,社会主体的意向行动就是去试图实现个体价值与群体价值,尽管在某些情况下可能会要求暂时牺牲自我利益。前述分析表明,一个纯粹的一阶理由社会有着内在的缺陷,往往无法指引行动主体应该如何行动,反而使其陷入困惑之中。尽管一阶理由的存在有可能解决了赋予选项价值分量的问题,但是它并没有有效解决其他困惑类型。首先,人类的理解力和意志力是有限的,很可能在行动中无法认识到一阶理由,或是认识到一阶理由却无法在行动中贯彻。其次,一阶理由之间可能会在应用中冲突。虽然我们可以假设了一个“理性之人”,他具备超乎常人的理解力和意志力,但仍然难以避免在具体情形下无法同时服从两个或

---

〔1〕 参见[英]H. L. A. 哈特:《法律的概念》,许家馨、李冠宜译,法律出版社 2006 年版,第 87~89 页。

多个行动理由，必须对冲突的理由之间进行选择，然而当这些理由处于相同分量之时，或是多个理由之间符合“阿罗不可能定律”之时，[1]即使“理性之人”也无法做出最佳判断。最后，某些一阶理由背后的价值是不可通约的。如果我们秉持拉兹的社群依附式的价值观念，就不难得出价值多元的结论，在没有一个统一度量衡的情况下，这些价值之间无法相互化约，因而承载价值的一阶理由就无法进行分量的比较。

不过我们注意到，上述关于一阶理由的分析只涉及单个行动主体的实践慎思。常见的情形是，我们在困惑之中会求助其他主体，包括拥有理论权威或实践权威的主体，寻求对我们的行动进行指导。在拉兹的论述中，有三类这样的帮助模式。通过对这三类帮助的分析比较，就能从伦理学过渡到法哲学的理由论之中。史蒂夫·卢克斯对权威的解释成为拉兹分析的起点，权威是外在于我们实践慎思的，如前所述它帮助我们认识和服从行动理由。卢克斯进一步认为，“权威是实施行动的能力，并且相关行动因而改变了规范性状态”。[2] 也就是说，权威有能力使行动主体的规范性发生改变，当权威说“让某事发生”就是去做某事的行动理由，而不去慎思一阶理由背后的价值分量。拉兹将这种解释称其为“简单解释”，有着直觉上的吸引力。但他发现卢克斯的解释是非常模糊不清的，当某人对行动主体说“让某事发生”，它可能有三种不同的规范性陈述：建议、要

---

〔1〕 这是笔者自己推断出的一个情形，拉兹的理由论没有提及这个问题。阿罗不可能定律描述的是对多个偏好之间的死结，无法选择出最优偏好。[美]肯尼斯·约瑟夫·阿罗：《社会选择与个人价值》，丁建峰译，上海人民出版社 2010 年版。这同样可以应用在理由的冲突中，因为拉兹已经提出了一个价值满足的公式：我们应该尽可能满足可满足的价值，虽然不是以最大量化的方式。See Joseph Raz, *From Normativity to Responsibility*, Oxford University Press, 2011, p. 222.

〔2〕 这是拉兹对卢克斯权威理论的总结，参见 Joseph Raz, *The Authority of Law: Essays on Law and Morality*, Oxford University Press, 1979, p. 12。

求和命令,[1]它们的差别在于给出陈述者的态度、信念和意向,而不是行动主体的个人慎思,这导致它们对行动理由的影响完全不同。

首先是建议(advice),它是一种较弱的规范性陈述,通常的表述形式是“你最好去做某事”。拉兹认为,“建议的主要意向是传达对某人的利益来说,什么是道德上正确或错误、什么是合法或非法的信息,或者是某些原初事实”。[2] 因此,建议并不改变行动主体慎思的过程,也不改变理由的存在,而是通过传达某种信息和事实,提供关于一阶理由的理解。具体而言,提出建议的主体站在行动主体之外,其旁观者地位或理解力上的优越性,告知行动主体他对行动理由的排序,或是提醒行动主体某一或某些行动理由的存在或不存在。真正的建议要求建议者相信其陈述的正确性、真实性或合理性,并设身处地站在行动主体的位置进行慎思。不过,建议本身并没有改变行动理由的能力,它提出的理由排序或其他信息只是行动主体参考的一个要素,行动主体没有必要按照建议陈述的内容行事,也没有感到被建议的内容所约束,反而一阶理由的规范性仍然指引他按照自我慎思的结果进行行动,哪怕慎思的结果与建议内容相反。这就表明,建议者并不是实践权威,至多只可能是理论权威(很可能根本不是权威,比如朋友的建议),改变行动主体对理由的认知和信念。建议的内容本身并非任何行动理由类型,也不能够改变行动理由的状态,只是在行动主体慎思过程中提供的信息帮助而已。

---

[1] 有趣的是,赫德(Heidi Hurd)将这三类规范性陈述都视为权威陈述,分别与理论权威、影响权威和实践权威相连。但这扭曲了权威概念的含义。其一,影响权威是一项不必要的概念,不符合哲学伦理学中对权威的通常分类,作者提出的这种新分类必须给出强有力的理由和实例;其二,我可以对我朋友提出建议,但并不代表我对其有理论权威;其三,理论权威试图影响信念(belief),但建议未必如此,它也可以是提醒行动主体为注意到的理由,因而只是有认识论上的意义。尽管拉兹在《自由的道德性》一书中也有写到“权威提出的建议”,但这仅是表明权威可以提出建议,但这不是权威的本质特征,将权威和其他类型的主体相区别的只有命令特征。See Heidi M. Hurd, *Challenge Authority*, The Yale Law Journal, Vol. 100:6, p. 1615-1619(1991).

[2] Joseph Raz, *The Authority of Law: Essays on Law and Morality*, Oxford University Press, 1979, p. 13-14.

其次是要求(request),它的规范性强于建议,通常的表述形式是"你需要去做某事"。与建议不同,当它以某项价值为基础提出时,要求者的陈述本身成为一个新的理由,这个理由在要求提出之前并不存在。拉兹认为"设想某人提出了一项要求,并且被回复到他的要求会被考虑,但在权衡后发现反对所要求行动的理由压倒了包括要求在内的理由。他将毫无疑问地会失望,但他不会感觉他的要求被忽视了"。[1] 根据这段论述可以看到,要求和建议不一样,所要求的内容本身就是一项行动理由,在要求发出之后,应当被纳入行动主体的慎思之中,但是与建议一样,规范性并不强迫行动主体按照要求的内容行事,而是应当服从分量最大的理由。比如,考生在高考填报专业志愿时意向选择数学和计算机专业,在他看来只有这两个专业符合他的人生规划,但他的父母要求他报考法学专业,尽管他从来不认为自己可以在法学领域获得成功,但孝顺父母本身成为一个价值,这位考生不得不在原有的理由慎思中加入报考法学专业这个理由。当他把这项理由添加到慎思之后,要求的规范性就到此为止,它不规定行动主体最后的慎思决定。[2]

最后是命令(order),它的规范性强于前两者,甚至有改变主体规范性慎思的能力。有学者认为,命令区别于前两者的关键在于"希望命令接受者×放弃自己不服从命令的理由"的意图,[3]但是拉兹可能会认为这一表述实在太弱了,命令的核心不是"意志取代"的意图,而是影响规范性理由的能力。一个典型的命令例子是军事指令,为了

---

〔1〕 Joseph Raz, *The Authority of Law: Essays on Law and Morality*, Oxford University Press, 1979, p. 15.

〔2〕 值得提及的是,现代社会之中,建议和要求的存在确实可以解决很多第一类困惑,也就是由理性和意志能力带来的困惑。这需要我们跳出正文之中阐述的家庭和朋友的例子,去思考专业性分工带来的优势。虽然每个人都有理性和意志能力的缺陷,但是专业分工使知识和能力集中于某些特定的问题之上,从而形成可以给出建议和要求的"专家"(甚至是理论权威),专家成为政治和法律领域之外解决困惑的重要来源。

〔3〕 汪雄:《论命令的内容与结构和命令的强制性基础》,载《北大法律评论》编辑委员会编:《北大法律评论》第18卷第2辑,北京大学出版社2019年版,第117页。

能够拧成一股绳完成战斗目标,军队内部的等级制相对普通官僚制更为突出。当上级下令行军路线时,所有的士兵都应该严格服从,即使有士兵认为最佳路线应该是另外一条。因而,命令的陈述内容可能是既有的一阶理由,也可能是新被提出的一阶理由,但关键在于命令者希望通过命令固定一阶理由的顺序,将命令提供的理由置于所有无论其分量的一阶理由之前。也就是说,与建议和要求不同,命令者本身应该是实践权威,主张行动主体哪怕无法评价命令内容的正当性也应当服从,这就使命令"有改变行动理由的能力"。[1]

在笔者看来,大卫·以诺(David Enoch)对拉兹分类的改进同样值得我们关注,[2]为我们理解拉兹的前述理论提供了更为深入的视角。以诺从理由给予(reason-giving)而非理由类型的角度论证了理由给予的实践差异。第一种为认识上的理由给予,这类似于拉兹的建议。给出理由的主体并非新提出了一个理由,而是提醒或论证了行动主体原本就有的行动理由。第二种理由给予是触发式的,这种类型的理由给予并不是提醒行动主体,而是触发了原先存在的行动理由存在的条件。比如说,牛奶厂商提价给予了我不买该厂商牛奶的理由,这并非给出全新的理由,而是触发了"如果商品涨价则销量下降"这个一般性行动理由的存在条件,使理由真正具体化到实践场景之中。与本书相关的则是第三类理由给予的类型,这就是坚实的理由给予(robust reason-giving),这种类型并非提醒亦非给出一个经验性的存在条件,而是给出一个全新的行动理由(当然,根据拉兹的依附命题,"全新"二字得做出限定性解释,是对原有理由的综合)。这种给予行为本身就带有规范性,而不是认识或触发原有理由的规范性。这种理由不存在于理由给出之前的场景中,比如将军的命令作为行动理由在下令之前并不存在。以诺将拉兹所列的要求与命令

---

〔1〕 Joseph Raz, *The Authority of Law: Essays on Law and Morality*, Oxford University Press, 1979, p. 17.

〔2〕 See David Enoch, *Authority and Reason-Giving*, Philosophy and Phenomenological Research, Vol. 89:2, p. 298-301(2014).

都纳入坚实的理由给予类型之中,所不同的是要求给予的不是一个不败的理由,而命令则是,也就是说命令建立理由的同时也带来了义务。因而,以诺认为我们理解命令就必须从带来理由与义务的保护性出发,只有这样我们才能理解命令的排他性特征。

二、二阶理由:排他性与保护性

命令为我们带来一个全新的思考角度,在此过程中理由的权衡不再是按照其分量的大小来决定,命令者主张其命令内容可以取代其他的一切理由,而成为行动主体唯一需要服从的理由类型。这不是违反了我们之前对一阶理由分析的结论吗?回顾一下,一阶理由与价值直接关联,当行动主体服从一阶理由时,也就是价值的实现过程。在理由冲突的情形中,行动主体应当自我慎思在此情形下不同理由的分量,并服从分量或严格性最大的理由行动。显然,命令的存在提供了一个反例。命令模式在生活中并不少见,我们不可能视而不见,忽视其对理由规范性的诘问。对于这类不遵循一阶理由模式的反例,哲学家分成了两个阵营。约翰·布鲁姆将命令(以及要求)归于规范性要求(normative requirements)的类型,认为不能用理由模式对其进行分析,因为理由的连接词是"应当"(ought),而命令和要求的连接词是"需要"(require)。[1] 拉兹则认为理由论可以对这类反例进行分析,只不过我们需要引入一个全新的理由类型——二阶理由。

二阶理由本身不是行动理由,它是对一阶理由的自我指涉(self-reference),从而改变一阶理由的规范性状态。因此,二阶理由是理由的一种制度化形态,正如在哈特理论中二阶或次级规则导致了规范的制度化形态一样,它引入了一种复杂性的层面。在复杂性情况中,理由的应用不再遵循"自然状态",二阶理由的引入打破了行动主

---

[1] See John Broome, *Normative Requirements*, Ratio, Vol. 12:4, p. 398-405(1999).

体的慎思过程，尽管它本身不反对慎思，但无须按照慎思权衡的结果行动。如前所述，纯粹一阶理由的社会同样有很多"困惑之人"，他们或是凭借自己的理解力和意志力无法按照最佳理由行事，或是理由分量的平等、不可比较或不可通约导致无法走出困惑。为了解决第一类困惑，我们引入了理性之人的概念，并且通过需求他人建议或要求的帮助，试图解答这类困惑。即使如此，我们也不能设想所有的第一类困惑都能得到完美解决。然而，更为重要的是，其他困惑仍然无法得到解决，因为这类困惑本身就是通过慎思无法解决的。因此，二阶理由不但可以提升解决第一类困惑的效率，同时也能为走出其他困惑指出方向。

拉兹将二阶理由分为积极的二阶理由和消极的二阶理由，前者是"根据某种其他（一阶）理由而作为的理由"，而后者是"根据某种其他（一阶）理由而不作为的理由"，并通常称为"排他性理由"。[1] 后者与法律相关，并且在日常生活中更为常见，因此本书将不关注前者。拉兹认为正当的二阶理由，也就是有能力改变一阶理由规范性状态的理由是具备正当权威者发出的理由。或者说，二阶理由预设了一个规范性权威的制度结构，"引入基本机构不只是对规范体系的一个简单添加。通过加进一个全新的维度，即对行为进行权威性评价的维度，基本机构的引入从根本上变革了规范体系"。[2] 比如家长对未成年的小孩发出命令，你今天晚上不能出去玩，这就引入了一个全新的排他性理由，改变了小孩在晚上原有的其他行动理由的规范性状态。排他性理由命令行动主体排除一个或一些一阶理由选项，行动主体不应该服从这些理由的指引。尽管排他性理由并不排斥主体自己的慎思，但一个意在走出困惑的行动主体应该将这些一阶理由排除在审慎权衡的结果之外，也就是说排他性理由意在限缩

---

〔1〕 Joseph Raz, *The Authority of Law: Essays on Law and Morality*, Oxford University Press, 1979, p. 17.

〔2〕 ［英］约瑟夫·拉兹：《实践理性与规范》，朱学平译，中国法制出版社 2011 年版，第 158 页。

行动主体的慎思结果,通过取消具体环境中一阶理由的选项,帮助困惑之人完成行动。

> 排他性理由的要义在于,通过不考虑理由的分量而排除了对被排除的理由的考虑,从而绕开了(理由的)分量问题。如果它们不得不在分量上与被排除的理由进行角力的话,那么它们就只能排除它们胜过的理由,从而失去了独特性。它们的作用是避开理由之间的直接比较,在普通的理由之上创造出一个不同的层次。只有当它们成功地无视其他理由的分量而予以排除的时候,这一作用方才实现。[1]

这段话最直接表明了排他性理由不同于一阶理由的特征。首先,排他性理由不考虑理由分量,而直接取消掉某些一阶理由的选项。其次,排他性理由是针对理由的理由,因此是不同层次上的理由运作方式,一阶理由的冲突运作方式不适用于该层次的分析(除非是两个二阶理由之间的冲突[2])。最后,由于排他性理由的运作方式不是分量权衡式的,在具备正当性的条件下,它对一阶理由的排除或取消"包赢不输",具备正当性的一阶理由永远不可能胜过具备正当性的排他性理由。然而,什么样的排他性理由才具有正当性呢?按照拉兹的解读,行动主体与排他性理由相一致似乎更加符合被排除的理由。这看起来是一个悖论,既然理由被排除了为何还能与其相符合呢,排除理由不应该就是反对该被排除理由承载的价值吗?这

---

〔1〕[英]约瑟夫·拉兹:《实践理性与规范》,朱学平译,中国法制出版社2011年版,第220页。

〔2〕二阶理由之间当然有可能冲突,克瑞特西斯(Dimitrios Kyritsis)就批判拉兹理论无法解决权威内部的冲突,比如权威性的立法机构与司法机构分别发布了不相容的命令。然而,在拉兹那里这种冲突是两个二阶理由(或保护性理由)之间的冲突,彼此之间并没有先占力量。笔者认为,这时只能有两种方法解决,一种是诉诸于更高阶的理由,比如上位制度性规范确定了立法至上或司法审查模式,另一种是回归于一阶理由,从道德性的角度考虑应当服从何者的命令。由于这种冲突的解决不是拉兹所关注的焦点,因而克瑞特西斯所论证的法院与立法机构的关系问题很可能与拉兹的理论并无直接矛盾。See Dimitrios Kyritsis, *Shared Authority: Courts and Legislatures in Legal Theory*, Hart Publishing, 2015, p. 40–42.

涉及拉兹对排他性理由的一个证成，本章不处理这个问题，而留待规范性权威证成的章节中处理。但是这里需要提醒的是：第一，我们要牢记前文对遵从理由和符合理由的区分，对被排除的理由我们只是在符合意义上与其一致；第二，拉兹的理由论和权威论构成规范性理论的一个整体，因为法律权威是通过发布排他性理由实现其先占功能，对排他性理由的证成就可以转换为对权威的证成。〔1〕

在厘清了对排他性理由的基本概念之后，我们将进入到法律领域。排他性理由是规范性权威存在的体现，拥有权威的地位就在于它有资格发布排他性理由，因而这种理由是法律规范性运作的主要方式。〔2〕 在拉兹看来，法律规范就包含二阶理由，并且正因其包含二阶理由而成为一条法律规范。“如果一个（法律）规则希望通过决定行动与否的理由而指导希望，那它就是一个规范”。〔3〕 他将命令性规范看成是法律规范的典范，其他的法律规范则是对命令性规范的支持或补充。“命令性规范要么是一个排他性理由，要么，更一般地说，既是一个实施规范性行为的一阶理由，又是一个不因特定的与之相冲突的理由而行动的排他性理由”。〔4〕

---

〔1〕 在拉兹的早期著作，特别是《实践理性与规范》和《法律的权威》之中，排他性理由的正当性更多基于权威的协调能力，然而在拉兹的伦理学转向之后，证成方式就从协调转向了道德，甚至在最后协调只是作为道德的一个方面或附加证成而存在。笔者将在第四章论证，后者更符合拉兹的整个理论事业。

〔2〕 当然，法律权威并非保护性理由的唯一提供者，某些许诺、决定和规范都可以提供保护性理由，更为重要的是，尽管道德规范可能是以一阶理由的模式运作，但道德权威形成之后，也能提供保护性理由凌驾于其他道德观之上，比如道德法典、康德的道德律令和政教合一国家的宗教权威。拉兹的权威论和理由论都是一般性理论，在法律之外也可以适用于其他权威和理由模式，这为他的理论合理性带来了更大的困难。但是，这不是本书探讨的内容，本书的焦点是法律的规范性，该理论是否适合其他领域不予置评。出于简化论证的理由，本书会将一阶理由的权衡模式视为道德模式，而省略了道德权威存在时的类似法律的二阶模式。

〔3〕 参见［英］约瑟夫·拉兹：《法律体系的概念》，吴玉章译，中国法制出版社 2003 年版，第 274 页。

〔4〕 ［英］约瑟夫·拉兹：《实践理性与规范》，朱学平译，中国法制出版社 2011 年版，第 57 页。

由于已经对纯粹的排他性理由有了一定的了解,接下来我们将重点考察后面一种情形——义务性规范既是一个一阶理由,又是一个排他性理由,这种规范性理由又被拉兹称为“保护性理由”。这是一种独特的理由形态,但它和其他理由一样,“本质上是对行为的指引,这就是使它们成为理由的东西:我们能够被它们所指引”。[1] 排他性理由并不能独立存在,它的功能是对一阶理由进行规范性状态的调整,这使它有可能与后者一道结合成一种理由的组合形态,这种形态就是保护性理由。规定保护性理由的法律规范随处可见,比如交通法规规定“全国范围内机动车靠右行驶”,这样的法律有着在H环境下社会主体应该做A的条件句式。一方面,它规定了一个行动理由机动车靠右行驶或A,另一方面它也是一个排他性理由,排除了在所有管辖范围内做B、C或D,比如靠左行驶、居中行驶、部分路段靠左部分路段靠右等行动理由。在法律规定之前,有些不同的行动理由似乎具有同等的价值(靠左行驶和靠右行驶有价值上的区别吗),或者并不可通约(为了分析的简洁,我们暂时忽略这种情况),这使通过行动主体个人的慎思可能会得出不同的结果,从而造成“困惑之人”。结合前述关于一阶理由的分析,我们可以做出更为详细的分析。

首先,保护性理由包含了一阶行动理由。这表明,保护性理由的功能是指引人们的行动,因此要成为一个正当的行动理由就必须与价值相联系。这一点使得法律规范和一些类似的情形得到区分,比如许诺,两者都通过创设二阶理由使行动主体处于义务的约束之下。[2] 在拉兹的分析中,许诺处于一个很微妙的位置,一方面拉兹

---

〔1〕 Joseph Raz, *Comments and Responses*, in Lukas H. Meyer, Stanley L. Paulson and Thomas W. Pogge eds., Rights, Culture, and the Law: Themes from the Legal and Political Philosophy of Joseph Raz, Oxford University Press, 2003, p. 257.

〔2〕 See Joseph Raz, *Promises and Obligations*, in P. M. S Hacker & Joseph Raz eds., Law, Morality and Society: Essays in Honour of H. L. A. Hart, Clarendon Press, 1977, p. 220-222.

承认它是一个二阶理由,另一方面又指出行动主体应该通过审慎得出是否遵守许诺,这就违背了二阶理由运作的过程。[1] 笔者认为这是由于许诺的特殊性所造成的,无具体内容的许诺是一种形式性的二阶理由,不具备任何的价值,比如"我承诺明天照你说的去做",而明天对方的吩咐并不一定能构成规范性行动理由。法律规范似乎不同,无论是授权性、禁止性还是义务性规范,都以一定的内容为基准。即使是禁止性规定,"高速路上车辆不得超过 120 码"也蕴含了车辆在 120 码之内都是合法的这样的内容,因而我们可以基于价值性判断这项法律规范是否构成一个行动理由,或更常见的是判断整个法律体系是否拥有正当权威提供行动理由(因为法律提供的理由具有不透明性,详见"权威论"一章)。

其次,保护性理由本身也是一项排他性理由。根据排他性理由的定义,它意在排除或取消本来的一些一阶理由。当然,这种排除或取消是针对行动主体的选择而言的,并不是真正消灭了理由的存在。排他性集中体现在法律的规范性陈述之中,尽管法律条文本身并不是十分明显,但经使用者转换为法律规范的陈述之后,其排他性就浮现出来。"通常,诉诸规范语言意味着人们接受了法律规则的有效性,即接受了有关规则的约束。避免使用规范语言则往往表明不相

[1] 《实践理性与规范》中将许诺和法律都视为二阶理由,但在新著《权威与解释之间》《从规范性到责任》中指出在理由冲突中,是否遵守许诺应该视许诺的内容而定。"法律并非是一项许诺或不同许诺的集合,而是一个完整的规范性系统",这似乎表明许诺可能根本不具备规范性,或是仅是一项排他性理由的主张。Joseph Raz, *Between Authority and Interpretation: On the Theory of Law And Practical Reason*, Oxford University Press, 2009, p. 179. 沃尔德伦对洛克同意(consent)理论的分析可以作为一个理论对比。与许诺一样,同意也是一个形式上的标准,但在一定条件下可以带来服从的政治义务。在洛克那里,这样的条件包括不得违反进入政治社会所追求的特定目标,以及这种目标是道德上所许可的。这似乎说明,不带有任何内容的许诺或同意都不会带来规范性与义务。首先它们必须成为一个规范性的理由,然后才会讨论这是一阶或二阶理由的问题。See Jeremy Waldron, *The Dignity of Legislation*, Cambridge University Press, 1999, p. 140-141.

信法律规则的有效性。"[1]这是因为在现代社会中,法律主张一种至上的权威,或者说是夏皮罗理论中的元规划,通过立法和准立法程序将选择性的采纳一阶理由,特别是一阶道德理由。"根据法律,应被排除在外的不是所有其他理由,而只是那些在法律上得不到承认的理由"。[2] 这就表明正当的法律权威,一方面有资格选择并排除一阶理由,另一方面也有资格承认和容忍某些一阶理由的存在。对于后者来说,这就暗示了至上性的法律权威之下的多元规范秩序存在的可能。

最后,保护性理由的运作方式是保护特定的行动理由。保护性理由同时有着排他性和行动理由的一面,但两方面的关系却是单向的,排他性的面向是为了保护一阶行动理由的完成。如前所述,在二阶理由不存在的时候,行动主体需要通过慎思来考量不同行动理由之间的分量,然后选择出最佳理由指引行动。排他性理由的存在简化了这个过程,它排除或取消了一些理由选项,使行动主体能够更为便捷地看到特定行动理由的存在——也就是保护性理由的一面。因为规范性规定行动主体应当尽可能实现理由承载的价值,所以排他性理由并非排除所有的行动理由,只是排除与被保护的行动理由相冲突的理由或理由的冲突部分,其他理由仍然与被保护的理由一起指引主体的行动。"机动车靠右行驶"这个法律规定只是排除了靠左行驶、居中行驶和其他冲突的行动理由,但并不排斥"开车时注意行人安全"这样的理由,反而还要求驾驶者在不冲突的场合下,同时完成这样理由的规定。这暗示了排他性理由的"力道"和行动理由一样源自理由背后的价值。

---

〔1〕 [英]约瑟夫·拉兹:《法律体系的概念》,吴玉章译,中国法制出版社2003年版,第279页。

〔2〕 Joseph Raz, *The Authority of Law: Essays on Law and Morality*, Oxford University Press, 1979, p. 33.

三、法律提供一种保护性理由吗?

拉兹的理由论自发表之后引起了学界的充分关注,他将哲学、伦理学中的实践理性分析带到了法哲学领域,认为法哲学不过是实践哲学的一个特殊"制度领域"而已。[1] 与此同时,他又根据法律的运作方式,提出了全新的二阶理由模式,丰富了哲学和伦理学中关于理由的分析。不过,和任何新兴的理论一样,拥护者有之,反对者亦有之。哲学和伦理学界对其最重要的反对可以分为两类,其一是二阶理由不能算一种理由,其表现形态和运作模式都与理由有所不同;其二是通过二阶理由无法洞察法律的运作模式,只是对其片面或错误的一种描述。[2] 本书不处理这类批判,而是将目光聚焦在法哲学内部的反对。在拉兹看来,"由于法律的功能是引导人们单向度,所以法律是规范性的。这种引导有两种具体形式:通过规定避免如此行为的某种标准理由,影响人们某种行为过程的后果;通过规定追求某种行为或避免某种行为的理由(至于究竟如何则视立法者的选择),影响人们的某种行为过程的后果"。[3] 这种引导功能则通过法律提供的保护性来实现,排除主体依照自身的慎思结果而行动,这就能很好地解释法律判决书中引用的理由部分都是已经被保护的法律理由,而不是制定该条法律规范的背景性理由。不过,许多法哲学家认为这是一个过强的要求,法律提供的根本不是一种保护性的理由,其指引功能的实现也不要求排他性理由的存在。

拉里·亚历山大就认为法律提供的不是一种保护性理由,因而不但不具备排他性,甚至也没有必要和价值相关联,不过法律规范仍

---

〔1〕[英]约瑟夫·拉兹:《法律体系的概念》,吴玉章译,中国法制出版社2003年版,第251页。

〔2〕前一种反对意见可见 John Broome, *Normative Requirements*, Ratio, Vol. 12:4, p. 398-405(1999);后一种反对意见可见 Stephen Darwall, *Authority and Reasons: Exclusionary and Second-Personal*, Ethics, Vol. 120:2, p. 257-278(2010)。

〔3〕[英]约瑟夫·拉兹:《法律体系的概念》,吴玉章译,中国法制出版社2003年版,第201~202页。

然通过另外一种方式影响行动主体的慎思过程。[1] 比如,在特定的情形中,我们有 X、Y、Z 三种一阶理由支持实施 A 行动,但同时又有 X_1、Y_1、Z_1 三种一阶理由反对实施该行动,按照拉兹的理由论我们就应该权衡在此情形中不同理由的分量,若 X+Y+Z 的分量大于 X_1+Y_1+Z_1 的分量,行动主体就应该实施行动,反之则不实施。进一步假设在该情形中慎思的结果是应当实施 A 行动,但若我们此时引入了一个正当的法律规范变量 L,法律的"实践差异命题"就指向了反对实施 A 行动。根据拉兹的理论,因为行动主体本来慎思的结果是支持行动,这时 L 是通过排除或取消这种结果和行动的关联,但亚历山大认为这不符合我们日常生活中对待法律的态度。他认为,法律规范提供的不是一种保护性理由,而是将三个不同的事实因素引入行动主体的实践慎思。第一是协作事实——群体内的其他人可能遵守法律规范 L 的事实,这一事实反对行动主体打破协作状态,因而为反对 A 行动增添了(一阶)协作理由。第二是不服从事实——行动主体不服从协作的行动可能会鼓励了其他人的不服从,这也就是我们通常所说的社会影响。第三是审慎事实——法律规范附带了制裁,对违背者实施惩罚,因而带来了恐惧制裁的心理和审慎理由。除此之外,法律权威的道德性和知识能力也能影响到行动主体的实践慎思。亚历山大据此得出结论,法律规范提供的不是保护性理由,它不具备排他性的功用,只不过是提出了影响分量权衡的因素和认识性的因素。这似乎表明,亚历山大认为如果我们从外部观点看,法律提供了一种保护性理由,但当我们深入主体实践慎思过程时,就会发现排他性本身仍然是依赖于影响分量权衡和主体认知的方式获得的。

尽管亚历山大教授的批评非常精致,但似乎并未构成对拉兹理由论的真正破坏,对此至少有两个方面的反驳。其一,亚历山大似乎

---

〔1〕 See Larry Alexander, *Law and Exclusionary Reason*, Philosophical Topics, Vol. 18:1, p. 5-22(1990).

混淆了内在理由和外在理由。拉兹的理由论是一种客观的理由论。[1] 这不但预设了保护性理由的客观性,并且预设了客观地看待理由在实践慎思中的作用。正如下一节所要论证的,法律提供的保护性理由不要求我们深入探究行动主体实践慎思的过程,而是要求无论主体如何慎思,都排除或取消相冲突的慎思结果与行动之间的关联。即使行动主体的慎思过程真的符合亚历山大的理论重构,这也不代表保护性理由失去了排他性的一面,因为它是针对行动而非慎思的排他。其二,这种批评也混淆了理由与动机、信念与实践,不符合通常学界对理由概念的使用。在亚历山大的重构中,分别提出了协作理由、不服从理由、审慎理由,并暗示了认知理由和正当权威的道德理由的概念,然而只有协作理由和道德理由是客观的实践理由。认知理由是一种信念理由,不直接影响人们的行动,而不服从理由和审慎理由针对的是动机,也不是本书所分析的规范性理由。法律意图通过建立排他性理由指引行动,而附着于保护性理由之上的制裁措施则意图影响人们的动机,因而制裁虽然不是排他性理由,同时也不是规范性理由,与哈特分析的抢匪模式一样,制裁无法产生服从的义务。[2]

自然法学家迈克尔·摩尔则认为拉兹在分析排他性理由之时,有着"不被注意到的双重模糊性"(unnoticed double ambiguity)[3]——有时是证成性主张、有时是动机性主张、有时是决

---

〔1〕 理由的客观性就可能涉及法律的客观性问题,不过克拉默教授指出,学界对法律客观性概念的使用多有混淆,因为我们无法否认法律是一种人为意志的产物。他区分了关于法律本体的、认识论的和语义的六种不同的客观性概念。不过笔者看来,克拉默的分类过于狭隘,拉兹关于法律规范性理由的客观性是一种依附于道德的客观性,无法纳入其中任何一类。See Matthew H. Kramer, *Objectivity and the Rule of Law*, Cambridge University Press, 2007, p. 2.

〔2〕 See Joseph Raz, *Hart on Moral Rights and Legal Duties*, Oxford Journal of Legal Studies, Vol. 4:1, p. 123-131(1984).

〔3〕 Michael S. Moore, *Authority, Law, and Razian Reasons*, Southern California Law Review, Vol. 62, p. 854(1989).

策性主张。这就使排他性理由与不做某事的一阶理由难以区分,或者说排他性理由不过只是一个分量非常大的一阶理由而已,并不拥有排除或取消与之冲突理由的独断能力。与之相类似,斯蒂芬·佩里则认为需要区分主观的理由权衡和客观的理由权衡,在客观性无法获得的情况下,特别是面临实践不确定的时候(如明天是否下雨是个概率问题,这就使是否带伞的考量面临不确定性),法律权威并不能肯定地获知客观理由权衡的状态,因而提供的理由也不能获得排他性的绝对地位,也只是一个分量较大的主观理由而已。〔1〕不过,拉兹自己却认为这种含糊性并不存在,即使我们能够进行一些技术性的区分,但对于理解实践推理和法律权威来说,排除或取消与之相冲突的行动理由这个定义已经足够。〔2〕摩尔的问题在于混淆了分量较重的一阶理由和排他性理由的区分,排他性理由在运作方式上完全不同于一阶理由的权衡模式;而佩里则过于看重所谓的主客观权衡的区分,这种区分在实践中是不可能完全割裂的。

在笔者看来,比起这些概念上的反对意见,更为严峻的质疑还是来自实践。即使拉兹对不同理由的分类和描述是正确的,但它若不能与法律在现实社会中的运作模式相吻合,那么这种理由论也只有哲学上的意义,而不能运用到法律领域之内。佩里进一步发展了这种分析,秉持着他对法律权威无法获得客观理由的权衡出发,他认为拉兹的保护性理由不适用于英美普通法领域。法律实证主义将法律视为一种社会事实或社会渊源,因此成文法和判例法都能被认为提供了同等的保护性理由。不过事实上,对于判例法来说,法官从来没有将其视为一种排他性的存在,而是不断地在分量权衡中通过遵循先例和推翻先例得到发展。通过个案审理的方式,先例本身无法实现对一阶理由的直接排除或取消。当新的证据对先例的冲击超过了

〔1〕 See Stephen R. Perry, *Second-Order Reasons*, *Uncertainty and Legal Theory*, Southern California Law Review, Vol. 62, p. 920-927(1989).

〔2〕 See Joseph Raz, *Facing Up*, Southern California Law Review, Vol. 62, p. 1156-1164 (1989).

内心合理怀疑的情况下，法官就有义务推翻先例。佩里设想了独任法官面对先例的情形，如果她之前审判了相似的案件，那这次她有一定的理由遵从先例，但是“法官应当通过对待它们为再权衡的理由、认知绑定的理由，或是两类理由的方式，遵从先前的实践判断”，[1]也就是说先例虽然提供了一种二阶理由，但不必要是排他性的理由。美国著名的布朗诉教育委员会案即使如此，之前的普莱西案建立了一个“隔离但平等”的规范。如果普莱西案的规范已经成为一个保护性理由的话，那么我们就只能认为布朗案是法外的运作，法律的规范性没有得到尊重。然而，大多数法学家都不会这么分析，相反他们认为是普通法赋予了纠正错误的能力，按照佩里的模式，普莱西案建立的规范并不是一个保护性理由，它只是给出了一个权衡分量的门槛。当超过这个门槛后，法官就应该进行理由平衡的主观慎思。佩里进一步指出，这种非排他的二阶理由其分量也要视机构的制度位置而定，“低级法庭可能基本遵从非排他性规定，当层级越往下时，就会增加更多的限制：法庭级别越低，适用（非排他理由）时就会有着更高的权衡门槛”。[2] 在佩里看来，这种制度化的非排他性理由更能符合普通法的审判模式。

拉兹对此的回应非常简洁，认为自己的理由论与佩里提出的理由观并没有实质上的差别。他指出在普通法系统中最高法院仅仅是在非常弱的意义上受到排他性理由的约束，“如果法律决定立法，则初审法院只享有有限的权力改变法律，也就是它们被要求将其视之为有效的保护性理由……同样的场景无需适用于最高法院。当它觉得根据所有理由的权衡适合的时候，它就能改变法律”。[3] 因此，佩里对于层级门槛的分析是正确的，有约束的先例部分作为再权衡的

---

[1] Stephen R. Perry, *Second - Order Reasons*, *Uncertainty and Legal Theory*, Southern California Law Review, Vol. 62, p. 966 (1989).

[2] Stephen R. Perry, *Second - Order Reasons*, *Uncertainty and Legal Theory*, Southern California Law Review, Vol. 62, p. 971 (1989).

[3] Joseph Raz, *Facing Up*, Southern California Law Review, Vol. 62, p. 1208 (1989).

理由,也部分作为认知绑定的理由。表面上看,拉兹的回复相当令人困惑,如果承认了佩里的批评,普通法体系中排他性理由是否可能存在?笔者认为,拉兹的回复似乎基于理由论的基本判断之上,任何理由都不是无条件的理由。即使是正当法律权威提供的保护性理由,也只产生推定的法律义务,也就是被预设了具有约束力。因为它是作为指引困惑之人的一般性指令,在特定情形中可以被其他一阶理由或非理由的事实击败。恩迪科特就认为,现实生活中任何命令都不是不可击败的,比如母亲要求子女必须待在家,这不意味着火灾发生时他也必须严格遵守命令,这种保护性理由不能"排除她并不认可的所有考量"。[1] 同样,法律规定"行人红灯停绿灯行",但在行动主体遭遇到重大事情之时(如家庭变故),这项法律提供的保护性理由可能不应当被遵行。所以当达到了一定理由的门槛之后,正如佩里所说再权衡的情形就会发生,既然所有的理由都只产生推定的义务,那么拉兹和佩里之间的差别就自然不存在了。

第三节 从理由到法律权威

一、哈特的权威观

拉兹将实践理性引入法哲学领域,将法律规范视为一种保护性理由的做法引起了学界的充分重视。更进一步来看,拉兹的理由论与权威不可区分,只有法律权威才能提供保护性理由。或者更准确地说,法律权威主张保护性理由,但只有该权威获得正当性时,保护性理由才能具备规范性,依照前述的分析完成排他和保护的运作方式。从另一个角度看,法律权威也只有通过具备规范性的保护性理由来彰显其权威的正当性,"如果法律规定的某项行动的事实是采纳

---

[1] Timothy Endicott, *Interpretation*, *Jurisdiction and the Authority of Law*, APA Newsletter, Vol. 14:6, p. 17(2007).

该行动的保护性理由,那么法律拥有权威。也就是说,如果法律是事实某一行动和排除与之相冲突因素的理由,那么法律具有权威性。这里的'理由'是指一个有效的或被证成的理由,因此这是被界定的法律的正当性权威"[1]。拉兹表明通过理由可以分析法律权威,但是在早期他并没有因此转向对法律权威的进一步思考。他将正当的法律权威作为一种理论预设,分析在拥有正当权威的情形下,权威提出的排他性或保护性理由与普通一阶理由在运作方式上的差别。在拉兹转向权威论之前,哈特依照拉兹的理由论就提出了一种很有影响力的权威观,可以视为拉兹关于法律权威先占命题的雏形。

哈特认为杰里米·边沁对命令论的分析非常漫不经心,尽管这个概念在边沁的主权理论中处于核心位置,但它无法洞察命令对于命令接受者会产生什么样的影响,因而对我们理解边沁的整个政治学说并没有太大的帮助。哈特认为拉兹的理由论有助于补充边沁的缺陷,通过行动理由的概念而非其他来理解主权者命令或一般命令的本质,"在命令是真诚的情况下,命令者打算让他的意图表达至少能作为听者采取相关行动的部分理由而发挥作用"。[2] 因此,当我们处于主权者命令之下的时候,命令就给出了两种类型的行动理由要求服从(根据笔者的理解,它们并非两种不同的行动理由,而是行动理由的两种不同特征,而哈特对此的论述比较模糊)。第一个是专断的(peremptory)或排除慎思的行动理由。霍布斯对命令有个著名的定义,"当一个人说'得如何如何'或'不得如何如何'时,如果除了说话者的意志之外别无其他理由,便是命令"。[3] 这个定义表明,在肯定的方面,命令者想要命令的接受方将前者的意志而非后者的意志作为行动的指引和评价标准,也就是规范性判准;而在否定的方

---

[1] Joseph Raz, *The Authority of Law: Essays on Law and Morality*, Oxford University Press, 1979, p. 29.

[2] [英]H. L. A. 哈特:《哈特论边沁:法理学与政治理论研究》,谌洪果译,法律出版社 2015 年版,第 259 页。

[3] [英]霍布斯:《利维坦》,黎思复、黎廷弼译,商务印书馆 1986 年版,第 198 页。

面,命令拒绝其接受者任何慎思或论证,并以命令者的命令代替。当命令者这样的专断意图可能无法阻断接受者的慎思过程之时,一般来说命令者就会以威胁为后盾添加审慎因素。不过在哈特看来,审慎因素只是一个权宜之计,对于命令本身来说,专断性才是其本质特征。另一个紧密相连的理由是“内容独立”(content-independence)的理由。“命令之所以独立于内容,是因为事实上命令者可以针对同样的人或不同的人发出许多不同的命令,而所命令的行为也可能毫无共同之处。然而在所有这些情形中,命令者都期望他的意图表达被采纳为做出这些行为的一个理由”。[1] 这与自然法学对待理由的态度完全不同,后者认为需要参照命令的内容说明规范性,但哈特认为这不是命令或法律权威的情形,法律主张权威就是主张行动主体能够在不考虑其命令内容优缺点的情况下服从命令。用拉兹的话来说,法律权威提供的保护性理由不要求行动主体思考理由的价值,否则就回到了一阶理由的推理模式,法律权威的规范性体现为,价值分量或内容的优缺点不在排他性的考虑范围之中。

如果说上述分析还是停留在理由论的话,那么哈特以下的这句判断将理由和权威联系在一起,“独立于内容的专断行动理由观(或与其极为相似的观念)成为了普遍权威观念的一个部分”。[2] 也就是说,专断性理由和内容独立的理由是我们判断实践权威的充分条件,虽然不是必要条件。而法律权威作为实践权威的特殊形态,当然必须具备提供这两类理由的能力,所不同的则是在这两类一般性的理由之上,加上了制度化和一般化的特点。通过立法机构的程序,命令的个别性特征被消除,正如边沁和奥斯丁所愿意承认的,义务性法律规范是一般性、普遍性的命令,而当行动主体,特别是司法和执法机构遇到这些义务性规范的时候,会将这些法律规范看作是“立法事

---

〔1〕 [英]H. L. A. 哈特:《哈特论边沁:法理学与政治理论研究》,谌洪果译,法律出版社2015年版,第261页。

〔2〕 [英]H. L. A. 哈特:《哈特论边沁:法理学与政治理论研究》,谌洪果译,法律出版社2015年版,第268页。

件”的成果，因而阻断了公民或官员自身的慎思过程；与此同时，公民或官员虽然是将法律规范的内容应用到自己的行动之中，但识别其作为有效的法律渊源的过程中，不需要参照其内容本身，也具有了“内容独立”的效应。那么普通法是否具有这两类命令的特性？哈特对此作出了肯定的回答，他将普通法提供的一般性理由视为一种准命令规范，“在存在严格先例理论的制度中，法官在特定案件或足够多的一系列案件中的裁决，可以被视为一种事实，它能构成以同样的方式裁决类似案件的某种专断理由。因此，尽管其本身并非命令，但它可以被视为创设了某种普遍的法律规则”。〔1〕 普通法的先例虽然并没有命令者和接受者这样的严格角色，但一方面它是一种社会事实或社会渊源，另一方面也具备专断的和内容独立的特性，哈特由此认为在法律权威的分析中，成文法和普通法没有必要进行严格的区分。

二、先占命题：慎思还是行动

虽然哈特认为自己的法律权威论受到了拉兹的启发，并且其对理由的分析非常类似于拉兹的排他性理由，但是两者在细微之处还是有着一定的不同。夏皮罗就敏锐地发现了其中的区别，他认为在“内容独立”这个特征上哈特和拉兹并没有区别，〔2〕但是拉兹的理由论并不能推出权威具有专断性特征。哈特对专断性的分析是为了说明权威发出的命令意在切断或排除接受命令者的慎思，也就是不允许进行一阶理由的实践推理，夏皮罗将这种理由模式称为“内容独立的与专断的行动理由”（CIP）。但从拉兹的理由论看，法律权威不涉

〔1〕［英］H. L. A. 哈特：《哈特论边沁：法理学与政治理论研究》，谌洪果译，法律出版社2015年版，第267页。

〔2〕不过笔者认为拉兹对“内容独立”的分析还是与哈特有一定区别的，拉兹认为恐吓、命令和要求都是内容独立的，这似乎暗示着“内容独立”只是实践权威的必要条件而非充分条件。See Joseph Raz, *The Morality of Freedom*, Clarendon Press, 1986, p. 35-37.

及任何实践慎思的进程,因为拉兹的规范性理论试图解决权威和自主之间的悖论(见第三章),如果法律权威能够干涉行动主体的慎思或思想进程,那么自主性甚至思想自由就不复存在,权威命令也就和中世纪的思想控制并无二样。夏皮罗将拉兹的解决方案成为"内容独立的与排他的行动理由"(CIE),这种模式无须排除行动主体的慎思过程,行动主体在行动实施之前、之后和之后都可以思考和评估保护性理由的内容,甚至在思考中无须考虑其排他性的一面,但是其行动应该与规范性权威提供的理由相一致。[1]

CIP 与 CIE 的区别仅仅在于权威关注的焦点不同,前者同时关注行动主体的慎思和行动,而后者"法律规范作为排斥性理由约束的只是行为,而非慎思"。[2] 这种区别使前者的正当性可能远甚于后者,CIP 式的权威难免会被质疑是对个体自主性的严重侵犯,"权威的命令对自主的行动主体来说没有发挥任何作用,因为他不允许他人的意志决定他的意志。他只关心命令规定的行动,而不是命令自身,因此只有在的确拥有好的理由根据命令的内容进行行动之时,他才会认可该命令"。[3] 两者表面上差别不大,或许也有权威更接近于哈特提出的独断性理由,要求对行动主体自主慎思过程的排除,比如说某些早期的宗教权威,不仅规定了信徒的行动,而且强调其思想上也不得质疑权威,西欧的中世纪就因宗教对思想的绝对控制而被称为"黑暗时代"(尽管可能对当时的人来说,这种慎思上的排除有着正当理由)。不过对于法律领域来说,笔者认为拉兹的解释,也就是 CIE 更加符合法律权威的实际运作情况。

---

〔1〕 See Scott J. Shapiro, *Authority*, in Jules L. Coleman & Scott Shapiro eds., The Oxford Handbook of Jurisprudence and Philosophy of Law, Oxford University Press, 2002, p. 389-390.

〔2〕 刘苏、徐梦秋:《理由、规则与行动——论拉兹的理由理论》,载《厦门大学学报(哲学社会科学版)》2017 年第 3 期。

〔3〕 Scott J. Shapiro, *Authority*, in Jules L. Coleman & Scott Shapiro eds., The Oxford Handbook of Jurisprudence and Philosophy of Law, Oxford University Press, 2002, p. 390.

很多学者就指出，法律与道德等规范体系的区别在于只涉及人们的行动。尽管早期法制史有思想犯罪的规定，但一方面思想上对法律的违背如果不通过言论或行动表达出来的话很难探查，另一方面启蒙时代之后大多数法律体系都承认了思想自由是一项基本人权。因而纯粹的慎思很难再被认为是法律管制的范围，法律规范的内容也就不再涉足思想领域，这就从法律历史的角度反驳了哈特关于专断性理由的看法。与之相反，现代社会中公民常常对法律规范或法律制度进行评价，比如某部立法是否合理、某项判决是否公正等，评价虽然通常是从主观认知的批评性道德开始，但这也表明了反思过程中并没有将这些法律渊源作为排他性理由。即使是行动主体，也不排除他一边服从法律规定，一边批评这项法律的正当性。拉兹对符合（conform with）和遵从（comply with）的区分可以清晰说明这一点，在 CIP 和 CIE 的语境中，后者要求我们意识到法律权威给予的专断理由，并据此引导自身的行动，而前者仅仅表明行动和理由相一致而已，至于其中的关联在所不问。尽管对于正当的法律权威来说，CIP 是最具有规范性的模式，但这是一项过高的要求。如果行动主体没有对保护性理由表现出"适当的敏感"，比如不被认知、认知错误或基于其他认知的情况下依然完成了理由规定的行动，它也会被视为指引了主体的行动，其承载的价值也得到了实现。比如，法律规定"机动车高速路上不得超过 120 码"，而我不知道这项法律规定，但我通过实践慎思考虑自己的驾驶技术和自身安全，决定按每小时 80 码行车。法律规定并没有阻断我的慎思，但我的行动符合法律规定的要求，这项法律背后的安全性价值也得到了实现。因此，拉兹认为"除特殊情况外，行动理由只是符合的理由"，对于法律权威来说更是如此。[1]

---

[1] [英]约瑟夫·拉兹：《实践理性与规范》，朱学平译，中国法制出版社 2011 年版，第 207 页。需要注意的是，这并不意味着本章第一节对意向行动的分析是错误的，意向行动或遵从模式仍然是最具规范性的典范情形。

拉兹认为所有的法律权威都主张提供一种 CIE 式的保护性理由,而一旦法律权威具备规范性,社会主体的行动应当符合保护性理由的运作模式,为理由论和权威论架起桥梁的就是“先占命题”(the pre-emption thesis):[1]

一个权威要求实施一个行动这一事实就是实施它的一个理由,当评定去做什么的时候,这一理由不是被添加到所有其他相关理由之中,而是应当替代它们中的一些理由。

通常,学界对先占命题的解读都是将其纳入权威论的解释部分,但笔者认为拉兹所谓的权威论三大命题并不是占有相同的位置,也不是被视为权威存在的三大必要条件。这是因为另外两大命题——依附命题和常态证成命题,被拉兹统称为“服务型权威观”的组成部分。它们的作用是证成正当权威,也就是说检验一项主张或是一个主体是否拥有权威的规范性地位。而先占命题并非具备此功能,先占命题表达的是拥有权威的指示如何发挥功能的问题,它预设了规范性权威的存在,而不是像另外两大命题一样对其证成。正如拉兹谈到的,从服务型权威或规范性权威到先占命题只有一步之遥,打通了“有约束力指示的证成与其作为行动理由之身份的基本关系,以及更一般地说,规则作为行动理由与对它们进行证成的关系”。[2] 这就表明,正当的权威应该被视为具有 CIE 意义上的先占功能,其运作方式是提供保护性理由指引人们的行动。为什么权威必须按照前述理由论的方式运作呢?一个最基本的解答是,权威在定义上是一种正当性或规范性的存在,因而必须依照上述理由论的模式进行规范性运作。这就引出了理由论向权威论的过渡,内容独

---

[1] Joseph Raz, *Ethics in the Public Domain: Essays in the Morality of Law and Politics* (*Revised Edition*), Clarendon Press, 2001, p. 214. 该书的中译者翻译为“清空命题”,但是这很容易误解为清除行动者的慎思过程,这是哈特的 CIP 而非拉兹的 CIE 的理由观。由于英文中 preemptive 有着优先、先发制人的含义,本书统一译为“先占命题”,暗示无论主体慎思的结果如何,权威的指令都优先占据与主体行动的关联性。

[2] Joseph Raz, *The Morality of Freedom*, Clarendon Press, 1986, p. 57.

立的行动理由要求我们不再考虑个别法律规范的优缺点，而是将法律视为一个整体性权威。很多学者补充到，法律正是通过立法的进程在整体上获得与行动的先占联系。[1]

三、先占命题与保护性理由

拉兹在不同时期发展了理由论和权威论，并没有对前后之间的关系进行更多的说明，因此作为联结规范性理论这两部分的先占命题就特别受到学界的质疑，这些质疑很多并不能仅仅依靠说明上述最基本的解答就可以回驳，而是需要不断的提炼和补充先占命题的论证。例如，以诺就对此进行了补充，认为只有将权威视为前述坚实的理由给予的一种特殊类型，也就是能够带来义务（duty）的理由给予，才能理解权威的本质。[2] 对于拉兹来说，先占命题发挥了这样的功能，这样先占命题也暗示了法律运作在一定程度上的自治性，"法律的能力提供一项对问题的最终决定，以要求决定来避免社会关系中的不确定性与纠纷"。[3] 拉兹对该命题的强硬解释招来学界的种种质疑，本部分就试图给出一些针对质疑的反驳意见，进一步表明先占命题作为规范性桥梁的作用。

学界最常见的反对意见认为，拉兹将理由论与权威论联系起来

---

〔1〕 See N. P. Adams, *In Defense of Content-Independence*, Legal Theory, Vol. 23: 3, p. 143-167 (2017). 沃尔德伦对立法的解读似乎也暗示了采用 CIE 而非 CIP 的模式，他认为立法的尊严以及其权威的基础并非用一致取代分歧，而是在同意依据立法决定行动的基础上保留分歧的判断与批评。Jeremy Waldron, *The Dignity of Legislation*, Cambridge University Press, 1999, p. 154-156.

〔2〕 See David Enoch, *Authority and Reason-Giving*, Philosophy and Phenomenological Research, Vol. 89: 2, p. 301 (2014). Hershovitz 批评拉兹的权威观，认为拉兹采用一种"义务进义务出（duty-out-duty-in）"的模式，而以诺在该文指出，对拉兹最好的解释应该是"理由进理由出"的模式。两种模式都将权威视为一种服务中介，权威没有自身的价值，同时第一种模式的义务也是以理由为基础的真实义务。不过，以诺觉得，如果将权威奠基在义务之上，是一种过强的假定，有些道德理由并不是道德义务。笔者同意以诺的观点，"理由进理由出"是对拉兹规范性理论最好的解释，只是在法律领域，法律权威给出的理由通常以"义务式"主张的形态存在。

〔3〕 Andrew Halpin, *Reasoning with Law*, Hart Publishing, 2001, p. 56.

是不必要的,即使某些实践权威确实能给出保护性理由,但这也不代表法律权威必然如此。反对者继续指出,法律权威给出的规范性理由只要胜出相冲突的理由即可,无须排除或取消后者与行动的关联,行动主体可以将法律权威给出的规范性理由视为一种独立价值的一阶理由,纳入理由的权衡慎思当中。[1] 这种意见似乎很契合我们通常对待法律权威的态度,虽然法律提供了"内容独立"的理由,但理性之人总是将可以通过内容看待法律的分量和价值。

对于这样的观点,拉兹给出了一个独立的反驳意见,这个意见就是"不得双重计算"。拉兹的权威观念是一种服务型权威,这表明了权威没有独立存在的价值,其价值必须基于原先存在的一阶理由承载的价值(详见第三章中依附命题一节)。那么我们为什么还需要权威呢?这是由于首先权威具备了超越常人的理解力和意志力,获取了更全面的知识或是站在更有利的位置之上,因而服从权威的指令比我们的自己慎思能够更好地符合适用于主体的那些理由(详见第三章中常态证成命题一节)。这是因为在规范性的伦理生活中,"当且仅当这些理由是充足的理由,这些原则也具有相应的权威;而如果它们不是充足的理由,这些原则也就在同样的程度上丧失其权威"。[2] 其次,权威可以简化思维。即使不是出于理解力和意志力的原因,为了便捷的缘故,人们也不愿在相似的理由环境下一次又一次的进行慎思。这并不是权威应当阻断慎思,而是行动主体主动的放弃慎思。再次,权威可以建立一种多元主义文化。这对于法律权威来说特别明显,我们可以接受权威给出"中低层次的一般化"指令,却不涉及在深层次或价值观上存在的巨大分歧。最后,权威可以

---

[1] 在笔者的阅读范围之内,给出这种或类似反对意见的著名法哲学家非常之多,至少包括法律实证主义阵营的安德瑞·马默、斯科特·夏皮罗、朱利斯·科尔曼、大卫·莱昂斯,非法律实证主义者迈克尔·摩尔、杰里米·沃尔德伦、杰拉德·波斯特马、罗纳德·德沃金等。当然,笔者在这里论述的是一个学界整体的反对意见,而非对某个思想家具体论证的详细重述。

[2] [美]阿拉斯戴尔·麦金太尔:《追求美德:道德理论研究》,宋继杰译,译林出版社2011年版,第54页。

解决协调性问题。由于不可通约性或是“搭便车”的现象,协调性问题无法由行动主体自身予以解决,正如第四章将要说明的,正当权威本身也有事实权力的一面,可以通过权力来保持合作性社会的持续运转。

尽管权威有着这样的优势,但这些论点都不是决定性的,反而凸显出权威本身没有任何内在的、附加的或终极的价值,只是一种实现价值的工具或工具性价值,因而服从权威最终还是为了实现该环境下的一阶价值。换句话说,保护性理由同时是一阶理由和排他性理由,规范性权威给出的指令其一阶理由的一面就是原先存在的理由进行正确权衡之后呈现的一面。“然而最终,指令或规则的强制力源自于那些证成它们的因素。它们并不添加更多的分量在那些证成因素之上”[1]。根据拉兹的理由论,要么符合权威的指令,要么符合原来的最具有规范约束力的理由,而如果在理论中同等对待,我们就犯了“双重计算的错误”(guilty of double counting)。

在解释了权威必须依照理由论进行运作之后,拉兹随即澄清了另一个可能的反对。这个反对意见认为虽然正当性权威有资格给出保护性理由,但权威是否具有正当性还得行动主体进行慎思,考察在每个情形中是否符合服务型权威的条件。若是这样,行动主体虽然无须思考保护性理由,但还得每次思考发布理由者是否为权威,这同样会使权威的没有必要存在。拉兹对这种反对意见也给出了三个简短的回应。首先,正当性权威一旦存在,其发布的指令就应当按照保护性理由的模式运作,哪怕在个案中其指示可能偏离最佳理由的情形。其次,当权威的指令超越了其权限,其指令就不再具有约束力,这也能很好地说明一个国家的权威为什么不能约束他国的公民。最后,指令中的其他错误并不影响指令的约束力,正当性权威哪怕偶

---

〔1〕 Joseph Raz, *The Morality of Freedom*, Clarendon Press, 1986, p. 59.

尔发出错误的指令,这也不影响其先占功能或排他性运作。[1] 不过,笔者认为在最后一点上拉兹的观点仍然存在模糊之处,一方面拉兹的理由观认为任何结论性理由的约束力都是推定的,既然权威只是工具性角色,特定环境中其他理由或非理由事实仍有可能击败权威指令;另一方面,如果拉兹的权威观确实如笔者第四章所解释的那样是比例或程度上的,那么正当性权威给出的错误指令虽然不会影响指令的约束力,但会损害权威的正当性,过多的错误指令就会摧毁权威的正当性。

肯尼斯·艾伦伯格(Kenneth M. Ehrenberg)给出了另外一种批评,他指出法律权威确实有时候能够实现先占功能,但不必然如此。"法律并不主张先占我们的理由,尽管当我们接受其权威之时,我们才容许它这样做"。[2] 也就是说,只有当行动主体接受权威的先占之时,先占功能才能实现。与哈特、拉兹的观点完全相反,艾伦伯格将先占功能视为行动主体的选择,而非权威者或命令者的意图。拉兹的推论是一种典型的演绎推理:权威存在提供先占理由;法律必须主张拥有权威;因此法律必须主张提供先占理由。艾伦伯格认为,只有在"闭合原则"(principle of closure)的情况下这种推理才有效。然而,在法律领域,这种闭合原则并不存在,他以法律实践中的"必要性"原则和法律体系的间隙说明这一点。前者是指类似于正当防卫或紧急避险这样的情形,在这种情形下行动主体出于必要性原则,可能会选择与法律提供的理由相反的行动,因而是先占命题的例外或

---

[1] See Joseph Raz, *The Morality of Freedom*, Clarendon Press, 1986, p. 62. 安娜·斯蒂茨(Anna Stilz)给出了一种对拉兹理论的解释,认为权威规范性有着一定的核心限制,在核心限制之外分歧不影响规范性,而权威如果侵犯了核心限制(斯蒂茨认为有人身、财产、民主)之时,权威就自动失去规范性。See Anna Stilz, *Liberal Loyalty: Freedom, Obligation, and the State*, Princeton University Press, 2009, p. 91–92. 但是,笔者认为这种解释过于僵化,在拉兹的文本中很难成立。

[2] Kenneth M. Ehrenberg, *Law's Authority is not a Claim to Preemption*, in Wil Waluchow & Stefan Sciaraffa eds., Philosophical Foundations of the Nature of Law, Oxford University Press, 2013, p. 52.

反例。同样,在法律体系出现的间隙中,比如当出现了未曾规定的事项,或是法律规范之间产生无法解决的冲突,这时自然也无法排除任何理由,相反在这种情形下行动主体会自己慎思决定适用于他的理由。这种批评意见很合理地指出了特定情形中法律规范并不决定主体行动,相反从法律上或道德上要求主体重新开启实践慎思的过程。

然而,艾伦伯格基于实践的论证非常令人困惑,似乎并不能构成对拉兹先占命题的反对,反而可以例证其有效性。对于必要性原则的例子来说,如果必要性是法律渊源所承认的,比如写在各国刑法之中的正当防卫和紧急避险条例,那么基于这些条例的行动并不是对先占命题的反对,而是法律系统内部的推断:在特定法律条件下,我们应当服从正当防卫或紧急避险规范的先占,而不是"不得故意伤害"规范的先占。当然,如果是并未规定这些原则的法律体系可能问题就会稍显复杂,但我们得再次提醒保护性理由的约束力并不是绝对,而是推定的,其他事实或理由有可能在规范性上胜过这种理由,法律权威永远是"常态"证立的,允许例外的存在。体系间隙的批评同样也是如此,将拉兹的渊源论和规范性理论相结合,我们可以指出法律间隙存在之处并不适用先占命题,即使法院有权处理这些间隙,我们也不能认为这是法律权威给出保护性理由的运作模式,反而拉兹认为间隙之处法官应当诉求道德规范进行立法,"常见的是,法院有自由裁量权修改法律规则,或在适用中做出例外,在它们有这种自由裁量的地方,应该诉求于道德推理来决定是否用它和如何用它"。[1] 既然法律体系的间隙之处法院是进行道德推理,那么法律提供的保护性理由就不复存在,所有的推理慎思就应当回到一阶理由的模式(或是道德权威的运作模式)中运行。

---

[1] Joseph Raz, *Ethics in the Public Domain*: *Essays in the Morality of Law and Politics* (*Revised Edition*), Clarendon Press, 2001, p. 335.

第三章　权威论:规范性的来源

拉兹的理由论给出了一幅法律规范性运作方式的基本模式,在此模式中不同的理由类型发挥着不一样的作用。由于一阶理由承载着价值,社会主体的行动就是试图实现理由背后的价值。因此在一阶理由冲突的场合,行动主体不得不权衡所有理由的价值分量,推断并施行最佳理由,最终推动个体善和社会共同善的提升。二阶理由则并不是直接的行动理由,而是针对一阶理由的理由。在否定性或排他性二阶理由存在的场合,其功能在行动中排除或取消某些一阶理由选项,缓解行动主体在面对一阶理由冲突之时的困惑。这也表明了二阶理由不可能单独存在,必须要结合某项或某些一阶理由才能指引人们的行动。正当权威则有资格提供保护性理由,这种理由类型是一阶理由和排他性理由的混合体,既能够直接指引着人们的行动,又因排他性能够排除相冲突的理由。二阶理由引入了复杂性,因此可能建立起一种制度性的权威,而法律权威就是现代社会中最为显著的制度性权威形态。拉兹的这套理由论比起其他实践哲学家,最为突出的贡献就是将正当权威纳入到了考虑范围之列,权威的介入能够影响规范性理由的运作方式,因而人们经常会处于实施权威所给定的某种行动的规范性义务之下。

然而,一个立即的问题在于,现实社会中会不会期待这样的权威,或者说在理论上是否存在正当权威的可能性。如果权威不可能存在,那么这种排他性或保护性理由的运作模式就与社会生活无关,“只有存在或至少有可能存在着将被证成的权威时,权威证成的问题才会出现”。[1] 如果说拉兹早期的理论还是将正当权威视为一种理论预设的话,那么 20 世纪 80 年代之后,他就开始构建规范性的权威论,将权威的证成视为其理论的头等大事,以此说明何种政治和法律权威应当约束人们的行动。本章将分析这种权威证成理论,虽然拉兹的权威证成理论是一般性的,但笔者仍将特别关注它在法律领域的适用,并且考虑法哲学领域对其权威理论的批评。具体来说第一部分将介绍一些质疑权威的观点,这种观点否定了规范性领域存在权威,因而对拉兹的理论造成威胁。第二和第三部分则是全面介绍拉兹的服务型权威论,拉兹认为根据其中的依附命题和常态证成命题,权威是可以证成的,而得到证成的正当性权威就能够提供保护性理由影响人们实践理由的规范性状态。不过拉兹的理论遭到了法哲学界的批评,有学者认为其未能接纳政治民主带来的规范性,也有学者认为法律权威总是主张正确性,笔者试图从拉兹的权威论中找到回应质疑的资源。第四部分将从整体上评估拉兹的权威理论,特别是将其与德沃金的相关理论进行对比,并回驳一些对其服务型权威的修正。

在进入具体论述之前,需要对本章的权威论进行一种限定或澄清。这是因为在拉兹的文本中,法律权威不仅仅存在于规范性理论的论述。权威本身也是一种事实,因此在其关于法律本质或描述性理论当中,权威也是一个重要的关键词。比如根据渊源论,我们无须

---

〔1〕 Richard Flathman, *The Practice of Political Authority: Authority and the Authoritative*, University of Chicago Press, 1980, p. 18.

也不应该诉诸道德考量来识别法律,法律是一种权威性的实践。法律的识别系于社会渊源之上,这种理论由于其强硬的非道德立场被称为排他性法律实证主义。不过这里出现的“权威”一词与规范性理论中有所区别,其权威性更多强调事实性的一面,或者说仅仅是一种事实性权威即可,而不要求其具备规范性。在渊源论看来,所有的法律体系都是一种“权威性”的体系,能够主张法律权利与法律义务,“指引”或“评价”人们的行动,然而这种权威并不一定具有规范性维度,法律权利和义务的存在本身并不能证成行动主体的服从义务,而服从义务是一个规范性问题。本书的第四章将指出,拉兹认为所有的法律都主张权威但不必然拥有权威,这使我们在渊源论使用的权威性识别标准只能是一种打着引号的“权威”,这种悬置了价值判断的“权威”也不是规范性理论探讨中的标准用法。

第一节　权威的困境

一、政治权威与法律权威

在规范性领域中,权威是一个有着特定意义的词汇,常常与义务紧密相连,因此具有一种属人的含义。许多学者注意到,在谈论什么是权威时,我们可以通过对立的义务进行考察。也就是说,一个权威性的指令会使相对方有义务去服从,如果相对方不服从时,我们有权利对其进行批评或强制。比如在一场足球运动中,教练员经过相关程序指令用小王换下小张,当场边第四官员举牌换人时,小张就应当服从教练的替换指令,哪怕他多么想在场上继续踢球。在政治领域,这样的例子比比皆是。契约论的政治哲学认为,当政治权威通过社会契约建立起来时,权威就有规范性处理社会群体中的部分或全部事务(事务的范围根据社会契约中呈交给权威的权限而定),我们也有服从权威指令的政治义务。

当代社会,政治权威和法律权威之间难以分开,因此在一定程度上我们可以认为,政治权威的证成涉及对法律权威的证成,而对政治权威的质疑则暗含了对法律权威的否定。具体而言,处理两者关系的有三种不同的理论,但无论采纳哪种理论,都有必要将法律权威视为政治权威的典范情形。第一种理论将政治权威和法律权威进行等同,我们通常使用的政治权威一词不过是法律权威的别名而已。比如凯尔森就认为“国家作为法人是这一共同体或构成这一共同体的国内法律秩序的人格化”,〔1〕社会中并没有什么超人格的事物存在,政治社会都是由人类个体和人类之间的联结而构成,所以政治制度和法律规范就是一体两面,政治权威通过法律制度的拟制而产生。第二种理论认为法律权威是政治权威的必要组成部分,国家政治权威必须通过特定的法律类型获得的证成。这种理论的代表当属马克斯·韦伯,他将正当性支配类型区分为传统型、卡里斯马型和法理型三类,“祛魅”之后的现代社会主要采用第三类手段支配(辅之以另外两类),而被韦伯视为现代化的西方社会法律权威则由形式理性法构成,〔2〕因此这种法律类型是证成政治权威正当性的关键所在。第三种理论则颠倒了这种证成关系,强调只有政治权威才能给出权威性的法律指令,也就是说法律权威需要以政治权威为前提(拉兹有时倾向于此类解释)。这类学者通常以契约论为基础对政治社会的权威进行证成,分析这种权威的正当性基础,随着新生国家的正当性增添了自然社会不存在的政治义务,紧接着政治权威构建

〔1〕［奥］凯尔森:《法与国家的一般理论》,沈宗灵译,中国大百科全书出版社1995年版,第203页。

〔2〕参见［德］马克斯·韦伯:《经济与社会》(第2卷),闫克文译,上海人民出版社2010年版。

了法律权威。[1]

上述三种理论之间的争执仍在继续,但是它们之间的分歧仅是理论上的,对于政治实践或法律实践来说只存在细微的差别,本书对其中的理论差异保持中立态度。对于法律规范性分析来说,最重要的是了解到它们共同构成了当代主流的政治权威理论——对"政治—法律"权威的肯定。一方面,它们都认为无论是政治权威还是法律权威都是可能存在的,并且对其中之一的证成就是对另一项证成的一部分。[2] 另一方面,它们都认可现实生活中法律权威是政治权威的表现形式之一,无论在理论上政治权威是前件还是后件,对政治权威的攻击就是对法律权威的否定,反之亦然。

上述介绍表明,法律权威与政治权威有着紧密的联系,由于直接攻击法律权威存在可能性的学者非常少,我们先将目光投向政治权威的质疑者——哲学无政府主义,这种学说认为在理论上完全不可

---

〔1〕 参见谢世民:《德沃金论平等义务与守法义务》,载谢世民主编:《以平等为本的自由主义:德沃金法政哲学研究》,开学文化2014年版,第237~241页。需要注意的是,拉兹认为自己所给出的是一个权威基本证成理论,其基本性体现在两个方面。首先是一般性,他给出的是对所有实践权威均适用的一种证成理论,并不在证成问题上区分权威类型。也就是说无论是个人权威、政治权威还是法律权威,甚至理论权威也有可能经由这种方式证成。其次是门槛性,这种一般的证成模式只是权威的门槛,不同的权威类型可能会有更高程度的证成,以及同一种类型的权威在不同的具体情况下也可能会不同的门槛要求。拉兹认为"服务型权威"是最基本的门槛,在所有权威之中都能发现的一种最低形式。当然也有学者提出了不同意见,认为不同的权威类型可能有不同形式的证成方式,而不是门槛的高低问题。这种可能的批评路径可见郑玉双博士的一篇书评,但作者并未进一步阐发这种批评。参见郑玉双:《权威的证成困境及其解决——对〈法律的权威性:基于实践哲学的研究〉的评析》,载郑永流主编:《法哲学与法社会学论丛》2016年卷,法律出版社2016年版,第311~324页。

〔2〕 法比安·温特(Fabian Wendt)将"至少一些国家可能达到"视为实践权威理论的成功标准之一,并由此批评拉兹的"服务型权威观",但是温特并没有仔细区分现实中可能达到,还是在理论上可能达到。笔者认为,拉兹的权威理论是一个道德理念,只需要能够在理论上成立就可以了。温特认为,权威理论需要符合说明条件、对象条件和成功条件,才是一个成功的理论。See Fabian Wendt, *Authority*, Polity, 2018, ch. 1.

能存在任何的正当政治权威，因而也不存在服从权威的普遍义务。[1] 不过在进入哲学无政府主义的具体论证之前，需要将其与两种类似的思潮进行区别。

第一种就是政治的无政府主义。自古以来，无政府主义就有不同的变种，就西方政治思想来说，至少可以溯源到柏拉图的《克力同篇》，该书就苏格拉底是否应当服从雅典城邦的命令，喝毒药自杀进行了引人入胜的辩驳。接下来的几千年里，这种无政府主义理论大多存在于自然法和乌托邦的思想之中。不过，到了近代产生了一种政治无政府主义思潮，以施蒂纳、蒲鲁东、巴枯宁和克鲁泡特金为代表的学者试图否定政治国家存在的必要性。在克鲁泡特金看来，政府是一种不必要的恶，联系性社团的合作应当取代国家成为唯一的组织形态，由于这种合作社强调自愿的参与和协作，因而提升了社会的整体道德和生活水平。在马克思主义对政治无政府主义的批评之后，这种思潮渐渐退出了舞台。[2] 不过哲学无政府主义的理论旨趣明显不同，它们既不否定国家存在的必要性，又不支持消灭国家的政治行动，而是停留在政治哲学领域否定普遍政治权威和政治义务的可能性，其关键在于虽然否定了权威和义务，但他们还是认为在大多数情况下人们应当服从权威的指令，只不过这种服从不是以普遍义务的规范性形式存在。简言之，哲学无政府主义反对的是普遍性的政治权威在理论上存在的可能性，而不是现实中国家的必要性。

第二种需要区别开来的思潮是政治哲学中的自由至上主义（libertarianism），这种理论的当代形态以诺奇克为代表。诺奇克从个

---

[1] 国内法哲学界对哲学无政府主义研究关注较少，但政治哲学领域近来已经有不少佳作。例如，毛兴贵的专著系统梳理了这一理论的不同形式，而朱佳峰的专著可能是国内对该理论最为深刻的批评之一，或许可以进一步澄清对该理论的一些误解。毛兴贵：《政治义务的道德基础研究》，人民出版社 2019 年版。朱佳峰：《告别政治义务：迈向一个新的正当性理论》，中国法制出版社 2017 年版。

[2] 马克思对巴枯宁言论的摘要和注释可参见《马克思恩格斯全集》（第 18 卷），人民出版社 2006 年版，第 694~702 页。克鲁泡特金的上述理论，参见［俄］克鲁泡特金：《互助论》，李平沤译，商务印书馆 1963 年版。

人权利的绝对性(也就是权利的“边界约束”)出发,给出了持有正义、交换正义和补偿正义三大原则,任何违反这三大原则的政治社会都是不正义的。他进而指出根据这三大原则,只有“最小国家”才能得到证成,因而即使存在政治权威,其权威的管辖权也是非常有限的。[1] 尽管现实社会中很难存在完全符合诺奇克主张的国家,但就理论本身来说,自由至上主义并没有否定政治权威的可能性,而是采取了功能证成的方式将权威的范围限定在一个门槛很高的有限领域之内。哲学无政府主义的主张则完全不同,即使在“最小国家”范围内权威也无法得到普遍证成。与此同时,哲学无政府主义却认为个别证成十分常见,它无须要求诺奇克设定的那么高的正义门槛。只要个体出于对权威的承诺或接受,权威的指令就能为他个别的施加义务,尽管这种规范性义务无法获得制度形式的普遍化。

二、权威的质疑者

哲学无政府主义虽然不是当今西方理论界的主流思想,但仍有一些著名的学者为其摇旗呐喊,并且提供了非常细致的论证。事实上,拉兹的理由论和权威论都是因无政府主义的质疑而做出的回应,不了解哲学无政府主义对权威质疑的论点,可能就无法理解拉兹服务型权威的理论指向。在进入拉兹理论的具体分析之前,本节需要详细考察哲学无政府主义的基本论证,这又分为正面攻击政治权威和间接否认权威可能两种路径。

当代政治哲学家罗伯特·沃尔夫采用了前一种路径,他提出了著名的“权威悖论”——这也是拉兹规范性理论的批判对象。传统的政治哲学认为权威和自律(autonomous,或译为自主、自治)之间并不存在矛盾,相反它们之间是互为依赖条件的,权威给出一系列允许与禁止的事项,界定了社会主体的基本行动框架,在其中行动主体可以

---

[1] 参见[美]罗伯特·诺奇克:《无政府、国家与乌托邦》,姚大志译,中国社会科学出版社2008年版,第1~3页。

自主地安排计划或规划；同时，权威不是完全外在于个体的，要么通过自主个体的建构或默认，要么通过至善的神启建立其正当性。自启蒙时代以来，政治哲学都基本同意个人自律性是权威建立的规范性来源，而政治社会中权威则是个人自律性的先在条件。[1] 沃尔夫则否定了传统政治哲学中对权威和自律这种关联，相反他认为两者在定义上就是彻底不相容的。

沃尔夫的论证始于一种重要的区别——权威与权力不同，"权威是发布命令的强力以及与此相关的得到服从的权利。它必须与权力相区别，后者是指通过运用武力或以武力相威胁来强迫他人遵从的能力"。[2] 与拉兹的理论一样，权威是一种规范性的力量，只有具备正当性的主体才能拥有。将法律上的税收和抢匪的指令相区别的，不是制裁力量的大小，而是指令/规则发布者的权威性、正当性和规范性，而这些性质依附于权威的身份之上。因此，沃尔夫反对霍布斯和约翰·奥斯丁，认为这些学者犯下了范畴错误，试图将政治权威的原则与概念从权力或功利概念中推导出来，正如第一章言及的，这是违背了"休谟法则"。

到目前为止，沃尔夫的论证和当代的权威支持者并没有太大差别，后者也支持规范权威和事实权力之间的区分。但是，沃尔夫转向了一种奇怪的自律概念，自律概念在康德传统中非常重要，认为一个人应当承担起自己所选择的行动之责任。在康德传统中，自律是道德和法律归责的必要条件，一个具备行动能力和自由意志的主体，都应当为自己的行动后果承担责任。沃尔夫将这条归责律极端化，主张行动主体只有在完全自主慎思的环境下，他才是自律的。用拉兹的术语来说，其他人可以提供建议或要求，但不能提供命令，因为在后者的情况下行动主体放弃了慎思与行动之间的关联，将自己的意

[1] 这一点可以见罗尔斯对自然义务和政治义务的区分，参见[美]约翰·罗尔斯：《正义论》，何怀宏、何包刚、廖申白译，中国社会科学出版社 1988 年版，第 333~356 页。

[2] [美]罗伯特·沃尔夫：《为无政府主义申辩》，毛兴贵译，江苏人民出版社 2006 年版，第 2 页。

志呈交给外在于自己的主体。“只要我们认识到对自己行为所应负的责任,承认我们理性的力量,我们必定也要承认,我们有一种持续的义务使我们自己成为我们所要服从命令的发布者”。〔1〕这就使沃尔夫从自律的概念上就排斥掉将个人的行动屈从于他人慎思的可能性,然而在理由论部分已经指出,权威提供的不仅仅是建议和要求,而是提供了一种规范性的行动理由,将行动与权威发布的理由相对接。这种在定义上就无法兼容的权威和自律概念,必须放弃其中之一。由于沃尔夫认定自律是政治哲学的核心概念,这使他得出结论:哲学无政府主义是唯一与自律德性兼容的学说。

沃尔夫的理论在当时的政治哲学界引起了强烈的震动——这或许部分是由于欧美 20 世纪 60 年代的反政治运动的缘故。不过,正如他自己后来谈到的,学术圈内“尽管许多人都读这本书,却似乎没有人赞同它”。〔2〕权威的支持者经常采用两种论证方式回避沃尔夫的指控。第一种方式将权威作为一种许可,在一个其他人都被禁止做某事的环境之中,如果有人获得了一种许可,他就被视为处于一种权威地位。第二种方式将理论权威作为权威的核心标准,在理论权威存在的环境下,权威并不带来一种服从义务,而是提出一种信念主张。不过,拉兹认为,这两种方式都错误理解了沃尔夫的指控,沃尔夫谈论的是实践权威,这是一种和行动理由紧密相关的权威形式,法律和政治权威即是这种实践权威的典范。这两种方式不是消解了权威带来的他律和自律之间的矛盾,而是根本没有触及他律和自律的问题,因此这些批评是失败的。〔3〕不过,即使严格按照政治权威的逻辑来理解“权威悖论”,沃尔夫的论证也是不恰当的。它在概念上

---

〔1〕[美]罗伯特·沃尔夫:《为无政府主义申辩》,毛兴贵译,江苏人民出版社 2006 年版,第 15 页。

〔2〕[美]罗伯特·沃尔夫:《为无政府主义申辩》,毛兴贵译,江苏人民出版社 2006 年版,前言第 2 页。

〔3〕See Joseph Raz, *Introduction*, in Joseph Raz ed., Authority, New York University Press, 1990, p. 3-6.

犯了范畴错误,特别是通过对自律定义的窄化来支持其论点。按照沃尔夫的规定,只有在完全自主的慎思环境之中行动主体才是自律的,但是这是一个过高的要求。一方面,现实中不可能存在这种完全自律的环境;另一方面,理论上这也不是自律的典范情形,康德式的道德律尽管影响了主体的道德慎思,但是并没有消除自律概念,反而成为自律的基本前提,沃尔夫的这种阉割的自律概念并不符合康德学说的精神。

不过,即使沃尔夫的论证是失败的,但它提出的问题并不一定是错误的,实践权威是否可能具有正当性?哲学无政府主义者试图通过改变论证的方式来支持沃尔夫的结论。后续的哲学无政府主义理论很少延续沃尔夫正面论证权威不可能性的路径,相反采用了一种迂回方式,否定既有的关于权威证成的理论论证,其代表人物当属政治哲学家 A. 约翰·西蒙斯和法哲学家莱斯利·格林(在第四章我们还要看到一种修订后的沃尔夫式理论)。

格林批判了沃尔夫的论证方式,这种直接诉诸概念矛盾的做法不但摧毁了政治权威,而且还否定了任何政治社会存在的可能性。沃尔夫对自律概念的古怪理解,放弃了任何二阶理由的运行方式。也就是说,不但权威不再存在,承诺也不再具有任何规范的约束力,因为承诺也是将行动屈从于他人的指令之下。然而,即使是无政府主义偏爱的互助性社会,承诺的义务也是不可或缺的,然而沃尔夫的理论无法为任何社会学提供一个坚实的规范性基础。后续的哲学无政府主义者转而否定政治和法律权威的约束力无法存在,这种权威通常被认为具有至上性、广泛性和普遍性的特点,而不放弃在社会中大量私人主体间形成的个别承诺或个别对权威认同带来的规范性。具体而言,西蒙斯和格林考虑了学界主流的关于权威证成的几种方式。

首先是惯习理论,惯习理论认为政治和法律权威是由人们对权威命令的惯习性服从而产生。本书第一章对惯习理论的分析表明,服从惯习的关键在于行动主体将其他人对命令或规范的服从当作一种行动理由,因而在规范性上是有缺陷的。格林同样也是给出这种批评,他人的行动并非一个无条件的行动理由,因而即使惯习理论在描述意义上是准确的,也无法说明将行动屈从于权威命令的正当性。其次是同意和契约理论,传统的民主理论都通过诉诸同意来建构政治和法律权威。比如我同意明天听从你的指令,那么明天我就可以无须慎思如何行动,而正当的按照你的命令行事。将这种理论推到极致的就是社会契约论,由于人们在进入政治社会的时候自愿或默示同意了统治者的权威,因而服从权威的命令和法律也就是服从自己的预先许诺,或是霍布斯所称的"信约"。但是如我们所见,这种契约传统在当代受到了很大的冲击。一方面,现代政治社会中很难获得全体一致的同意,相反分歧才是政治制度和法律权威的存在条件,无论是制宪过程还是立法过程都不可避免地出现了赞成和反对的意见,"在共同的制度框架里,对不同议题的一致行动或者在不同领域协调我们行为",〔1〕分歧的广泛存在破坏了同意理论的说服力。另一方面,同意和契约都是一个工具性概念,其价值和规范性都要基于其内容进行判断,"在有利的条件下,它可以是有效的,因而是合法性的真正来源。然而,对同意的有效性的证成确实表明,现代国家的公民或许并没有很强的理由需要那种让自己背负服从义务的能力"〔2〕。对滥杀无辜的同意就不可能带来任何规范性,也不能成为屈从于"权威"的理由。再次是对公平原则的批评。哈特和罗尔斯发展了一种基于公平竞争原则的论证,如果我们在一项社会合作事业中获得了某些好处,那么即使我们并没有同意这项事业,但在享受好处的过程中就暗含了对合作权威的服从。西蒙斯等人对这一分析给出了疑问:如果没有同意或接受,那仅仅单纯的受益如何能产生

〔1〕 [美]杰瑞米·沃尔德伦:《法律与分歧》,王柱国译,法律出版社2009年版,第9页。
〔2〕 [英]莱斯利·格林:《国家的权威》,毛兴贵译,中国政法大学出版社2013年版,第219页。

义务，特别当这种好处不是主体所愿意接受的。比如我偶然路过演奏厅的时候正好听到了某位歌手的演唱，享受到了音乐带来的愉悦，如果按照公平原则这时我就有付钱的义务，否则就对其他买票听歌的人不公平。这样的论证是失败的，因此“在最好的情况下，也只能指望公平竞争原则能够解释少量国家中少量公民的政治义务；它更有可能根本不能解释此类义务”。[1] 最后是对感恩原则的反对，两位学者都认为这种原则能够带来规范性的权威和义务，但问题在于这是一种个别化的证成方式，很难拓展到整个政治社会的普遍性证成。

于是，采用这种路径否定权威的学者认为已经穷尽了主流的权威证成理论，“不得不得出一个基本结论，那就是，政治理论无法为我们的政治义务提供一种令人信服的一般性解释”。[2] 不过，这并不代表他们就是政治权力的破坏者，或者是法治理论的否定者，相反他们明确指出，人们应当支持一个正当的政治和法律体系，只不过不是用规范性的义务这种方式来支持，“在这些不同的情况下，我们对国家的依附采取不同的形式，基于不同的原则”。[3] 出于审慎和仁慈的原因，人们也不应当轻易违反具备正当性的保护性理由。

三、立场摇摆的拉兹

长期以来，哲学无政府主义并不是一项主流理论。威廉·埃德蒙顿就回应道，这些理论通过概念的辨析拆卸了政治权威，因而并未触及权威可能存在的条件，正当性的政治权威在一定的道德条件下

---

〔1〕［美］A. 约翰·西蒙斯：《道德原则与政治义务》，郭为桂、李艳丽译，江苏人民出版社2009年版，第128页。

〔2〕［美］A. 约翰·西蒙斯：《道德原则与政治义务》，郭为桂、李艳丽译，江苏人民出版社2009年版，第172页。

〔3〕［英］莱斯利·格林：《国家的权威》，毛兴贵译，中国政法大学出版社2013年版，第303页。

是可能的,而这样的权威至少能够给出一定的政治义务。[1] 无论如何,哲学无政府主义对权威的质疑引起了学界再度重视这个一直被忽视的概念,激起了对权威证成理论的辩论——政治权威或法律权威是否存在?在何种条件下它们能够拥有权威?政治哲学和法哲学必须从正面回答这样的问题。

在这一场论战中,本书所关注的约瑟夫·拉兹站在哪个阵营,这并不是一个很好回答的问题。在一些学者看来,拉兹是哲学无政府主义阵营的一员,而另一些学者却认为他是这种理论的坚定反对者。[2] 之所以会产生这样的分歧,是因为拉兹比起上述权威的支持者和反对者多了一分理论上的精致——拆卸了权威和义务的关系,他明确肯定前者而否定后者。具体而言,他认为需要区分四个相关联的问题:"(1)国家的权威;(2)其证成权力的范围;(3)有义务支持公正的制度;(4)服从法律的义务"。[3] 对于前三个问题他的回答都是肯定的,但否定了最后一个问题。因为服从法律的义务是一种强有力的道德义务,仅仅是权威的正当性还不能给出这类义务的存在。拉兹似乎认为权威是对个人服从正当理由的一种中介,但人们并非总是需要这类中介的存在,"在一个相对正义的国家中,服从法律的义务在程度上因人而异,并且随着情况的不同而有所不同。很有可能,这些情况有一个共同的中心,就此而言,义务存在着,并且平等地适用于所有的人……超出这一中心以外,服从义务在程度上

---

〔1〕 See William A. Edmundson, *Three Anarchical Fallacies: An Essay on Political Authority*, Cambridge University Press, 1998, p. 179-180.

〔2〕 前一种观点可参见谭杰、李先敏:《哲学无政府主义及其当代论争》,载《西南大学学报(社会科学版)》2014年第1期。后一种观点可参见朱振:《法律的权威性:基于实践哲学的研究》,上海三联书店2016年版。拉兹的这种理论有时被称为是哲学无政府主义的"适度的支持者"(moderate supporters), Joseph Raz, *The Morality of Freedom*, Clarendon Press, 1986, p. 38。

〔3〕 Joseph Raz, *The Morality of Freedom*, Clarendon Press, 1986, p. 104.

就会有很大变化”[1]。更进一步而言,拉兹甚至认为这样的理论鼓励每个公民对自己的法律体系进行独立思考,有助于判断和改善法律的权威性。

不过,笔者认为拉兹的区分并不合理。一方面,传统的权威支持者并没有这样的区分,他们都将给出义务视为权威的重要功能之一。另一方面,拉兹作出这样的区分反而消解了权威的意义,权威成为一个毫无意义的占位符(placeholder)。如果人们并没有服从政治和法律权威的义务,那么我们如何判定这样的权威存在,以及按照拉兹的理论,权威又如何能作为中介服务于理由的最佳实现?只要我们不把权威的指令视为一种绝对的、不容置疑的义务,而是一种推定的义务(如在需要救人的时候应当开车闯红灯),拉兹设置的权威和义务的区分就没有必要存在。因此,笔者虽然在此指出了拉兹模棱两可的态度,但并不支持他对权威与义务的区分,而是基本将拉兹视为哲学无政府主义的反对者。

沃尔夫的“权威悖论”是直接激发拉兹法律规范性理论的源泉之一,拉兹的理由论就是对该悖论的化解。如第二章所述,拉兹提出了一种新型的理由——排他性理由,而沃尔夫并没有注意到这类理由和实践推理的关系。如果所有理由都只是一阶理由的话,那么正当的权威也就没有资格取代人们的自我慎思,否则就构成了对自律的侵犯。然而,排他性理由的存在引入了一个新的维度,法律权威给出的指令排除或取消了一些一阶理由,由此简化思维并帮助人们更好地找到需要服从的理由,它非但不是对自律的否定,反而帮助困惑之人实现个人自律,因而“权威悖论”可以轻易消解。

---

[1] Joseph Raz, *Ethics in the Public Domain: Essays in the Morality of Law and Politics* (*Revised Edition*), Clarendon Press, 2001, p. 350. 服从义务因人因事而异的观点,亦可见 Joseph Raz, *The Authority of Law: Essays on Law and Morality*, Oxford University Press, 1979, p. 227-243。Joseph Raz, *The Morality of Freedom*, Clarendon Press, 1986, p. 80. 有学者将拉兹的论证细化为七个步骤,See Kent R. Greenwalt, *Conflicts of Law and Morality*, Oxford University Press, 1987, p. 50-51。

不过，拉兹对沃尔夫的这种回应只能说明如果权威存在并不与自律相矛盾，但并不能说明权威在何种条件下能够存在。更重要的是，西蒙斯与格林等人已经证明了传统的政治理论无法合理地解释权威的存在。因此，拉兹的"伦理学转向"解决这样的难题，他需要更为直接地面对政治和法律权威的证成问题，只有被证成的权威才能有效地给出排他性或保护性理由。好在西蒙斯和格林的否定性方式并没有穷尽所有的证成路径，仔细分析可以发现，惯习、同意、契约、公平竞争和感恩的传统证成方式都是一种形式上的论证，自身并没有任何的道德分量，甚至不足以确保其服从于一种客观价值。举例来说，上述多种方式都不能自动排除故意伤害的行动。这种行动在限定条件下，既没有规范性又不会产生义务，一个经同意的故意伤害行动就能够带来服从的义务了吗？显然不能。这些方式有着论证上内容独立的优点，但无法保证其"向善性"（笔者用这个词表达一种倾向，对某种善或道德之实现的倾向），因而只能根据服务的对象判断其规范性。然而，这并不是唯一的论证形式，拉兹就采纳了一种道德论证的方式证成政治和法律权威，他认为权威理论必须要回答"一个人如何有义务将其意志和判断屈从与他人之下"的道德问题。[1]比起上述的方式，道德论证将价值，特别是道德价值赋予了权威，因而可以指引人们的行为并带来一种服从的义务。

任何一种全面的法哲学理论必须说明法律规范性的来源，传统自然法理论正确的诉诸道德理论，却将这种道德规范性神秘化，认为其能决定法律的身份、内容和效力，而"狭义的法律规范性理论"正确地将法律视为一种社会事实，却又在坚持概念性命题的同时，将法律

---

〔1〕 Joseph Raz, *Between Authority and Interpretation*: *On the Theory of Law and Practical Reason*, Oxford University Press, 2009, p. 135. 需要再次提醒的是，本章采取了一个较强的论证方式，重点关注道德证成模式，而非其他的价值证成模式。无疑，两大命题都可以应用于非道德的价值，但是笔者在第二章已经指出，对于现代社会全面且至上的法律权威而言，其吸纳和取代的一阶理由会以道德理由为典范，而非诸如审美上的理由。因此，本章将使用"道德论证"指称拉兹的权威证成方式，以区别于哲学无政府主义批评的那些内容独立的形式论证。

规范性神秘化了，试图寻找一种独立于道德理论的规范性来源。拉兹的权威理论同时拒绝了这两种路径，在实然层面坚持强事实论或社会渊源论的同时，却认为在规范性领域内法律与道德不可分离。“在道德和法律是什么之间有着必要联结，而在什么构成了我们对法律应当如何——而非法律是什么——的评价性观点上，有着更为明显的必要性联结”。[1] 我们日常语言表明法律和道德共享着一套规范性语词，日常立法和司法之中也充满着道德辩论，如果拉兹对法律规范性的认识是正确的话，这种规范性就并非神秘之物，借助伦理学的理论就可以分析从道德规范性到法律规范性的建构过程。具体而言，权威是最佳理由和行动主体之间的一个道德服务中介，它能帮助行动主体更好的服从既有的行动理由。拉兹称这种“向善性”的权威理论为“服务型权威观”，由两大命题组成：[2]

> 依附命题（the dependence thesis）：所有的权威性命令应当基于如下理由之上，这些理由适用于那些命令的服从者并且要对命令涵盖的所有情形有影响。
>
> 常态证立命题（the normal justification thesis）：确定一个人应当被承认对另一个人拥有权威的常规且主要的方式是要表明，如果所断言的服从者把断言的权威命令接受为有权威性约束力的，并尽力遵循它们，那么相比于他尽力直接

---

〔1〕 Joseph Raz, *Between Authority and Interpretation: On the Theory of Law and Practical Reason*, Oxford University Press, 2009, p. 180. 由于服务型权威能够发挥清空原有行动理由的功能，拉兹的这种论证方式有时称为“功能论证”，他认为自己和哈特、安斯康比、菲尼斯等人都是采用的这种论证路径，将实践权威视为治理的权利，是完成这种治理服务的需求的结果。See Joseph Raz, *Introduction*, in Joseph Raz ed., Authority, New York University Press, 1990, p. 5-6.

〔2〕 Joseph Raz, *Ethics in the Public Domain: Essays in the Morality of Law and Politics* (*Revised Edition*), Clarendon Press, 2001, p. 214. 不同版本的命题亦可见 Joseph Raz, *The Morality of Freedom*, Clarendon Press, 1986, p. 47, 53. 不过学界基本认为这些版本之间没有实质的差异，只是表述上的不同。在最新的关于权威论述中，拉兹重新整合了论证的命题，增加了独立性条件（the independence condition）。Joseph Raz, *Between Authority and Interpretation: On the Theory of Law and Practical Reason*, Oxford University Press, 2009, p. 136-137.

遵循适用于他的理由而言,他能更好地符合适用于他的那些理由(而不是所断言的权威命令)。

第二节 解析依附命题

一、仲裁模式

拉兹对依附命题的分析从一个简单的直觉开始。仲裁者(arbitator)通常被视为一位权威,有资格发布仲裁判决。在最简单的三人模式中,将会有哪些基本的要素出现?我们可以设想以下的场景。在一个哈特意义上的前法律社会中,小王和小张为了两家之间的土地如何使用争执不休,前者主张灌溉养殖,后者主张修路通行,由于没有既定的法律规定土地的权利和用途,也没有足够的知识预知土地的最佳使用方式。为了避免村庄可能的社会冲突,两人去寻找德高望重的人士进行裁决,他们都同意这位仲裁人的决定就是最终决定,他们将会遵循仲裁的决定行动,而无论仲裁决定是否与自己的想法相一致。那么,在最终仲裁决定出来之前,这位仲裁者需要完成什么样的程序?第一,发布的仲裁内容必须与仲裁事项有关,在此案中如果与土地使用没有任何关系,仲裁也就失去了效力。第二,仲裁者需要平等且完整的对待两人,他不可以只听小王的意见不听小张的意见,也不可以只听两人各发一句言就草草了事。尽管肯定还存在其他限制,但对于本书来说前两项共同推出第三项,仲裁者发布的先占理由(pre-emptive)应当基于在此事项是原先适用于小王和小张的一阶理由。简单地说,仲裁者需要首先考量作为理性之人的小王和小张可能提出的行动理由。

第三项理由就是权威证成的依附命题,有学者认为拉兹的依附命题意在说明"权威应该如何实践",[1] 但这种表达过于模糊,更精

---

[1] Fabian Wendt, *Authority*, Polity, 2018, p. 37.

确的说法应该是"权威如何通过形式或程序发挥功能"。任何一个权威都需要像仲裁者那样建立起对一阶理由的吸收程序，在政治和法律领域中这种程序通常是以一定制度化的模式存在。拉兹曾将服务型权威的两大命题都称为"道德命题"。[1] 不过，由于依附命题的程序性证成方式，笔者将其称为服务型权威的"形式道德命题"，以区别于常态证立命题的实质道德的证成路径。"依附命题致力于将拉兹权威理念中可理解性、可兼容性的条件与权威所主张覆盖的主题联系起来"[2]，这种联系是直接建立形式性的关联。在拉兹看来，依附命题是先占命题的必要程序，先占命题要求主体的行动与权威发布的保护性理由进行挂钩，而原先适用于行动主体的一阶道德理由不再直接适用于主体的行动，然而只有在权威的命令建立在原先一阶理由的基础之上，行动主体才有道德理由对这项保护性理由进行接纳。回想前述仲裁的案例，如果仲裁者决定将土地没收给全村人共同使用，或是用该土地建游乐场，这种仲裁决定都不具备对双方当事人的约束力。也就是说，如果出现的是一个与原先一阶理由无关的指令，哪怕具有多大的合理性，我们都可能又回到了沃尔夫的"权威悖论"当中，用他律取代自律。因此，拉兹并不认为权威的指令是一项全新的理由，一方面和前述的"双重计算的谬误"有关，另一方面可能也和这项理由对原先一阶理由的吸纳有关。

表面看来，仲裁模式是一种典型的司法裁判模式，而拉兹的依附命题要建立对法律权威，甚至是所有权威的一个说明，两者之间有可能存在论证差异。即使仲裁模式是对司法的正确描述，但是否能够将其扩展到司法以外的权威说明呢？一种沃尔德伦式的回答可能会是否定的。司法权威和立法权威有着不同的政治德性，前者意图是解决纠纷，所以需要倾听不同主体的行动理由，在此基础上发布取代

[1] Joseph Raz, *The Morality of Freedom*, Clarendon Press, 1986, p. 53.

[2] Kristen Rundle, *Form and Agency in Raz's Legal Positivism*, Law and Philosophy, Vol. 32:6, p. 783(2013).

它们的新理由,而西方社会的立法则完全不同,它的权威性体现在对政治分歧的协商、交易和裁断之上,也就是说对协作性问题进行政治决断。这就要求探求一个合理的政治制度来安置和提炼这些分歧,并用政治程序来解决或决断这些分歧。[1] 作为一种政治决断,就引入了一项全新的理由,这项理由有可能基于既有的理由之上,但并不必然如此,简单的仲裁模式可能无法反映立法制度的政治特色。然而,在很多人看来,立法制度和司法制度一样可以拥有权威,现代法律制度的发展似乎还拓展了立法制度和法典化的象征性权威。例如,在英国这样的议会制国家,议会至上的原则可能使立法制度拥有着更多的权威。如果仲裁模式不能适用于立法,那么我们就不能将依附命题视为一项权威的基本命题。

拉兹认为将立法权威和司法权威进行断然两分是错误的,依附命题可以直接适用于大多数立法权威的模式。无论立法之前进行了怎样的政治进程,但是现代立法制度的程序表明,它的指令也就是成文法规范的规范性建立在原先的一阶理由之上,并且试图通过法律规范来取代人们原有的行动理由。针对上述立法制度通过政治决断创造一种全新理由的看法,拉兹通过几个例子进行了回驳。首先是英国议会的法案创立了一项父母抚养未成年子女的义务,但这项义务并不是在法案生效之后才存在,而是在此之前人类社会就建立了父母的抚养义务,它是以一阶道德理由的形式存在,对如何培养未成年人身心健康等价值进行了安排。因此,法律创造的抚养义务或者说保护性理由并不是独立于道德义务存在,而是通过立法吸收了这样的一阶理由,"父母具有这样一种义务是独立于该法案(规定父母养育子女的法案)的,并且仅仅由于他们有这一义务,该法案才被证成"。[2] 另外一些例子可能相对复杂,法律义务与道德义务之间的

[1] See Jeremy Waldron, *Kant's Legal Positivism*, Harvard Law Review, Vol. 109:7, p. 1539(1996).

[2] Joseph Raz, *Ethics in the Public Domain: Essays in the Morality of Law and Politics* (*Revised Edition*), Clarendon Press, 2001, p. 214.

关联并非如此明显。比如税法，在政治和法律制度建立之前，并没有任何先在的纳税义务存在。从表面上看，纳税这项义务就是通过法律建立起来，给出的一项全新的保护性理由。拉兹强调，这并非对依附命题的否定，命题所要求的只是权威给出的保护性理由反映原有的一阶理由，但并不必然复制任何其中的任何一项，因此纳税这项义务从内容上看是全新的，但也是对原有理由全面考量的结果。（对于税法，拉兹还给出另一个独立的论证，我们甚至可以从政府提供公共服务的事实中推断和证成纳税的道德义务[1]）另一项质疑并非出自法律义务，而是出于法律体系之中的某些非义务性规范，比如大量存在的授权性规范和非规范的规定。美国宪法规定的选举制度和关于未列举权利的第九修正案，在法律制度建立之前并没有所谓的一阶理由，它们是制度建构出来的权利和权力。不过，拉兹认为命令性规范才是法律制度的核心，"集中于施加义务并没有……扭曲我们对权威的理解，因为所有权威拥有的其他功能最终都是通过指涉施加义务得到解释"。[2] 因此，对于既规定义务又规定权利、权力和其他的法律体系来说，我们只用关注依附命题对命令性规范的证成，其他类型的规范或非规范的权威性都依赖于命令性规范。

二、依附命题与实践差异

仲裁模式有着直觉上的吸引力，法律格言中常常有对第三方权威的赞许，中国的包拯和西方的所罗门王正是因为其全面倾听当事

---

[1] 这两项论证均可参见 Joseph Raz, *The Morality of Freedom*, Clarendon Press, 1986, p. 42-53。前一项是暗含在依附命题之中的，后一项论证是拉兹明确表示的。笔者更倾向于前一种论证，因为间接推断的方式似乎难以避免对"间接程度"的进一步划分。

[2] Joseph Raz, *The Morality of Freedom*, Clarendon Press, 1986, p. 44. 拉兹论述命令性规范的中心性还可见［英］约瑟夫·拉兹：《法律体系的概念》，吴玉章译，中国法制出版社 2003 年版，第六章。以及［英］约瑟夫·拉兹：《实践理性与规范》，朱学平译，中国法制出版社 2011 年版，第二章至第四章。笔者揣测拉兹将命令性规范作为法律体系的中心，可能部分就是由于它是道德规范的主要形态，也就是说与行动理由直接相关。

人的诉求和理由,以及公正无私、明智的判断成了代表法律权威的典型人物。即使转移到现代社会,法律权威更加制度化、非人格化之后,我们仍然要求立法代表充分地反映民意,并且不能将自己的私利体带入到立法进程之中。或者对于司法权威的建造,我们同样要求建立一套司法程序平等的对待当事人,并且倾听当事人的利益诉求,其典型当属诉讼法当中的辩驳程序。对于一个外在于行动主体的权威来说,为什么行动主体应当听从权威的指令?为什么将自己原先的自我慎思与行动脱嵌,随之再嵌入到权威给出的"新"行动理由当中?依附命题表明新的保护性理由并非新奇,亦并非异想天开,而是对原有理由的充分反映。权威的服务性功能体现为行动主体和最佳理由之间的中介(mediation)作用,[1]这种中介在形式上来说就是受到原有理由内容和范围的限制,"当权威处于有利条件下时,它们是用来反映依赖性理由的,权威在终极理由与理由所适用的人们之间发挥中介作用"。[2]

不过,依附命题似乎存在一个理论困难,它能否与实践权威所必要的"实践差异命题"保持一致,"法律之成为法律必须能够产生实践差异:即应用到那些法律指向的个体身上时产生的一种行为理由差异"。[3] 基于理由论一章的分析,"实践差异命题"可以转化为以下的内容,政治和法律权威能够带来一种保护性理由,而有时会产生

---

[1] 非常有趣的是,尽管传统法哲学界对权威的中介模式论述较少,但(法律)社会学界对此有着长久的讨论。最为著名的可能是涂尔干的论述,他批判了纯粹形式主义的社会契约论,认为政治国家的正当性依赖于对社会的服务。与拉兹类似,涂尔干也并未规定社会利益(理由)的类别,而是基于不同的社会群体来决定。但是,与拉兹不同,涂尔干将政治国家视为一种最高的中介,其正当性的汲取要依赖于中间社团组织的过渡,因此形成一个"社会—社会组织—政治国家"的有机体模式。参见[法]涂尔干:《职业伦理与公民道德》,渠东译,商务印书馆 2015 年版,第五章和第六章,关于"中介模式"的提法可见第 79 页。

[2] Joseph Raz, *Ethics in the Public Domain: Essays in the Morality of Law and Politics* (*Revised Edition*), Clarendon Press, 2001, p. 215.

[3] [美]朱尔斯·L. 科尔曼:《原则的实践:为法律理论的实用主义方法辩护》,丁海俊译,法律出版社 2006 年版,第 94 页。

不同于直接适用一阶理由,特别是道德理由的结果,这正是区分法律与道德的关键所在。因此,我们需要进一步澄清依附命题的某些特征,以区别于总是反映“最佳道德解释”的理性道德慎思,否则就会滑向自然法式的无差异理论。笔者梳理后发现,拉兹至少承认了三种法律权威制造实践差异的可能性。

第一,拉兹区分了权威的命令和当事人的利益。由于拉兹的理由论是建立在客观价值之上的,因此它不一定反映了个别行动主体的最佳利益,而是全盘考虑之后建立起来的反映特定时刻的最佳价值。比如,战争时期司令员下令攻打某个城市,很可能对于攻城的士兵来说并没有任何个人利益的好处,相反如果仅从士兵的个人利益出发,就会有着别的选择。士兵们的生命利益反对攻城,有些士兵有亲戚朋友在城内也反对攻城。但是司令员的命令是出于对理由的全盘考虑之上,并非当事人利益的简单复制或是简单综合。与之类似地,不同于从当事人自身的视角出发,法律权威给出的理由与特定行动主体的利益未必完全吻合,而是在各种客观价值之上建立其保护性理由。因此,依附命题的客观性可能与行动主体基于自身视角的慎思结果产生差异。

第二,依附命题不等于不谬性。“依附命题不是主张权威总是因为依赖性理由行动,而仅仅是它们应当这样做”。[1] 这表明权威是可错的,依附命题只是一般性命题,并不代表权威在特定时刻事实上这样做。权威的可错性分为两个方向,常态证立命题同样也是可错的,但错误方式和依附命题并不一样。作为权威证成的基本命题之一,权威需要在一定程度上符合依附命题。这里需要区分两个方面的问题。一方面,立法或司法过程中对依附命题的违背损害了权威的规范性,当这种违背达到一定程度,或者违背了最核心的道德价值之后,权威也就不复存在,或是退回到主张却不拥有正当权威的状

[1] Joseph Raz, *The Morality of Freedom*, Clarendon Press, 1986, p. 47.

态。另一方面,偶尔的或特定的对依附命题的违反并不能说明权威不复存在,在这种情况下虽然权威的规范性受到了些许破坏,但权威依然能够给出有约束力的指令,先占人们的行动(处于规范性不足的状态,我们还无法肯定地称之为保护性理由)。因此,在一个整体上符合依附命题的法律体系中,偶尔出现的不考虑或错误考虑原有一阶理由的专断式立法,也会有法律效力,甚至有一定的规范性。在这个意义上,依附命题并不等于说权威的指令具有理由上的不谬性,我们愿意承认错误反映却能制造实践差异的情形。

第三,有时候一阶理由本身无法得出确定答案,要求权威做出实践差异的决断,因此依附命题虽然确立了权威形式上的道德性,但权威的指令可能超出原有理由本身所能解释的范围。拉兹指出了三种需要权威实践差异的情形。首先,有些依照理由的行动无法仅凭理由获得确定。税法通过间接意义的依附命题创设了一项纳税义务,但是仅凭依附命题并不能推断出很多纳税制度上的设计,比如去税务局还是工商所纳税,是否设立乡镇税务所,以及个人所得税是每月一缴还是半年一缴等。这些问题不在被依赖理由的范围之内,而是由权威做出确定性的指令。其次,权威指令的一项重要功能是通过建立和维持社会惯习,解决社会协作问题。比如汽车靠左行驶还是靠右行驶,在一个国家进行管制的时候,很可能无法通过理由本身或理由的分量进行判断,靠左还是靠右有任何价值上的区别吗?交通法规本身主要聚集的价值是交通秩序的价值,而靠左和靠右都能无差别的实现这样的价值,这时我们需要对一阶理由的决断,选择本身比选项更重要。权威的指令指定了选项,也就可能制造了与自我慎思不同的实践差异,"在实践推理的中间层发挥了具体化的作用"[1]。最后,囚徒困境的状态下也要求权威做出实践差异,通过实

[1] 沈宏彬:《法律与强制——对〈法律的强制〉的批判性检读》,载《北大法律评论》编辑委员会编:《北大法律评论》第18卷第2辑,北京大学出版社2019年版,第57页。不过,笔者对"具体化"的理解比沈宏彬博士范围更广,至少本段的第一种和第二种情形都可以说是道德的具体化。

践差异带领人们走出困境，但这同样不会背离依附命题。权威存在之前，每个人可能都有特定的理由以一定方式行动，但权威改变了理由的状态，这也表明了权威的形式道德性来自一阶道德理由，在反映了一阶理由的同时，也有可能改变既存理由的规范性状态。

三、民主与依附命题

拉兹的服务型权威观两大命题中，依附命题是解释得最为清晰的一个，同时它调和了权威和自律的形式差异，将权威的形式正当性诉诸原有的一阶理由，比较符合人们的道德直觉。学界对该命题的接受度相对较高，很少有直接针对性的反对。然而，学界对服务型权威观的一项批判可能会涉及对依附命题的正确诠释，这就是拉兹法哲学中缺位的民主理论，尤其是对权威进行证成的时候，并没有提及当代西方政治哲学主流的民主正当性理论。[1] 这和德沃金的法哲学形成了鲜明的对比，后者将民主和自由观念糅合在“平等关怀和尊重”的信条之中。而拉兹，秉持着一种多元主义的价值观，似乎仅仅认可了个人自治的价值，而认为其他价值都是直接或间接依附于不同社群实践的。[2] 如果将这种理论其推到极致，这就暗示着如果该社群并没有生产出民主价值观或只有一种不同的民主实践方式，那也不违背任何规范性理论，社群之外也不应当对其进行批评。当然，这最终涉及拉兹的伦理学理论，本书不予讨论。[3] 但在法律权威的问题上，似乎民主正当性占有更突出的位置。现代社会的立法过程就是民主正当性的一个重要实践，所谓的多数决原则也被很多民主理论家视为立法权威的来源。如何解释拉兹权威论之中的这种

---

〔1〕 除后文论述的夏皮罗与朱振之外，这类批判还可见 Scott Hershovitz, *Legitimacy, Democracy, and Razian Authority*, Legal Theory, Vol. 9:3, p. 201-220(2003)。以及 David M. Estlund, *Democratic Authority: A Philosophical Framework*, Princeton University Press, 2008, p. 61-63.

〔2〕 See Joseph Raz, *The Practice of Value*, Clarendon Press, 2003, p. 19.

〔3〕 联系拉兹的伦理学与政治哲学理论，民主缺位很可能与其至善论的思想有关。在一个至善的社群中，民主与否似乎并不具备特别的重要性。

民主正当性的缺位,这就涉及对依附命题的一些澄清。

夏皮罗就认为服务型权威观并不能很好的说明法律权威的概念,在他看来法律权威有时并不符合依附命题和常态证立命题,却由于具备着民主正当性而获得了权威。他认为本章下一节将分析的常态证立命题是一项工具性命题,也就是说当权威作为理由中介更好的服务与行动主体之时,权威的规范性就获得了证明,因而民主决定的正当性就系于是否能够发挥这样的作用之上,仅仅具有工具性价值。然而,他认为民主还具有内在价值,"民主程序能够拥有合法权威,因为它们代表了公平的权力分享安排"。[1] 立法权威至少部分体现在民主过程之中,即使此过程没有充分考虑和反映一阶理由,也没有更好地服务于行动主体,仅仅凭借大家都同意的立法民主过程就能获得一定程度的正当性。夏皮罗似乎认为如果解释现代法律权威,就必须在作为中介的服务型权威之外,补充一种民主正当性的维度。

进而,夏皮罗区分了两种服务模式,权威可以通过任何一种模式为主体提供服务:中介模式(Mediation Model)和仲裁模式(Arbitration Model)[2],它们之间有着三方面的区别。首先,权威的主要功能不同。前者将权威的服务功能理解为在理由与人之间的中介作用,而后者是在多种竞争方之间的仲裁作用。其次,权威的功能与其正当性之间的关系不同。前者是直接的,当且仅当权威对主体作为中介服务时,才是正当的;而后者两者间的关系没有这样直接的。最后,正当性的最终理据不同。前者是依赖性理由,而后者可能在依赖性理由(也就是依附命题)上做得不好,但对于仲裁程序的接

---

[1] Scott Shapiro, *Authority*, in Jules L. Coleman & Scott Shapiro eds., The Oxford Handbook of Jurisprudence and Philosophy of Law, Oxford University Press, 2002, p. 432.

[2] 需要注意的是,夏皮罗似乎忽略了拉兹将仲裁作为权威理论的出发点,在拉兹那里仲裁与中介是不可区分的。而夏皮罗简单地将拉兹的理论称为"中介模式",似乎表明了他误读拉兹的理论。因此,本节所论述的仲裁模式不同于前两节所述拉兹的仲裁模式。

受而非服务的对象和结果才是正当性的主要渊源。根据这样的区分，仲裁模式比中介模式更加强调民主价值的证成作用，民主而非更好的服务成了法律权威的规范性来源。然而，如何确定哪个模式更好地解释法律权威的规范性呢？夏皮罗从政治思想史中找到了根据，他认为古典的自由主义理论家霍布斯、洛克和康德都相信政治和法律权威的正当性基础建立在其仲裁纠纷的能力之上，"仲裁模式是现代自由主义理论权威观的主流思维"。〔1〕

朱振教授发展了夏皮罗的批评，他正确地指出拉兹的理由论仅仅承认了外在理由，并认为在依附命题中存在外在理由和内在理由的一种紧张关系，依附命题所指向的对象——也就是被依赖的一阶理由——是行动者的欲望和想法的内在价值，而依赖性理由（也就是保护性理由）只有从主体的内在视角出发才能接受其先占的正当性。他把拉兹的服务型权威观总结为功能进路的，"主要强调权威对人之行动的指引作用，他把自主性等许多概念看成是实践性的。这一进路更多的强调是理由对于行动者的实践意义，而忽略了作为行动者的主观方面的东西，尤其是行动者的主观动机集合对于理由的合理化所起到的作用"。〔2〕 作为一种规范性的概念，法律权威不能是行动者中立的，而必须是行动者相关的。借用伯纳德·威廉斯的理论，当行动主体有动机将外在理由内在化的时候，权威的保护性理由才能先占主体的行动，否则的话不管这种理由有多大的社会价值，它也被认为是与行动主体无关。因此，朱振教授试图将哈贝马斯的交往行动理论纳入权威证成之中，"在制度建设上，弥合义务的缝隙内在地需要发展出一种以广泛参与权为核心的公共自主观念"，〔3〕这种协商民主模式能促进行动主体以批判性反思态度接受法律权威。

---

〔1〕 Scott Shapiro, *Authority*, in Jules L. Coleman & Scott Shapiro eds., The Oxford Handbook of Jurisprudence and Philosophy of Law, Oxford University Press, 2002, p. 433.

〔2〕 朱振：《法律的权威性：基于实践哲学的研究》，上海三联书店 2016 年版，第 123 页。

〔3〕 朱振：《法律的权威性：基于实践哲学的研究》，上海三联书店 2016 年版，第 137 页。

夏皮罗和朱振等学者都注意到了拉兹权威理论中的民主缺位,并各自发展出了一种理论来修正拉兹的服务型权威观。确实在现代社会,民主话语已经深入人心,特别是在制宪和立法过程中,民主理论成为一种较为流行的权威论证方式。如果拉兹彻底否定民主的价值,那他的理论就很难与我们的道德直觉保持一致。不过,笔者想要证明的是,两位学者发展出的民主正当性理论并没有对拉兹的服务型权威观构成威胁,除去前述拉兹社群化的价值理论,依附命题本身也可以容纳现代民主理论,甚至不局限于西方民主的简单模式。

拉兹关于民主的集中论述并不多见,但偶尔出现的"民主"一词反映了他的工具性民主观。"最好把民主理解为一种政治体系,它使个体有机会在知情的情况下参与政治过程,这一政治过程的目的是促进健全(sound)的决定。民主对于服务于人们的福利是必要的,那么它就得到了证成。它有着权威的一般性结构,并且其正当性取决于它产生健全决定的能力"。[1] 这一段话最为全面地总结了对民主制度的看法。其中最为重要的一点是民主制度本身是否具备规范性要依照它是否"产生健全决定的能力"而定。这句话可以理解为民主本身不具备规范性价值,而是当它能通过"常态证成命题"的检验之时,才能获得正当性。也正是因为如此,在最新的一篇文章中,拉兹承认自己始终避免对民主概念下一个清晰的定义,因为"民主不仅仅如同其他任何政府形式一样,是一个历史构造物,其在一些条件下的有效性并不及于其他条件,并且最终会被替代。甚至在那些有着正确政府形式的地方,也没有一个单一的正确形式的理

〔1〕 Joseph Raz, *Ethics in the Public Domain: Essays in the Morality of Law and Politics* (*Revised Edition*), Clarendon Press, 2001, p. 117.

念”。[1] 因此在他看来,衡量民主的正确方式在于是否能够达到民主所要服务的目标,在法律规范性领域这个目标就应该是“服务型权威”。

事实上,当代很多民主理论家都指出了民主制度存在的问题。从字面意义上理解,政治领域的民主只是一个决策过程,由一种特定的政治过程获得的政治结果。特别是西方世界通行的议会民主、选举民主和立法民主,本身只是一种程序上的安排,没有实质性的道德价值。因此,这种结果不但可以服务于个人善和共同善,也可以服务于无价值或负价值的目的。举例来说,以西方民主的观点,魏玛时期的议会民主可能是当时欧洲大陆最民主的政治制度之一,但它并没有能阻挡希特勒的上台。美国的立宪民主制度也未能排除奴隶制的入宪。所以,形式上的民主制度本身更像是罗尔斯意义上的“不完善的程序正义”,其价值需要依照其服务的目的或结果进行判断。这就使很多民主制度在形式民主之中加入了实质性价值,比如美国司法审查制度的“反多数难题”,《德国基本法》第 1 条的尊严和人权条款,日本战后宪法第 9 条的和平条款等。许多当代民主理论家由于信奉传统的多数决的民主模式,导致他们对这些制度之中的“不民主性”争论不休。相反,拉兹对民主形式多样性的重视却能够走出这样的理论困境。

夏皮罗的民主正当性理论就陷入了上述困境,而朱振将民主概念扩展到协商民主之后也不能完全解决这一点。服务型权威观的两大命题却能够给出很好的答案,常态证立命题要求民主制度必须比行动者自我慎思更好的符合理由的安排,这样的民主制度才是有规范性的制度,因而排除了民选的希特勒政权的规范性。但另一方

[1] Joseph Raz, *The Democratic Deficit*, p. 28, https://papers. ssrn. com/sol3/Delivery. cfm/SSRN_ID3101720_code82848. pdf? abstractid = 3101720&mirid = 1, February 3, 2018. 需要说明的是这篇文章拉兹上传于 2018 年 1 月 22 日,目前并未公开发表,因此只是作为本章论证的一个辅助资料。

面,仅仅符合常态证立命题还不够,依附命题要求建立一定的程序反映既有的行动理由。我们可以设想,命令发布者完全没有考虑过既存的行动理由,只是通过奇思妙想或巫师占卜给出的命令,竟然与常态证立命题得出的理由相一致,但这时我们也不能说它是一个具有规范性的保护性理由,或者说不能保护它每次都能与常态证立命题相一致。因此,依附命题的形式道德性依然非常重要,它是确保常态证立制度化获得的必要程序,但是这样的程序并不能简化为西方的多数决民主概念,而是要求通过各种程序——选举、协商、蹲点、提议、听证等等——来制度化地反映一阶理由。所谓的西方民主模式只是在特定议题上能够确保常态证立时才是具有规范性的,当简单的多数代表制(majoritarian system)不能很好地实现规范性目的时,"如果比例代表性对民主有好处,那么民主(任何民主政权)如果纳入比例代表制,就是一个更好的民主"。[1] 因此,我们可以说拉兹的依附命题不但包含了民主正当性,甚至超越了传统的选举式民主观。例如,很多社会主义特色的民主形式——比如政治协商制度和基层民主制度——都可能被依附命题所采用,因为这些民主形式同样也是在倾听老百姓意见,是考虑并反映社会中既存的行动理由,并吸纳到权威命令当中去的制度化手段。这样看来,夏皮罗和朱振的反驳虽然很有道理,但并未对拉兹理论构成实质性的威胁。

第三节　解析常态证立命题

一、实质正当性

依附命题仅是一个形式命题,如果不加以限制的话,从自身不能推导出完整的规范性理论。完全可能有这样一个立法"权威",它充

〔1〕 Joseph Raz, *Engaging Reason: On The Theory of Value and Action*, Oxford University Press, 1999, p. 252.

分听取并考虑社会各方面的立法意见，在表面上符合依附命题的要求，但最终颁布的法律其效果还不如各自慎思的好，使法律规范无法作为理由和行动的服务中介。根据依附命题的可缪性，它并不限制权威命令的实质价值，因此仅仅凭借着依附命题不能得出“更好服务”的实质价值，至多只是一个倾向于如此的正当程序。按照罗尔斯的“不完善的程序正义”理论，“当有一种判断正确的独立标准时，却没有可以保证达到它的程序”。[1] 依附命题所推导出的就是这样的一种程序，我们还需要一种外在的判断标准确定其规范性，这就是“常态证立命题”（以下简称 NJT），“在确定某人具有权威时，通常的方式是证明行动主体接受并遵守权威性指令要比直接按照自己的一阶理由行动要好，因为权威性指令能够更好地符合一阶理由的权衡结果，也更能符合正确的、有约束力的理由的要求”。[2]

NJT 本来很难说是一个具备实质内容的判断标准，因为它并未规定自由、平等、和谐、友善这样的实质价值的规范性，相反它提出的是一个比较的指标：比起行动主体自行慎思，权威的指令能够使行动与理由之间“更好地符合”。这样，比起形式正当性的依附命题，NJT 就多了一份独立于程序之外的判别标准，因此本书姑且称为实质正当性或实质道德命题。理由论认为权威不存在的时候，规范性要求行动主体应当实施最佳的一项或一些行动理由，实现这些理由承载的价值。但是由于困惑之人的存在，行动主体没有足够的理解力和意志力与最佳理由相一致，甚至是理性之人，也会在价值的多元性和不可通约性之中迷失方向。因此我们需要权威，作为一种辅助性的服务工具，使行动主体能够更有效率、更加完整地按照规范性的要求行动，NJT 表明了只有考虑到这幅完整的规范性图景，权威才能得到证成。

---

〔1〕［美］约翰·罗尔斯：《正义论》，何怀宏、何包钢、廖申白译，中国社会科学出版社 1988 年版，第 86 页。

〔2〕朱峰：《拉兹：法律权威的规范性分析》，黑龙江大学出版社 2013 年版，第 71 页。

与依附命题一样,NJT是一个与道德直觉较为一致的命题,只有当权威的指令能够有助于我们实现价值和规范性时,权威才会有道德吸引力。不过NJT并没有依附命题那样容易被学界接受,这部分是因为这项命题有着很多模糊之处。比如什么是常态?什么是更好?抑或是NJT是证成权威规范性的唯一实质条件吗?在法律领域,NJT是否会违背程序正义的原则?在这些问题的追问之下,需要对NJT进一步的澄清才能看出它在规范性理论中的位置。

首先需要澄清的是"常态"一词,不同的学者对NJT中的常态解释并不一致,有人认为这指的是数量上大多数,也有人认为这是对权威证成的环境变量的一般性考量。笔者认为,这两种解释都部分把握住了NJT的性质,因为对这两种状态的背离都是拉兹称之为的"偏离案件"(deviant case)。拉兹认为偏离情形并没有理论上的重要性,权威证成的分析只用考虑常态状态即可。他以一个例子对这种偏离状态进行了说明,一个人接受其朋友建议的理由是因为如果不这么做,会对朋友的感情造成伤害。尽管在某种意义上,我们也会将其作为一类行动理由,但不是常态下的做法。因为根据规范性理论,朋友的建议只是意图指出某类理由的重要性,而真正应当指引行动的还是主体慎思权衡之后得出的最佳理由。只有当这项建议本身是合理的建议时,它才构成对我们行动指引的规范性。而因为对朋友会造成伤害而接受这项建议就违背了对一阶理由规范性的判断。不过拉兹似乎认为这样的反例并不损害其理论,因为这不是我们通常称为理由或权威的规范性用法。尽管略有些草率,但拉兹似乎将常态视为在规范性环境中对权威证立的一般性方法。与此同时,NJT和服务型权威观都是对权威的一般性证成,并不排斥对于特定权威来说需要更高程度的证成标准,但即使是后者也必须建立在服务型权威的基本命题之上。

李腾博士在最近的一篇文章之中认为,NJT是一个失败的命题。与很多学者类似,他认为NJT在何种意义上使人们更好地遵从理由存在多种解释。由于权威能够发挥先占的功能，所以他更倾向于采用行动主体的视角来比较遵从权威和遵从自我慎思的好处。他论证主张即使是这种“参与者”视角也是不令人满意的，比较评估可能发生在行动之前或行动之后，然而两种评估视角都对行动主体的认知能力提出了过高的要求。这使我们对 NJT 的解读不得不退回到外在于行动主体的观察者视角，但是“就算假设权威者对理由的权衡客观上是合理的，我们依然面临着被权衡的理由如何进入行动者认知这一难题”。[1] 然而，这一批评似乎误解了拉兹的 NJT。笔者同意拉兹理论之中存在一定的认知难题（详见第四章第三节），但是这可能并没有李腾设想的那么危险。一方面，拉兹的理由论支持理由的客观性，这使观察者视角似乎比行动主体的视角更为合理，也更能够评估更好地遵从理由。另一方面，拉兹的 NJT 采用了整体的证成模式，其证成的过程并非完全透明的，也不需要我们在每个场景之中都去事先或事后评估遵从理由的可能性。只要权威在常态之中整体上使不特定的行动主体更好地遵从理由，就能够满足 NJT 命题。[2] 甚至在拉兹的理论之中，一般的社会主体只要符合，而非遵从权威的指令即可。需要被证成的是权威，而非权威在每个特定情形之中的正当性。也就是说，权威和权威发出的指令（保护性理由）存在一定的差异性，NJT 的“常态”并不确保在每个特定情形或每类事项之中，权威都能够带来更好的理由遵从。

拉兹认为其两个命题是相互支撑的，共同呈现出“正当性权威的性质和角色的完备观点”。[3] 一方面，权威正当性的常态与主要证成方式使其更可能成功地依照正确理由行动，那么就自然要求符合

---

[1] 李腾：《作为行动理由的服务型权威》，载《北大法律评论》编辑委员会编：《北大法律评论》第 20 卷第 1 辑，北京大学出版社 2020 年版，第 108 页。

[2] 朱佳峰博士将常态与个体累加进行对比，后者指在每个规范中进行证立，由此也消解了权威整体的意义，前者是作为整体进行证成，不否认在个别状态中正当性的偏离。参见朱佳峰：《告别政治义务：迈向一个新的正当性理论》，中国法制出版社 2017 年版，第 12 页。

[3] Joseph Raz, *The Morality of Freedom*, Clarendon Press, 1986, p. 55.

依附命题;另一方面,如果我们接受依附命题的话,NJT 就能够更加有说服力,因为前者确立了一种确保 NJT 成功的程序标准。

不过笔者认为,拉兹在这两者关系上的论述过于简略,需要参照理由论进行更进一步的说明。第一,正如拉兹对服务型权威的整体评论,两个命题都只具备一种工具性价值,NJT 尽管被本书称为一个实质性的道德判准,但其本身亦未规定任何价值目标,其好坏仍然要服从于行动理由以及理由承载的客观价值而确定。因而当我们理解"更好"的判别时,就不能纯粹从工具意义进行思考,比如菜刀的刀刃更锋利我们可以说它是一把更好的菜刀,这时"更好"一词就只有一种工具性价值,但 NJT 并非在此意义上的判准,其好坏要参考所服务的客观价值。

第二,罗尔斯的"不完善的程序正义"可以表明,依附命题并不能稳定输出 NJT 的结果。与此同时,在不同的环境中,NJT 对依附命题的要求也是不同的。在非制度化的环境中,依附命题的程序更具有灵活性,很难有一个普遍的判断标准,而在政治和法律领域,依附命题的程序更加制度化,对 NJT 结果的稳定输出可能有更加明确的判准,同时制度化带来的潜在弱点也可能会更加显著。制度化就成为一把"双刃剑",可能并不一定在特定环境中都优于非制度化的程序设计。最为典型的就是刑法规范,尽管刑法的目的是惩罚犯罪,但再完美的刑法也不能使所有罪犯都获得应得的惩罚。事实上这种原因部分是制度化造成的。制度化损失了灵活性,使辛普森之流最终逍遥法外。因此"常态"本身与个别证立之间可能会存在一定的紧张关系。

第三,在权威的证成过程中,NJT 起着主导作用,因为 NJT 是说明权威中介功能的核心要素。比如,当我们说某个医生是医学领域的理论权威,这不是因为他拿了博士学位,也不是因为他吸收了多少书本的知识,而是他能够给出一些权威性的信息,影响病人或整个医学界对这些疾病和治疗方法的认知。

第四,对于依附命题是否能和 NJT 相冲突的问题,笔者认为,即使存在表面的冲突,也不能说明这些冲突是根本的。有时候某项法律制定违背了特定的程序要求,但却获得了 NJT 的结果,这时似乎存在着两个命题之间的冲突。但是,程序只是根据依附命题而设立,程序不是依附命题本身。该命题只要求权威基于或反映既存的一阶理由,因此程序有可能与 NJT 相冲突,但这并不意味着依附命题本身和 NJT 一定冲突。

二、权威的服务功能

NJT 说明了行动主体遵从于权威获得的好处,也从侧面解释了社会为什么需要权威的存在。拉兹也将 NJT 视为一个道德命题,权威能够帮助社会主体依照理由行动,就能尽可能实现理由背后的价值。在后期的论文之中,拉兹为 NJT 添加了一个附加性条件,并称其为"独立性条件"(the independence condition),对 NJT 的满足是在权威指令关涉的事务上,行动主体遵从权威指令要比没有权威帮助之下的自我决定更能遵从理由。笔者认为,这一添加并没有改变之前拉兹对 NJT 的基本表述,而是澄清了服务型权威的服务功能和服务范围,其基本的内容已经蕴含在 NJT 的主张之中。[1] 由于 NJT 是一个比较性的命题,我们需要了解权威为什么会带来比起自我慎思更好地遵从理由。按照一种极端的观点,自我慎思总会带来的最好的结果,因为没有人比自己更了解自己所追求的美好生活。拉兹的命题与之正好相反,他应该如何给出具有说服力的论证呢?很遗憾,拉兹并没有系统性地予以说明,并且在关键之处有些语焉不详。但这

---

〔1〕 See Joseph Raz, *Between Authority and Interpretation: On the Theory of Law and Practical Reason*, Oxford University Press, 2009, p. 136-137. 关于独立性条件在权威理论中的地位,拉兹的目的是限定服务型权威的范围。叶会成博士指出这种限定是不成功的,会危及权威的正当性,不过笔者认为最好是将其作为对早期 NJT 的进一步说明,并没有改变早期的论述。叶会成:《实践权威与权威正当化——论拉兹的权威理论》,载南京师范大学法学院《金陵法律评论》编辑部编:《金陵法律评论》2015 年秋季卷,法律出版社 2016 年版,第 115~116 页。

不妨我们将理由论与NJT进行对接,寻找拉兹在这个问题上的可能解释。

第一,如前所述,每个人都仅具有有限的理解力和意志力,而现代的法律权威作为一个被拟制的整体能够克服这些缺陷。从理解力的角度来看,人的理解力总是有限的。更为重要的是,现代社会已经发展成为一个复杂体,很难通过单个人或一些人的理解能力完全认知。从意志力的情况来说,有些人明知一个不败的行动理由,却无法实施该理由支持的行动,这归咎于自身意志力的薄弱,或是被哲学家称为"不自制"(akrasia)的情况。拉兹认为,这种人无法处理(in charge of)自己的生活,他根本不能控制(control)生活。[1] 即使不是这种极端的情况,每个人也难免偶尔有对理由的误解,以及不按照已识别的理由行动的时候。法律权威则不太可能出现这种情况,它具有一般人,甚至卓越之人都不可能具有的理解力和意志力,并且还有相应的权威性机制保障执行,这就足以使得根据权威的指令比根据个体的自我慎思能够遵从既有理由。

第二,权威可以超越我们个体视角的局限,从整体的角度识别客观理由。如前所述,将军下达的命令并不一定符合每一个士兵的自我利益,权威的指令并不是站在单个社会主体的角度之上的。内格尔曾经提出一种非常有影响力的观点,认为社会主体总是存在主观视角和客观视角,既希望于超脱自身的局限性,又无法真正地超然于自我。[2] 也就是说,从个体的角度出发,无论我们多么努力,都不可能摆脱自身所处位置的局限性,这种局限性将使得我们所认知的"理由"有可能不是真正的理由。按照拉兹的观点,价值依附于社群实践,理由本身也就依附于社群。然而,基于社群存在的一阶理由,并不一定能够从个人的角度获得充分的认知。而权威与之不

---

〔1〕 See Joseph Raz, *Engaging Reason*: *On the Theory of Value and Action*, Oxford University Press, 1999, p. 17.

〔2〕 这是内格尔不同著作之中都出现的主题,最为精彩的论述,可参见 Thomas Nagel, *The View from Nowhere*, Oxford University Press, 1989, ch. 1。

同,权威可能是个体化的,也可能是拟人化的,但现代的法律权威一定是非个体化的后者。法律权威的这一特征使其摆脱了普通社会主体的局限性,从社群的角度去认知客观理由,从而帮助社会主体更好地遵从理由。值得提醒的是,法律权威这种非个体化的存在是通过依附命题的过程完成的,它并不是一种通过神启而脱离了主观视角的局限性,而是通过吸纳过程来识别、认知、综合、权衡一阶的行动理由。

前述两个方面是拉兹可能会同意的观点,但是对回答权威如何比个体慎思更好遵从理由的 NJT 命题而言,它们的支持并不充分。一方面,理解力和意志力的弱点可以通过他人的帮助予以克服,自我的提升、朋友的建议或是偏离案件所证成的非 NJT 式权威都能够提供帮助。[1] 另一方面,政治和法律权威似乎有更着重要的功能,仅仅这些解读可能无法摆脱对 NJT 服务能力的质疑。拉兹本人认为,"支持政治权威的主要论点是依靠其专门知识(或其决策顾问的专门知识)及其确保社会协作的能力",[2]这表明他似乎更为强调权威的专业性和协作能力。由于拉兹本人将分析的重点置于后者之上,笔者将尝试补完他对专业性的论断。

第三,权威拥有比普通个体更为优越的专业能力。理解力和意志力可以通过锻炼予以提升,个体化的视角也可以通过求助第三人予以克服,但是面对复杂性不断增长的社会,人的能力总是有限的,因此现代社会通过劳动分工来处理这种复杂性。我们可以根据理论权威理解这一点,现代社会已经不可能出现掌握所有理论知识的个体,却有着一个又一个在特定知识领域内的理论权威,并且由这些不同的理论权威所协力打造了科技革命的时代,使科学技术的发展速度日新月异。理论物理学家可能对高能粒子对撞机的制作工艺

---

〔1〕 非 NJT 式的权威被拉兹视为权威的"非常态"证成。See Joseph Raz, *The Morality of Freedom*, Clarendon Press, 1986, p. 53-54.

〔2〕 Joseph Raz, *Introduction*, in Joseph Raz ed., Authority, New York University Press, 1990, p. 6.

一窍不通,但并不妨碍她能够成为理论物理学的权威,正应了"术业有专攻"这句老话。实践权威同样也是如此。法律系统越来越精细化,即使是法律专业人士也需要多年的学习与实践。当然,法律权威是一个拟人化的权威,但本身并不是"人"。但是,法律权威作为专业处理法律相关问题的制度,其机制的设置和运行比起个体慎思来说更能够得出遵从理由的指令。例如,法律权威设置了符合依附命题的程序,这些程序体现了自然正义的要求等。因此,法律权威的专业能够在其所涉及的内容上具备比普通个体更加优越的专业能力。

第四,权威具有确保社会协作的能力。拉兹非常看重法律在个体之间的协调能力,以至于有些论著之中似乎将权威的证成唯一系于该能力之上。结合拉兹的理由论来看,这种倾向无疑是错误的,然而法律权威确实不同于其他类型的权威,"定分止争"的社会协作功能更为突出,试图让具有不同道德信念的个体,和平地居于同一个社会之中。合作性问题可能产生于多种不同的情形,有些学者试图通过博弈论来说明权威带来的社会合作,但是拉兹认为这窄化了政治法律领域对协作的理解,合作性问题还出自价值的不可通约性,或者是"搭便车"等困难。拉兹认为在这些情形之中都需要有权威确保社会协作,"首先,如果没有协调的努力,就会失去一些原则上能够以可接受的成本获得的善;其次,有时善不一定会失去,可以通过少数人的贡献来保护这些善,但是将保护善的全部责任强加给这些人而不是更大的群体是不公正的"。[1] 例如,保护大熊猫不遭受灭绝是一种善,但是从个体慎思的角度来看,不一定每个人都能得出这一结论,而法律通过《野生动物保护法》的立法就能够完成这一目的,并且通过法律完成社会协调,促使每个社会主体都有义务去实践社会善。

---

〔1〕 Joseph Raz, *Introduction*, in Joseph Raz ed., Authority, New York University Press, 1990, p. 8.

三、法律权威与常态证立

拉兹将 NJT 视为一般性的权威命题，包括法律在内的所有公共权威都必须符合，"公共权威最终建立在个人对其同胞所负有的道德义务基础之上"。[1] 有趣的是，对于法律权威来说，该命题似乎有了一种特别的意义。与其他的规范性体系不同，法律体系是社会生活中最为全面、至上和开放的制度，[2] 拉兹将 NJT 的证立方式视为一种对法律进行权威制度性的证立，"就规范体系而言，人们有理由允许这种关于作为行为理由的个别规范的重要性的种种考虑被规范的系统本质而取代。因为，它们属于这样一个体系，其特点在于：特别任命的机关有组织地适用法律，即使法律总是被轻视，而且受到忽视的法律总还是法律，只要它们得到这些机关的承认"。[3] 法律作为形式上最为制度化的规范性体系，满足 NJT 的要求会比其他的权威类型更为严苛。

服务型权威观采用了中介模式，并不预设权威享有者的身份、实体或意图，这就使得社会中很多主体都可以成为潜在的权威资格者，无论是个体还是拟制人格。行动主体可能同时处于多种权威之下，拉兹认为这是日常生活中的正常情况，即使是在最小的社会单元家庭当中，权威也是多重的。比如父母对子女有正当权威，这是指父亲和母亲分别可以对子女发布命令、给予保护性理由。在没有否定性证据之前，我们没有必要预先排除其中一者的权威性。然而，权威之间的关系并非总是如家长关系那样和谐，有时权威之间是相互冲突的，或者权威本身并无冲突，但在特定情形下不同权威给出的指令无法同时完成，这就使我们对权威的判断再次走入了"困惑"。如果

---

[1] Joseph Raz, *The Morality of Freedom*, Clarendon Press, 1986, p. 72.

[2] 参见[英]约瑟夫·拉兹：《实践理性与规范》，朱学平译，中国法制出版社 2011 年版，第 168~174 页。

[3] 刘作翔：《奥斯丁、凯尔森、拉兹的法律体系理论——根据拉兹的〈法律体系的概念〉一书》，载南京师范大学法学院《金陵法律评论》编辑部编：《金陵法律评论》2004 年春季卷，法律出版社 2004 年版，第 79 页。

权威的存在是带领行动主体走出困惑，那么权威之间进行选择的"二阶困惑"该如何解决。这里可能并没有唯一的解决路径，最为直接的办法是上溯到更高一级的权威，比如下级行政机关的冲突可由上级机关解决，但在理论上我们还是可能遭遇到不可上溯的终极冲突或是不可通约的冲突。这就要求诉诸形式层级之外的解决办法，"当多个权威在同样的主题上发声，并且其引导相互冲突之时，我们必须用我们最佳的能力决定，哪一个作为指引更加可靠"〔1〕。在理由论中，纯粹一阶层面的冲突是根据理由的分量进行决定，行动主体应当依照最佳理由进行行动。在引入了二阶的排他性理由之后，因为其与一阶理由并非处于同一个层面，所以在理由的冲突中二阶理由包赢不输。这也表明了，正当性权威的指令对原有行动理由的排除或取消，并不是依据其分量进行抉择，而是类似推土机一样扫清相冲突的障碍。不过，权威的冲突涉及二阶的冲突，这又回到了类似一阶理由冲突场合，每一个权威都主张自己的指令具有先占的能力。这时如何判断权威的"可靠性"？拉兹给出了关于法律规则之间冲突的一个实例。比如税收管制与保护基本人权的规则，尽管在所保护的价值层面可能不存在冲突，但在具体应用时仍然可能有不能同时指引行动的可能。由于两项权威的指令都已经被证成，这时行动主体就不应当再去衡量已经被先占的背景性理由，而是考虑各自指令本身的重要性。"这并不代表同一宪制层级的所有规则都能被视为有着同样的重要性"，〔2〕在相互冲突之时，应当按照更有重要性的指令行事。比如税收管制和保护基本人权之中，在通常情况下后者的重要性会压倒前者。

---

〔1〕 Joseph Raz, *Between Authority and Interpretation: On the Theory of Law and Practical Reason*, Oxford University Press, 2009, p. 143.

〔2〕 Joseph Raz, *Between Authority and Interpretation: On the Theory of Law and Practical Reason*, Oxford University Press, 2009, p. 146. 这里仍然存在如何比较同一层级之中指令的重要性问题，笔者建议参照不同权威之间的冲突解决方式，部分回溯到一阶理由完成比较。

尽管通过例子给出了重要性这个答案,但在笔者看来拉兹的说明是不令人满意的,尤其是对于法律权威与其他类型的权威的冲突。上述的例子仅仅分析了关于法律权威内部指令的冲突,但社会中还存在不同的权威之间的冲突,我们可以称为"权威僵局"。比如宗教、道德和法律之间,或者法律和一些行业自治规范之间。由于现代法律体系主张自身的全面性和至上性,就有可能就权威的管辖范围拓展到一切领域之内,并在冲突时试图排除其他权威类型,"如果一项法律制度主张规范每个行动领域的权力,就不能同时认可在同一个社会内,有另一个权力机构独立和非从属地规范任何一个领域"。[1]因而,"权威僵局"不能仅仅依靠重要性进行排序,或者说需要对重要一词进行扩张解释。比如足球领域的自治团体国际足联,就有权威发布足球运动相关的规范和命令(尽管近年的足球丑闻使得权威地位有所下降),但国家的法律体系也有资格和权威管理部分足球事项,因此在权威的冲突中我们就需要一个规范性的判准,模糊地谈论重要性本身可能不会得出一个恰当的答案。结合拉兹的理由论,笔者认为由于权威的冲突指向同一个别事项,"权威僵局"的解答还是得回到拉兹理论中的 NJT 去找寻。也就是说,如果处于管辖范围之内的不同权威之间产生了冲突,能够更好地符合适用于他的理由的权威更具备规范性,也就是行动主体应当符合的权威。NJT 是一个比较性的判准,我们可以比较不同权威在理由和行动之间的中介能力,并且由于 NJT 是权威规范性的实质来源,因而 NJT 本身就能成为不同权威之间的比较性标准。

那么,返回 NJT 的比较模式是否违背了拉兹的观点,因为这种比较要求行动主体至少部分的权衡考量权威证成的背景性理由,这与拉兹的论断并不一致,但笔者认为这样的修订并没有实质上损害拉兹的理论。因为正当性权威取代背景性理由(先占命题和依附命题)

---

[1] Víctor M. Muñiz - Fraticelli, *The Structure of Pluralism*, Oxford University Press, 2014, p. 175.

是因为在无冲突的情况下进行的证成。这是一种新的、由权威造成的困境,由于其无法上溯到更高的权威,想要在“权威僵局”中为了走出二阶困惑,我们只能返回到一阶理由中去。因为在拉兹的理论之中,只有一阶理由才是真正的道德和规范性源泉。这和人们的道德直觉也比较一致,当国际足联的规定和国家法律规定产生冲突的时候,很多人会问哪一个更有权威、哪一个更具备正当性,并依照提供最佳服务的中介指令而行动。当然,行动主体对背景性理由的回溯通常并非彻底的。权威采用整体证成的方式,因而我们不会在每一个具体的情形之中都能清晰认知背景性理由,这被拉兹称为权威证成的不透明性(non-transparency)或晦暗性(opaque)。不过,行动主体仍然需要对不同权威之间所吸纳的背景性理由有一个大概的认知,以比较两者的权威性走出“权威僵局”。

这样的解释为我们的法律权威带来了难题,因为现代社会中的法律体系主张自己是一个终极行动中介,也就是要求行动主体在所有情况下都要服从法律的安排,这也是现代法治的应有之义。如果“权威僵局”只能部分返回到一阶理由之中,这就为实现法律的主张带来了难题,因为它必须在所有管辖的领域都要被证明更符合 NJT 的安排,否则在那个领域就会有着失去规范性的风险,甚至会被质疑权威的整体正当性。不过在笔者看来,这并非一个理论问题,法律体系必须通过这样高标准的检测,经历过“权威僵局”的各种比较性考验,才有资格享有最高的地位。法律权威的至上性和全面性不是天生的,在古代社会道德权威和宗教权威可能拥有着更高的正当性,也同样主张自我的至上性和全面性。相反,在法律的不断改进之中,法律自我完善使之更加符合社会所追求的价值,人们逐渐认识到了法律制度的潜在优点,一步一步地认可了法律体系的权威地位。通过更好发挥中介作用,法律权威不断在道德权威、宗教权威的手中取得了某些事项的管辖权,才获得了现代社会中的位置。因此,法律权威的至上地位和其高标准分不开,这是法律权威不断完善自身,更好地符合 NJT 高标准"挣来"的地位。相反,宗教权威在信念领域仍然保留着权威性与规范性,因为在这个领域中它能比法律制度更好地符合关于信念的一阶理由。

四、常态证立与正确性

NJT 是拉兹规范性理论的核心命题。依附命题是为了确保 NJT 结果的获得而设立的前置程序,而先占命题则是权威证立之后的功能发挥。由于拉兹将权威视为一种服务型的中介模式,这就使判别中介能力的标准最终在于常态证立。对于法律权威来说,NJT 也被认为是促进法律不断完善的关键所在。正如理论上所有的重大发现,NJT 本身也遭到了来自法哲学内部的批判,这些批判大都指出法律权威的建立并不需要 NJT 这样严格的标准,因而提出了一些替代性或修正性的权威证成理论,其中有些批评将在下节进行检视。本部分将继续处理对拉兹 NJT 命题的澄清,罗伯特·阿列克西提出一个表面上非常相似的法律权威证立模式——正确性命题,将其与法律的正当性等同,[1]以此来反对实证主义的法概念与法效力理论。由于本书的主旨在于规范性理论,而非描述性理论,阿列克西的主要的反对意见不在研究范围之列,但通过对这个相似命题的分析,部分也能澄清 NJT 命题的细枝末节。

下一章将会论证,拉兹认为并非所有的法律体系都能拥有权威。这是因为依附命题和 NJT 相对较高的检验标准,使得很多法律体系并不能通过这样的检测,或者在某些领域无法拥有正当性权威。但是所有的法律体系都主张权威,这就表明当权威性受到质疑的时候,法律体系会主张自己已经按照依附命题和 NJT 的标准提供了中介服务——尽管事实上可能并没有做到。如果这种分解是正确的

---

〔1〕 See Robert Alexy, *The Nature of Arguments about the Nature of Law*, in Lukas H. Meyer, Stanley L. Paulson and Thomas W. Pogge eds., Rights, Culture, and the Law: Themes from the Legal and Political Philosophy of Joseph Raz, Oxford University Press, 2003, p. 5.

话，那么法律体系主张权威也是在主张 NJT，主张比起行动主体的自我慎思，法律权威提供了对行动和理由之间更好的链接。然而，阿列克西的命题认为法律体系必然主张正确性，“个别的法律规范、法律判决以及整个法律体系都必然提出正确性宣称”，[1]通过这样的宣称阿列克西认为法律和道德之间有着必要性的关联。

从法律参与者的角度来看，任何法律权威宣称自己不正确是一种概念上的自我挫败（self-defeated）。如果一个国家的宪法条款规定“X 是一个不正义的共和国”，这就是一部有缺陷的宪法，这种缺陷不是技术上或能力上的，而是概念上的。因为当一个共同体宣称自己是一个国家的时候，就预设了“正义的”国家这样的限定词，哪怕这个国家的主权者只是以宪法文本上的正义性掩盖其事实上的不正义，也必须“以善之名”而进行，即使是纳粹德国也得主张自己宪法观念的正确性。司法判决也是如此，判决书中如果写入像“判处被告无期徒刑，但这是错误的”这样的陈述，就代表了判决本身的无意义。从这种概念语义上的矛盾之中，阿列克西得出结论“不同层次的法律体系参与者都必然提出正确性宣称。如果且只要正确性宣称具有道德上的蕴含，就证明了法律与道德之间具有概念上的必然关联”。[2]如果说正确性宣称只是一个弱意义上的正确性命题的话，阿列克西在原则领域继续发展了一种强版本的命题。与德沃金一样，他认为原则在疑难案件中具有施加义务的能力，法官有义务在具体个案中最佳地展现原则的要求。这时法官就必须将其判决作为一个可证成的判决，并在判决中展现出整个道德原则相关的正确推理。但与德沃金不同，阿列克西并没有预设一个赫拉克勒斯式的全能法官，因此这种推理过程很可能并非无懈可击，甚至有可能出现重大漏洞，但这样的举措已经表明了原则性判决中有着试图将道德正确性与判决权

[1] [德]罗伯特·阿列克西：《法概念与法效力》，王鹏翔译，商务印书馆 2015 年版，第 36 页。

[2] [德]罗伯特·阿列克西：《法概念与法效力》，王鹏翔译，商务印书馆 2015 年版，第 40 页。

威性相结合的努力。“未达极端不正义的界限时,只凭正确性宣称而非正确性宣称的实现,就能够建立法律与道德之间的必然关联”。[1]

阿列克西的正确性命题是其法律规范性建构理论的必然延伸,将道德正确性的价值注入规范性当中,就能够在不放弃法律社会性的同时,又能主张道德价值在规范性中的主导地位。在这一点上,拉兹和阿列克西并没有太大的区别。然而,正确性命题似乎走得过于极端了,而拉兹的 NJT 相比起来要温和很多,特别是在当代西方社会多元性和终局性的问题上,能够更好地解释法律规范性的问题。与依附命题一样,NJT 也不等于不谬性,因为如果法律规范性全部依赖于其正确性的发挥的话,很多法律权威就无法得到证成。在现实生活中,法律权威同其他权威一样都主张先占功能,也就是其指令和规范能够取代行动主体通过慎思得出的行动理由,但是这种取代不是由于基于指令分量的考虑,而是二阶理由对一阶理由“包赢不输”的规范性作用,所以当正当性法律权威给出指令和规范时,我们就不再询问证立该权威背后的一阶背景性理由。拉兹指出这是权威(理由)的不透明性或晦暗性,当行动主体看到法律规范或其他权威性指令之时,我们很可能不会完全了解其证立的过程,以及其吸纳的背景性理由,也不知道就这个具体的指令而言是否符合 NJT 的要求。所以正当性法律权威的个别指令如果出现了错误,一般来说也应当具有先占功能。基于这个原因,法律权威就不可能在任何时期都有着一种正确性或不谬性的主张,即使个别的不正确也不会损害权威的证成,相反法律权威有着一种终局性的要求,“法院将规则的核心意义视为某种他们在运用权威做出在体系内不容挑战之司法判决时,所不能任意加以忽视的东西”。[2] 因而是终局性赋予了法律权威的实践差异能力,它带领困惑之人走出困惑,尽管并不一定都能以

---

[1] [德]罗伯特·阿列克西:《法概念与法效力》,王鹏翔译,商务印书馆 2015 年版,第 85 页。

[2] [英]H. L. A. 哈特:《法律的概念》,许家馨、李冠宜译,法律出版社 2006 年版,第 140 页。

最正确的方式。阿列克西的正确性命题似乎使得法律权威在每一次发挥功能的时候都要求考虑其背景性道德理由的证立,这混淆了正确性与不谬性的概念,反而损害了权威的先占功能和实践差异能力。除此之外,权威的规范性有着程度上的变化,当一个法律学者有着比通常人群更丰富的法律知识时,他就是一个法律理论的权威,但这不要求他在每个场合下的言论都具有正确性。哥白尼在很长一段时间是物理权威,尽管他的日心说也不完全是一个正确的理论。权威的 NJT 是一个比较层面上的要求,这也说明了规范性的改善永无止境,正确性可能是一个终极目标,但并非权威的判断标准。

如果上述反驳成立的话,阿列克西的拥护者可能会退回到一个相对弱的命题:尽管法律权威的证成并不完全依赖于正确性命题,但这毕竟将正确性视为一种终极的目标,因此主张权威也就是主张正确性。但是即使是这样弱的命题也不能成立。对于 NJT 来说,权威与正确性之间的关联也并不见得有这么紧密,有时候 NJT 不要求赋予任何正确性的可能。现代西方社会中,价值多元性和不可通约性是一项不可忽视的社会背景,这使在一些情形下法律权威仅仅做出必要的决断,或者是在表层事项达成共识,解决合作性问题,但不涉及深层的价值分歧。比如,西欧和北美通行的政教分离原则(如美国宪法修正案的第 1 条"不得设立国教"),无论是在基督徒还是伊斯兰教的信徒看来都是错误的,各种一元宗教教义都主张设立政教合一的政治制度,因而这项政治和法律的基本原则可能不具有任何的道德正确性,但这并不妨碍该原则在当代西方政治法律制度中的权威地位。类似的法律权威证成还有很多,这种模式都很难与正确性命题直接相关,即使是主张权威的最低限度也不必要纳入主张正确性,而是通过协作和决断符合 NJT 的要求保证社会秩序,带领人们走出困惑。

除此之外,弱的正确性命题还会受到以下的反对:NJT 是一个一般性的证成方式,即使在一些事项上与正确性相重合,也非在每个场合都能获得正确性。“根据常态证立命题,权威的证成是在的一定案件种类之中,使其主体们追溯理由(track reason)能够比没有权威时获得更一般性的成功。这样的一般性成功常常不会在每个案件中都如此”。[1] 而阿列克西的正确性命题则暗示着权威的道德正确需要在每个场合下都能成立,甚至是主张权威也要主张在每个场合下的正确性。对于权威的证成来说,这是一项不可承受之重。

第四节　服务型权威观的整体性

一、权威的非规范性条件

拉兹的服务型权威观在本质上是一个道德理论,依附命题和常态证立命题是服务型权威观的两大组成部分,共同构成了法律规范性的源泉,在形式与实质上分别给出了相应的道德命题,其中前者赋予了权威的形式道德性,而后者赋予了权威的实质道德性。[2] “依赖性命题(依附命题)与标准正当化命题(常态证立命题)的相互印证,不但可以有效解决道德问题,而且还会有助于解决理论问题”。[3] 具体来说,服务型权威观一方面回答了权威的理论问题,“如何理解权威性指令”,另一方面回答了权威的道德问题,“个人如

---

〔1〕 Joseph Raz, *Comments and Responses*, in Lukas H. Meyer, Stanley L. Paulson and Thomas W. Pogge eds., Rights, Culture, and the Law: Themes from the Legal and Political Philosophy of Joseph Raz, Oxford University Press, 2003, p. 260.

〔2〕 沃尔德伦区分了三种法律正当性(legitimate)原则,实质正当、形式正当与程序正当。如果按照这种方式理解拉兹的两个命题,那么依附命题表达了一种程序正当,常态证立命题表达了一种实质正当。Jeremy Waldron, *Political Political Theory: Essays on Institutions*, Harvard University Press, 2016, p. 148. 在该书的第215~216页,沃尔德伦批评拉兹的理由观是结果相连的(outcome-related),而不是过程相连的(process-related),但笔者认为拉兹的两大命题分别对应这两类正当性,可以避免沃尔德伦的这种批评(尽管将依附命题称为过程相连的理由观似乎过于狭隘)。

〔3〕 陈景辉:《权威与法概念:理论史的考察》,载郑永流主编:《法哲学与法社会学论丛》2007年第2期,北京大学出版社2008年版,第181页。

何有义务将其意志和判断屈从与他人之下”。[1] 不过,权威之所以成为权威,不仅是因为其具有正当性或规范性,还有着一些非规范性的条件,这些非规范性的条件对何种主体能够享有权威的规范性做出了限定。拉兹曾断言,“法律可能并不拥有权威,但只能以某些方式不拥有权威。如果是这样,则有些权威特征是法律必须拥有的”。[2] 不符合两大命题的规范性条件,或是不符合非规范性条件,都是否定其权威的重要理由。不过需要注意的是,这些非规范性条件并非独立存在,它们是附着于规范性条件之中的,伦理学领域采用了一种固定的表达式来描述这种附着状态,“应当意味着能够”(ought implies can)。由于非规范性条件并非本书的研究重点,本部分将简单勾勒对此问题论述。

第一个非规范性条件是权威能力,拉兹本人认为只有社会渊源才能符合权威能力的非规范性条件。这是因为所有法律体系都主张正当性权威,但只有通过两个规范性命题的检测,它才是真正拥有正当性的权威主体,如后文所述这是拉兹理论中设立的一项规范性间隙。但是无论是主张权威还是拥有权威,成为一个权威发布者的基本条件是它有能力拥有权威。当一个命题发布者无法与他人沟通,或是一部法律大量的前后用语相互矛盾之时,权威就随之不复存在。这种条件与规范性条件需要进行区分,我们说纳粹德国没有法律权威和一棵植物没有权威是完全不同的,前者是不符合道德证成,而后者则是不具备基本能力,甚至可以说前者还存在辩驳的可能,而后者是一目了然不容置疑的。这种非规范性条件蕴含在概念之中,当我们说权威概念之时(无论是主张还是拥有),就预设了本身能够获得权威的能力。拉兹着重描述了权威能力的两种特性,“第

[1] Joseph Raz, *Between Authority and Interpretation*: *On the Theory of Law and Practical Reason*, Oxford University Press, 2009, p. 134-135.

[2] Joseph Raz, *Ethics in the Public Domain*: *Essays in the Morality of Law and Politics* (*Revised Edition*), Clarendon Press, 2001, p. 216.

一,仅当一个指令(或者至少被展现为)某人关于服从者应当如何行为的观点时,它才能够有着权威性的约束力。第二,不依赖于打算要裁决的理由或考虑,去识别指令是所谓的权威发布的,这一点必须是有可能的"。[1] 两个特性都与权威的中介性有关,前一个特性要求权威的指令有一些形式特征必须要遵守。因为一旦法律或者其他的权威指令犯下了前后矛盾、不可理解等毛病,那对于权威的服从者来说,就并不能获知权威的具体意图。因此,拉兹认为即使是伪装的权威也必须让权威的服从者了解到权威要求其应当做什么的观点。后一个特性仍是理由论的重述,其实也就表明了权威指令是内容独立和排他性的客观可能性问题,由于前文有着详细的探讨,在此就不再累述。

第二个非规范性条件是权威的可知性。尽管有些主体符合规范性的要求,通过了依附命题和 NJT 的测试,但他是处于未知的状态下,也不能被视为权威。在拉兹的理论中,权威能够改变事物的规范性状态,理论权威改变信念,实践权威改变行动理由,因此"为了贯彻其功能,权威的正当性必须对其主体可知"。[2] 因此,如果有一个数学天才,独自学习了数学方面的很多知识,但他关于数学的能力和知识水平并无他人知晓,他也从来不对外展示自己在这方面的能力,其他人只是将他视作一位普通人存在,这时我们也不能称其为数学权威。法律权威也是如此,我国春秋时期子产铸刑鼎第一次将法律制度公之于众,这时我们才能说法律权威有了可能,而在此之前法律制度并不公开,人们也不知道如何依照法律的规定行动。按照拉兹的理论,未公开的"法律制度"无论规定得多么有道德性,都不能被视为具备法律权威,它不能对服从权威的人提供对权威值得依赖的信念。

第三个非规范性条件是权威的范围,这对于法律权威来说尤为

---

[1] Joseph Raz, *Ethics in the Public Domain: Essays in the Morality of Law and Politics* (*Revised Edition*), Clarendon Press, 2001, p. 218.

[2] Joseph Raz, *Between Authority and Interpretation: On the Theory of Law and Practical Reason*, Oxford University Press, 2009, p. 147.

重要。和很多非政府组织或国际组织不同,当今的法律制度仍然依赖于国家主权的存在,法律权威因而也有着一定的管辖范围或权限,这被格林称为权威和政治义务的"特殊性"问题。[1] 目前世界上存在着两百多个国家,每个国家都有着自己的法律制度,但是对法律制度的建设和完善毕竟有所区别。一些法律文化缺失的国家,法律制度就很难通过依附命题和 NJT 的测试,因此就很难说这些国家的法律拥有权威。我们不难想象,另外一些国家有着长期的法治基础,法律制度相对完善,又得到了群众的认同,那是不是这些国家的法律权威能够指引没有法律权威国家的公民呢?答案是否定的,无论一个国家法律拥有着多么充分的规范性,它的权威只能及于其主权之内的民众,不被允许干涉其他国家的法律事务。或者说,即使当 A 国的立法考虑了 B 国的既存一阶理由,并且给出了对理由的更好符合之时,A 国的法律也不能对 B 国民众施加规范性权威。因此,法律权威的规范性必须考虑到法律本身的国家维度,其权限与国家的主权界限不可分割。当然笔者认为拉兹并未充分重视范围问题,这使得当规范性理论应用到法治问题上时,缺陷就被无限放大,本书第五章将处理这个法治难题。

二、服务型权威还是整全型权威

迄今为止,拉兹的权威论已经完整地呈现在我们面前。权威是可以证成的,它应当作为中介桥梁服务于行动主体和行动理由之间,因此必须通过依附命题和常态证立命题的检测,这两个命题是权威的规范性条件,也是权威的规范性来源,同时权威成立还必须符合一定的非规范性条件。当权威同时符合这些规范性和非规范性条件之时,权威就拥有正当性和规范性。法律权威作为权威的次级类别之一,必须符合权威的一般性要求,同时法律权威也有一些自身的特点,区别于道德和宗教等权威类型。在现代社会,对权威进行常态证

---

〔1〕 参见[英]莱斯利·格林:《国家的权威》,毛兴贵译,中国政法大学出版社 2013 年版,第 266~268 页。

立的要求通常比其他权威更高。有学者就比喻到，这种“侧重法律权威特征的法律观，如同坚毅女神展现坚定而慈爱的高贵美德，背后皆有实质的道德证立理据……正当权威论则以调解实践推理冲突、减轻个人思虑负担的服务价值为目的”。[1]

然而，服务型权威观只是当代权威观念的其中一种，其他学者也提出了不同的与之相竞争的权威证成模式，为什么必须采纳拉兹的权威理论而非其他学者的不同理论？很多学者提出了对这些理论之间进行选择的理由，不过限于本书的主题因而无意介入这样的元理论之争。但是当我们将目光转向法哲学内部，对于法律权威的证成仍然会存在不同的解释，尽管笔者并不认定拉兹理论的唯一性或正确性，但还是需要将拉兹理论与其他可能的权威观念进行比较。本部分将拉兹的服务型权威观与德沃金的融贯理论[2]进行初步对

---

〔1〕 庄世同：《法律的图像：一种人文主义的分析与诠释》，载《台大法律论丛》2011 年第 4 期。

〔2〕 拉兹和德沃金的直接交锋主要集中在权威和法律本质之间的关系上，这是属于“法律是什么的”事实问题，本书将不再深入分析这次交锋。不过做个简要的重述可以看清拉兹权威论与其排他性法律实证主义的关联，因为拉兹认为所有基于社会渊源的法律都主张权威。拉兹在《权威、法律与道德》一文中对融贯性的法律本质论做了批判，认为其引入了并非社会渊源的道德标准，因而无法主张权威和先占性，法律权威的存在就是意图取代这些不确定的道德指引。德沃金在《三十年以来》一文之中，对拉兹的批评集中在四个方面：第一，所有法律主张权威就要求无论制定法还是普通法都将被人格化，这是不符合法律现实的；第二，法律主张不涉及道德标准建立道德义务，然而并非所有的法律都能如此；第三，法律权威建立排他性理由，但遵循法律并不要求绝对取代背景性理由；第四，拉兹的服务型权威观只是建立在排他性法律实证主义的基础之上，然而这只是许多竞争观念中的一种，拉兹并没有论证我们为什么必须要接受排他性法律实证主义以及服务型权威观。德沃金的这四个批评可以说非常尖锐，以至于他认为拉兹的理论是一种“托勒密式”的虚假理论。笔者认为，第二个批判并没有认识到下文论述的规范性间隙，混淆了主张权威和拥有权威；第三个批判只适合哈特的 CIP 理由论，不适合拉兹的 CIE 理由论（前文已展示了其中的区别）；而第一和第四个批判值得认真考虑，拉兹确实给出了一种拟人化的权威观，但认为法律权威的意图既非立法的议员也非立法机构的意图，之后由马默等人为此进行了修正和辩护；而对于服务型权威观为何正确的问题，拉兹似乎并没有给出合格的论证。双方的交锋参见 Joseph Raz, *Ethics in the Public Domain: Essays in the Morality of Law and Politics (Revised Edition)*, Clarendon Press, 2001, p. 220-226。［美］罗纳德·德沃金：《身披法袍的正义》，周林刚、翟志勇译，北京大学出版社 2014 年版，第 223～235 页。两位学者还都谈到了包容性法律实证主义，都认为这不是一种真正的法律实证主义。

比,以此说明拉兹的法律权威观在当代西方法哲学中的位置。

德沃金自己并没有在拉兹的意义上使用权威的概念,并且也很少提及规范性理论,但是如果我们将法律的规范性理解为“应当做什么”的问题域之时,就能从德沃金的理论中提炼出一种类似于拉兹的法律规范性的证成理论。不过首先需要提醒的是,与拉兹将法律规范性视为对潜在所有的社会主体(如困惑之人)行动的指引和评价不同,德沃金的理论主要是对国家和官员实施制裁行动的证成,已经将范围缩小到对官员(主要是终审法官)行动的指引和评价。德沃金认为具有规范性的法律制度必然是一项具有整全性(integrity)的道德制度,因此我们必须要区分普通案件和疑难案件。在普通案件中,由于对法律的理据问题不会发生争议,所有的争论点都是一种事实上的分歧,因而不会破坏法律的整全性。不过在疑难案件中,法律的理据问题就浮出了水面,并非机械地适用法律就能得出正确答案,这是因为面对疑难案件,我们似乎不能确定到底什么是法律的问题。德沃金认为,这种问题不能简单地从白底黑字(black-letters)的社会渊源中去寻找,而是要发展出一种抽象的道德理论进行论证,这种理论又被称之为法律的解释学。在疑难案件中,法官的道德论证对竞争的法律观念进行裁决。这种裁决又被分为两个理论过程:其一,司法裁决需要与既有的法律材料或法律渊源相符合(fit),以此形成一个融贯的法律整体;其二,在达到符合门槛的竞争性法律解释之中,法官需要运用道德论证找出得到最佳证立(justified)的那个。在“符合”与“证立”两道安全阀的护卫之下,疑难案件判决中“新发现”的法律就嵌入进整全性的法律制度之中。[1]

尽管德沃金并未对其规范性理论命名,我们还是可以将其称为

---

〔1〕 这是笔者对德沃金法律规范性理论的一个重新整合,而且这种概略式的介绍可能有着破坏德沃金理论精致性的危险,不过对于本书的简要探讨已经足够。法律解释性理论、法官的作用以及整全性法律可参见[美]罗纳德·德沃金:《法律帝国》,李冠宜译,时英出版社 2002 年版,第 2 章。法律与道德的必然联系可参见 Ronald Dworkin, *Justice for Hedgehogs*, Belknap Press, 2011, ch. 19。

“整全型权威观”,其中的关键两个步骤可以分别称为“融贯命题”与“最佳证立命题”,这与服务型权威观形成了对照。首先,最佳证立命题是不折不扣的道德命题,它要求法官去探寻法律渊源背后的法律原则和道德原则,并通过这种道德性赋予了证成法律的规范性力量。在这一点上,它与 NJT 并没有太大的区别,它们都是在实质正当性的领域研究法律的规范性。真正的区别还是在于德沃金同时将“整全型权威观”作为探究什么是法律的定义命题。也就是说,在这些原则证成法律渊源的同时,这些原则本身也是一种法律渊源。然而,在拉兹看来将这种不确定的道德原则视为法律,会损害了法律的权威以及指引功能。其次,最佳证立命题和 NJT 在证成过程上也有着细微的区别。这是因为德沃金将法律权威证立的任务赋予了法官,通过在疑难案件之中的判决对争论中的法律概念进行裁判,因此这种证立过程必须是清晰和公开的。而拉兹则强调权威命令的不透明性,也就是权威的指引功能要求行动主体不用探寻背景性理由,这是法律权威必须具有的先占功能的发挥,也是权威中介功能的优势之一。最后,最佳证立命题预设了一种道德上的唯一正确答案,因此可能很难避免某些伦理学批评。

尽管两位学者对于实质性的证立条件有着细微的差别,但更大的区别在于形式要件之上,也就是德沃金对法律融贯性的强调。“融贯命题”认为,疑难案件中任何想要得到证成的法律材料必须达到“符合”的门槛,不能与既有的规范性法律材料相矛盾,相反形成一种相互支撑的整全性法律制度。事实上,在法律的“融贯命题”背后是德沃金融贯性和全盘性(holistic)的道德观念,他以美好生活为理论的出发点,认为在此概念的统合之下,所有的道德价值都不存在概念上的冲突(不过可能会有应用性的冲突),这使他的一切的道德价值形成了一张无所不包的网络,每个价值节点都支撑着其他价值节点的实现。由于德沃金将规范性法律视为道德的一部分,并且被道德原则所证立,因而在他看来真正具有规范性的法律是彼此融贯,同样不会存在任何概念上的冲突。然而,无论是其伦理学的融贯论还是规范性法律的融贯论都受到了拉兹的批评。在伦理学领域,拉兹认为价值是多元且不可通约的,并且其存在和实现方式都依附于社会实践,因此不存在单一的价值体系,价值之间也会存在概念上的冲突。[1]

如果说道德价值的一元性和多元性之争暂时无法得出确定答案的话,拉兹对法律规范性的“融贯命题”另一批判似乎更为致命。拉兹认为法律权威给出的是一种间接的或内容独立的保护性理由,不过这种权威之所以得到证成是因为其实现了需要证成的目标,但是这种目标的实现并不要求将权威内容视为一种融贯的整体。比如通过规定机动车靠右行驶实现了社会合作,这项指令之所以被视为权威性的,是因为它同时具备了权威证成的规范性和非规范性条件。但是这并不要求行动主体去探求它与其他的法律规范之间在内容上是否形成融贯,因为这样的探求违背了内容独立的要求,阻碍了法律权威的实现。与此同时,拉兹还给出了一个政治上反驳,在欧美这样实行竞争性政治的国家,无论是立法还是司法进程都深深地卷入了充分分歧的过程,因而没有理由认为由此形成的法律制度是整体融贯的。美国著名的布朗案判决与“隔离但平等”的先例并不融贯,而英国撒切尔时代新自由主义的《社会保障法》法案与之前工党的相关法律也不融贯,但是这种不融贯并不影响在(如果)通过依附命题和NJT之后被视为具有正当性的权威。拉兹对此总结到,“全域融贯论说低估了价值多元论的程度与含义,在这种程度上道德本身不是一个体系而是一个不可还原的、独立的多元原则。第二……它们(融贯命题)试图脱离具体政治而理性化法律。政治的现实让法律无法整齐划一”。[2] 因此,法律体系当然需要一定的融贯性,否则朝令夕改

[1] See Joseph Raz, *A Hedgehog's Unity of Value*, in Wil Waluchow & Stefan Sciaraffa eds., The Legacy of Ronald Dworkin, Oxford University Press, 2016, p. 12-16.

[2] Joseph Raz, *Ethics in the Public Domain: Essays in the Morality of Law and Politics* (*Revised Edition*), Clarendon Press, 2001, p. 314.

的规范形态将破坏了法律权威的指引能力，但是融贯性的要求对于法律权威来说不是至上的或唯一的要求，反而融贯的门槛程度需要根据服务型权威观的中介作用而得到确定。这也表明融贯是法律的价值，但并非决定性的价值。

三、法律权威的相对性

拉兹对权威的证成是一般化的理论，根据该理论任何权威都必须接受这样的证成条件，也就是说依附命题和常态证立命题是所有权威获得规范性的必要条件。拉兹甚至认为这种证成理论可以从实践权威拓展到理论权威，因为两者具有类似的权威结构。当然，对于任何特定的权威来说，服务型权威只是其必要组成部分，根据权威所服务的不同目的以及所处及的环境，不同类型的权威可能还会附加更多的证成条件。不过，本书的分析已经说明，拉兹本人对于法律权威的论述与一般性权威并无二致，其规范性条件也只包含了上述两个命题。只不过由于其全面性和至上性的主张，比起其他权威来说可能需要更高的 NJT 标准，因此法律权威可以被认为是服务型权威典范的模式。

不过拉兹的这个证成路径在遇到“现代性问题”时却遭遇了一些麻烦。在现实社会中，我们经常见到相互冲突的权威主张，比如同样具有正当性的父亲和母亲在子女的某一事项上发生了冲突，或者说道德权威与法律权威在管辖事项上有所分歧，这样的冲突可能导致了权威指令的不兼容性，行动主体只能择一指引其行动。在本章第二节中，笔者建议这种不同权威之间的冲突需要通过对其指令的 NJT 能力进行比较，行动主体应当服从在该事项上更具中介能力的权威指引其行动。

然而，这只是多元权威存在的情形之一。即使着眼于法律领域，法律多元的挑战也使得简单的冲突理论无法解释不同权威的存在。现代世界多元权威之中不仅仅存在冲突，还存在相互依赖的可能。具体到法律权威来说,这种依赖的形态可能分为三类:第一,通过法律权威授权、包容或让渡给其他权威管辖的事项,这种情形恰恰说明了法律权威的全面性和至上性主张。第二,法律权威与道德权威的相互依赖,一方面现代性的祛魅使得传统的道德权威受到了现代法律的挤压,另一方面法律权威的道德证成说明了道德性在解释法律规范性的根本地位。第三,法律权威内部的多元化,不同的法律或准法律权威之间形成了一种相互依赖相互证成的情况,最典型的是欧盟法和欧盟成员国国内法的关系。特别是在现代社会,这些不同的法律和准法律规范并非如早期法律、道德、宗教权威之间那样形成直接的对峙,相反它们在流动性的稳定和冲突之中,形成了错综复杂的共存现象。正如法社会学教授桑托斯所形容的那样,资本主义现代性(或是后现代性)的法律规范形态已经呈现出一幅错落有致的法律地图,这幅地图中我们可以区分出六个不同的表层:家务空间的家内法、工作空间的生产法、市场空间的交易法、社区空间的社区法、公民空间的属地法(国家法)、世界空间的体系法。[1] 这种多元共生的图景对于本书的重要性在于,不同国家对这些不同的法律空间的认可度不同,因而法律权威很可能同时处于相互重叠的冲突和互动之中。

妮可·罗恩(Nicole Roughan)指出了服务型权威观在解释多元权威时可能遇到的困难,她建议在不改动拉兹权威理论根本要件的同时,对权威本身做出相对化处理。她指出有些权威的正当性并不如拉兹理论中那么绝对,相反它们与其他权威的正当性是一种相互依赖相互强化的关系,她称其为"关联性条件"(relativity condition),"权威正当性相互依存,并且要求在相互重叠或互动的权威之间证成这种关系"。[2] 因此,对权威的证成比起拉兹理论之中单一的关注

---

[1] 参见[葡]博温托·迪·苏萨·桑托斯:《迈向新法律常识:法律、全球化和解放》,刘坤轮、叶传星译,中国人民大学出版社2009年版,第455页。

[2] Nicole Roughan, *Authorities: Conflicts, Cooperation, and Transnational Legal Theory*, Oxford University Press, 2013, p. 136.

点——法律权威与依附性理由的关系，这种相对权威理论要求考虑到权威之间的相互依存和相互构建的关系。具体而言，这就需要在服务型权威证成的形式和实质方面都要有所修订，"在程序方面，相对权威要求权威不仅要有程序赋予的地位，也可以要求与其他类似程序上有价值的权威建立适当的关系。在实质方面，它要求权威以一定的方式帮助其主体遵从理由，这种方式同样尊重（通过支持或不减损）共享主体或与主体互动的非主体对理由的遵从"。[1] 通过这样的修订，国家法律就不用再不变地主张至上性，而是主张一种关联性权威，这就可以在不同的事项上与超国家法、次国家法共享对不同事项的管辖权。当然，现实社会中不同法律权威之间的关系并非这么融洽。即使是欧盟这样典型的制度化多元法律权威体系，在欧盟层面和欧盟内部都有对法律多元的反对，仍将不同权威之间的关系视为一种零和博弈。但是罗恩似乎认为，在规范性层面上这种冲突并不存在，多元性是一种道德价值，并且当今的全球化时代需要不同的法律权威协同实施全球治理，而关联性权威正是这样的一种规范性工具。

笔者认为，罗恩的修正在一定程度上是正确的，从拉兹的法律权威理论甚至是服务型权威观整体来看，确实没有对不同权威的相互依赖进行解释。这使得肖尔对绝对性权威的批评显得较为有力，"就像义务可以具有义务性而不必是绝对的，权威同样也可以具有权威性而不必是绝对的权威"。[2] 事实上，即使是单一的主权内部，也没有必要将权威视为绝对的，特别在联邦制国家中，国家和州在不同的事务上共享着权威性。因此，当面临着当代法律多元的情况时，似乎就只能从授权和被授权进行解释，而无法说明权威之间相互强化的规范性状态。但是，从目前的情形来看，我们也没有必要走得如罗恩

---

〔1〕 Nicole Roughan, *Authorities: Conflicts, Cooperation, and Transnational Legal Theory*, Oxford University Press, 2013, p. 142.

〔2〕 ［美］弗里德里克・肖尔：《像法律人那样思考：法律推理新论》，雷磊译，中国法制出版社 2016 年版，第 84 页。

那样远。因为现在以及在相当长时间的将来,国家主权仍然是法治建设的前提条件,即使是欧盟或联合国立法,也需要主权国家的内部批准或默认,甚至转化为国内法予以实施。前几年欧盟修宪公投在不同国家中遭到否决说明了主权国家的国内法优先于超国家法的状态。事实上,正是基于绝对的主权原则,欧盟才失去了英国这样重要的成员国。次国家法同样也是如此,在某些事项上习惯法、部落法或地方法取代国家法只可能是两种情况:其一是国家法无法取得正当性权威或权威能力不足(如法律在叛乱分子地区不享有事实权威),其二是经过国家法的正当程序授权。无论是哪种情况,都不构成对国家法权威的相对化。因此,至少在法律领域,拉兹的服务型权威观仍是一种关于国家法的合格理论。[1]

---

[1] 对于国家法之外的法律权威或其他权威的证成是否需要相对化,笔者目前的思考认为部分权威确实需要这种修正,不过似乎这种修正也并未完全脱离拉兹的观点。罗恩也承认关联性权威只是在服务型权威观之上附加了相互依赖的条件,其反对的是权威主张至上性。拉兹本人则认为他的理论只是权威证成的一般理论,特定的权威可能在此基础上会附加特别的证成,那么关联性条件似乎可以容纳到特别的证成中去。相反,罗恩所反对权威主张的至上性,这只构成对国家法的批评(也就是法律体系论),而很多超国家法和次国家法在拉兹的理论之中并不是法律渊源,至于国际法则可以从国家法优先的一元论授权中解决。

第四章　规范性的间隙

理由论和权威论共同构成了约瑟夫·拉兹的法律规范性理论。前者说明了法律规范性的运作方式,指出具备规范性的法律提供一项保护性理由,改变了行动主体既有慎思或推理结论的规范性状态,行动主体可以不再计算既存理由的价值分量,而应当依照保护性理由实施行动,在此意义上规范性的法律在理由和行动联结之中具有一种先占的能力。后者则注重法律规范性的来源,指出什么样的法律才能具备规范性,拉兹提出了一种服务型权威的观念,权威在正确理由和行动主体之间起着一种中介性的搭桥作用,他提供了“依附命题”和“常态证成命题”作为这种中介性的检测手段,只有通过这些规范性检测的制度性规范集合才具备正当性的法律权威,并且只有具备正当性的法律权威才能提供保护性理由,具备先占的能力。可以看出,理由论和权威论是紧密联系在一起的,构建了拉兹法律规范性理论的一个完整循环——从吸收既存背景性理由的规范性来源,到改变背景性理由在实践推理之中的规范性状态的运作(实现)方式。

拉兹的法律规范性理论是一种道德理论,“我们不能够将法律构造成与道德相对立的规范性上有效的观点(normatively valid point of view)”。[1] 规范性不是由法律本身产生,而是法律权威构建过程中吸收了各种价值理由,特别是道德价值的理由,由法律的道德性产生的规范性。这样的道德规范性不同于以往的法律实证主义拥护者:奥斯丁否定了规范性,哈特将规范性化约为接受的内在观点,规划理论和惯习理论则采用了一种“浅薄”(thin)的规范性路径,都否定了道德内容是产生法律规范性的必要条件。这些正统的法律实证主义理论“将法律具有的权威形式拔高到了一个超越其实质内容的地步,进而也就对法律采取了一种形式主义的研究进路”。[2] 相反,拉兹的法律规范性理论在本质上类似于传统的自然法学家,后者认为人们应当服从符合道德的法律,只有良法才能带来服从法律的道德理由。两者的关键性不同在于,拉兹指出了权威证成过程的“不透明性”,使权威发布的保护性理由不用每次都追溯到权威所吸纳的背景性理由之中。在规范性领域向自然法看齐,这使拉兹似乎将法律的具体内容,而非形式本身看作是法律规范性的来源,避免了哲学上的“休谟法则”。作为事实的法律是无法产生应然的规范性,这种规范性只能在同为规范性领域的价值和理由之中去寻找。也就是说,法律本身仅仅是一种赤裸裸的社会事实,当它披上了道德的外衣之后,才能获得神奇的规范性和实践权威。

不少学者已经注意到,拉兹在法律规范性领域与自然法理论的

[1] Joseph Raz, *Between Authority and Interpretation*: *On the Theory of Law and Practical Reason*, Oxford University Press, 2009, p. 188. 因此,张超老师将拉兹的法律规范性理论与其他法律实证主义者一同归到效率价值中去,这是不完全正确的。参见张超:《法概念与合法性价值》,中国政法大学出版社 2012 年版,第 94~109 页。拉兹确实认为法律提供的保护性理由能够简化人们的思考,但是他肯定不会同意效率的规范性,这是因为这种效率必须建立在道德性的基础之上,效率是第二位的或派生性的。本书第三章也表明,与效率密切相关的合作性问题只是拉兹权威证成的组成部分之一。实际上,张超老师在总论中也认识到这一点,因为在该书的第 21 页写道,“在法律规范性问题上,法律与道德是必然联系的”。

[2] [美]罗伯特·萨默斯:《大师学述:富勒》,马驰译,法律出版社 2010 年版,第 41 页。

眉来眼去，似乎并不符合一名法律实证主义者的既定身份，特别是拉兹通常被视为最为强硬的排他性法律实证主义派别的领军人物，这种理论认为法律是一种社会渊源，只能通过社会实践对其法律的身份和内容进行识别，无须也不能通过诉诸任何道德标准。因此，类似于自然法的规范性理论是否会和作为法律实证主义的渊源论有所冲突，这可能是对拉兹的法律规范性理论的最大挑战。因为两者在理论上如果不能融贯一致，我们就必须至少抛弃其中一个，或坦白承认两者都不完备。由于拉兹渊源论在法哲学内部的影响力，怀疑的目光难免会聚集在法律规范性理论之上。

本章试图表明，这种担忧是不必要的。至少从理论的内部来说，拉兹中后期的法律规范性理论已经安置了避免与渊源论相冲突的设备——法律规范性的间隙理论。笔者将在本章提炼并重构拉兹关于这个间隙的论述，并建议将规范性视为一种程度性的或逐级的，而非"全是或全否"(all-or-nothing)的问题。本章第一节将考察对拉兹法律规范性理论的批评，由于现实社会的法律有时呈现一种社会性有时则呈现一种规范性，因而拉兹的理论面临着首尾两端的批评，更有甚者认为其规范性理论与渊源论自我矛盾导致了理论的内部崩溃。第二节和第三节则深入拉兹理论内部解决这种表明矛盾，指出法律规范性和法律的正当性权威中的间隙，并给出范例强调间隙两端在产生的不同实践推理过程。第四节则引入约翰·罗尔斯的理想型理论和约翰·菲尼斯的焦点方法论，指出拉兹的理论与自然法的规范性理论之间在方法论上的相似之处。最后，笔者将以附记的形式指出法律体系与个别理由之间"纵向间隙"，以此回应权威拟人化的难题。

第一节　社会性与规范性的两难

一、渊源论与道德

拉兹的法律规范性理论似乎是一种不折不扣的道德理论,它要求法律只有在具备某种意义上的道德性之时,法律才拥有规范性,并且有能力产生权利和义务(由于前文给出的原因,本章将不再严格地区分道德和价值概念)。[1] 也就是说,拉兹的规范性理论类似于传统自然法理论,道德和法律这两种不同的规范体系,在规范性的终点上殊途同归,而且权利和义务这些规范性语词只有在道德背景中才获得意义。由于缺乏规范性,单纯的法律体系所提出的法律权利和法律义务只是没有意义的自我宣言而已,无法将规范力传达到行动主体之中,获得对行动主体的指引与约束能力。与此同时,服务型权威观表明了,法律只能以一定的模式汲取规范性,因此与泛道德化的自然法理论有所区别——只有作为理由与主体之间的中介,通过依附命题和常态证立命题的检验之后,法律才获得了一种规范性权威的地位,并且这种权威地位获得之后,其证成过程将不再"透明"。但无论如何,这种服务模式的限定只不过表明了拉兹的法律规范性理论与自然法的规范性理论之间,有着模式上的不同而不是本质上的不同,在规范性领域中法律与价值(特别是道德价值)有着紧密的联系。

然而,拉兹道德化的法律规范性理论与非道德化的法律本体论似乎成为对比,或者说这是法的价值论与本体论的区别。后者通常被称为拉兹理论中的渊源论,这种法哲学理论认为"对法律的内容及其存在的识别仅仅依赖于人类行动的事实,而这些事实又能够以价

〔1〕 See Cristóbal Orrego, *Joseph Raz's Service Conception of Authority and Natural Law Theory*, The American Journal of Jurisprudence, Vol. 50:1, p. 317(2005). 欧雷罗在这篇文章中指出了服务型权威与亚里士多德、阿奎那理论的四个相似之处。

值中立的属于加以描述,而其适用不用求助于道德论证”。[1] 换句话说,渊源论认为在任何时候,我们寻找法律渊源之时,对其存在和内容的识别完全不依赖于任何价值或道德标准。这种描述性理论排斥了道德因素在检验“法律是什么”问题中的作用,所有的检验标准(如哈特的承认规则)都是彻底社会性的,因此拉兹的这种理论又被称为是“排他性法律实证主义”,与道德性和社会性之间模拟两可的“包容性法律实证主义”形成鲜明的对比。需要提醒的是,拉兹不是否认个别的法律规范中包含着道德性,比如“不得故意杀人”这样的规范就是直接将道德规范法律化了,法律体系中还有很多道德规范间接法律化的例子,但这并不破坏拉兹的渊源论,因为渊源论只涉及法律的识别问题或身份问题。在查询什么是美国的法律体系之时,我们需要的并不是找寻法律的道德性,而是查询法典、单行法律法令、各类修正案,以及判例中的司法意见,[2] 而进一步鉴别什么是这些法律渊源之时,我们需要关注的仍然只是各种社会实践,比如议会的立法活动、法院的审判活动等,这些社会实践本身并不用涉及任何的道德性,理论家在阐述“什么是法律”这个描述性或本体性问题时,只需忠实的记录这些社会实践的成果即可。比如,19 世纪的斯科特诉桑福德(Dred Scott v. Sandford)一案,美国最高法院判决否认黑人的公民资格,即使自由的黑人也无权提出诉讼。在当代人看来,这无疑是一个道德上错误的判决,试图通过判例法延续美国的奴隶制,即使在当时其规范性也饱受争议,在美国内战之后通过第十三、十四修正案彻底否定了这个判决的法律效力。但哪怕这个判决多大的错误,我们在论述 1857 年的美国法律之时,它仍然应当被视为一项有法律效力的司法判决,能够通过社会实践进行身份识别(如

---

〔1〕 Joseph Raz, *The Authority of Law: Essays on Law and Morality*, Oxford University Press, 1979, p. 40.

〔2〕 参见[美]布鲁斯·阿克曼:《我们人民:转型》,田雷译,中国政法大学出版社 2014 年版,第 331 页。

承认规则),因而是当时美国法律体系的组成部分。

拉兹认为,渊源论的社会性是和法律的确定性密不可分的。任何法律都提供指引行动的标准,而这种标准应当是确定的、公众可知的行动标准,而当识别标准包含了道德论证时,法律的指引能力就会遭到破坏。"如果一个法律问题不能用法律渊源所包含的标准来解决,也就是法律对这个问题没有提供答案,那么在该问题上法律就是不确定的"。[1] 例如在识别标准中加入了道德词汇"邪恶",就会人为地制造了困惑,使行动主动再次回归到一阶理由之间的权衡之中。因此,在面对自然法学与包容性法律实证主义的攻击之时,[2]拉兹认为美国宪法确实包含了平等(第十四修正案)、残忍(第八修正案)、自由(第一修正案)等道德价值,但它们并不构成识别标准或承认规则的一部分,相反这是一种法律之外的道德论证。拉兹的渊源论是非常复杂的,也是拉兹在法哲学领域做出的重大贡献,但由于本书的主旨是研究规范性理论,上述简要的论述已经足够。据此看来,拉兹的渊源论之中是没有道德的容身之地的,那么同样是法律和法律理论,为什么在渊源论和权威论、理由论之间会有这么大的不同?本章意图梳理对此问题的攻击,并在拉兹的理论中寻找答案。不过在此之前,笔者试图将此问题和另一个问题进行区分,避免对法律的道德性和法律理论的道德性之间产生混淆。

在拉兹的理论中,法律的识别是不具备道德性的,而法律的规范性不可避免地具有道德特征,然而拉兹在后期似乎对早期理论进行了一个重要的修正,无论是道德性的问题还是非道德性的问题,在理论建构之时都不可能完全的价值无涉,这否认了前文所引的、可以完全价值中立的描述性理论。这是因为"法学理论的一个主要任务是

---

[1] Joseph Raz, *The Authority of Law: Essays on Law and Morality*, Oxford University Press, 1979, p. 49.

[2] 以美国宪法为例进行的攻击可参见[美]大卫·莱昂斯:《伦理学与法治》,葛四友译,商务印书馆 2016 年版;Wil J. Waluchow, *Inclusive Legal Positivism*, Clarendon Press, 1994.

通过帮助我们理解人们如何理解自己，来推动我们对社会的理解”，[1]因此当我们描绘法律的概念或法律的本质特征的时候，必须要在杂乱无章的原材料之中提炼出对于增进关于法律现象理解的理论。在拉兹及其弟子看来，法学理论对现实社会的抽象和剪裁就需要通过理论建构得出重要、简洁、融贯的解释体系，这些标准都不可能是价值中立的，而本身就是评价性的标准，而拉兹的价值社群化倾向甚至认为不同时空中对于这些评价性标准的观念是不同的，法学理论的内容也会随着社群而不断变化，因此没有一个普适性的评价标准。不过拉兹仍然辩称，即使是这样，这些标准也不是一种道德价值的标准（在拉兹的理论中，道德价值是价值的一个子类），而是社群共享的一种价值观念，“×是重要的并不蕴含×是好的”，因此这种关于法学理论的价值性又被称为“间接评价理论”。[2] 这样看来，拉兹的整体法哲学就可以分成三个不同的板块，道德性的法律规范性领域、价值与道德无涉的法律本体论领域以及价值相关的法学领域。对于本书来说，尽管拉兹主动承认了法学领域的价值性，但这并不意味着渊源论沾染了价值或道德的因素。法学理论是对法律运作的“二阶观察”，因此法学的特征与法律运作的特征是不相关的，即使没有法学，法律运作的本体论和规范性也不会消失。这样的区分恰恰使我们看到，从法律本身来说，法律存在的社会渊源和法律的规范性之间的道德性问题并不能通过“间接评价理论”来解决。

二、首尾两端的攻击

法律与道德之间的这种张力一直以来都是法哲学界关注的重点。表面上看，拉兹在身份问题和规范性问题给出的不同答案似乎

---

[1] Joseph Raz, *Ethics in the Public Domain: Essays in the Morality of Law and Politics* (*Revised Edition*), Clarendon Press, 2001, p. 237. 相似的观点还可参见 Joseph Raz, *Between Authority and Interpretation: On the Theory of Law and Practical Reason*, Oxford University Press, 2009, p. 91-125。

[2] See Julie Dickson, *Evaluation and Legal Theory*, Hart Publishing, 2011, p. 65-67.

是在割裂问题,而非形成一个融贯性的理论,因此这种说明法律规范性的道德路径就会遭遇到"狭义的法律规范性理论"——比如哈特、科尔曼、马默、夏皮罗等人的法律规范性理论——非道德路径不会面临的困难:如何与非道德化的法律实证主义理论相调和。一些解读者认为,拉兹的渊源论和规范性理论是两种截然不同的理论,从其中任何一方出发都可以对另一方进行批判。

从规范性出发批判渊源论的通常是自然法理论,但由于当代自然法理论开始逐渐承认了法律的社会性,这种批判路径已经不再常见。相反,如后文所要证明的,拉兹与当代自然法理论一样,对于法律权威作为道德理念这个问题上并没有本质区别。为了找到这种批评的替代品,笔者将目光投向凯尔森的论述。他的纯粹法学以规范性为中心,可能会构成对拉兹理论的一种威胁。凯尔森将马克思主义法学与自然法学相混同,并认为这些理论在社会学与规范性之间徘徊,无法充分说明法律体系的规范特征。例如,他主张"只要法律……是经济现实的结果,而其本身又对经济现实发生作用,就是说,如果法律处在因果关系链锁范围以内,那么它就属于现实的范围之内,因此它就是意识形态上层建筑的下层结构"。[1] 另外,实在法即使作为一种社会事实的存在,也必须假定了一个规范性的法律秩序,最起码需要假定了一个基础规范和金字塔式的规范体系,并且这种规范性的存在无法由法律的社会性与一种因果关系的链条所推导出来。凯尔森似乎认为法哲学只涉及一种规范性秩序的解释,而社会事实存在的法律活动不是法哲学本身考察的对象,相反它们需要通过法律上的"归因"过程纳入规范性秩序之中得到理解。在这种纯粹法学的视角看来,需要保留并修正的是其规范性理论,同时抛弃其社会性的渊源论,拉兹理论中的两难才能得到解决。

另一端的批评从渊源论出发,认为渊源论错误地抛弃了法律的

---

〔1〕[奥]凯尔森:《共产主义的法律理论》,王名扬译,中国法制出版社 2004 年版,第 12 页。

价值问题。如前所述,渊源论的存在为拉兹的法律规范性理论带来了不可回避的难题,如果仅从渊源论出发的话,就会导致有些学者所认为的"(法律)实证主义者被动性地沉溺于法律权威的问题,而非法律的价值问题"。[1] 杰拉德·波斯特马(Gerald J. Postema)就发展了这种批评,并直接将矛头指向了拉兹的法哲学理论。他认为渊源论和理由论是"法理学的创建神话"(jurisprudential creation myth),仅仅通过一种结构性的实践推理框架就试图说明关于法律本质的理论。波斯特马将拉兹的理论称为"自治性命题"(Autonomy Thesis),认为其由三个方面的子命题构成。第一,法律限定在官员和公民相同的实践理由与规范使用的有限领域之内(有限领域命题);第二,该领域内法律在实践推理之中是一种先占性的行动理由,并排除其他行动理由(先占命题);第三,该领域的成员身份排他性地被非评价的社会事实标准所决定,其存在和内容完全无须诉诸道德或评价性论证所决定(渊源命题)。[2] 分别来自渊源论、权威论和理由论的这三个命题相结合就保证了法律推理的自治性,在实践推理内部不同于道德与政治推理。尽管细节上略有偏差(主要是前述 CIE 和 CIP 的混淆),但波斯特马总体上成功把握住了拉兹实践推理的关键部分。进而,他认为自治命题与拉兹对法律功能的认识是分不开的,法律指引人们走出协调性困境。当社会合作或社会协调问题产生之时,法律通过提供一种中介服务,简化人与人的互动,使协调性困境得到一种制度性的解决。法律需要完成这种功能,就必须区别于道德、价值或政治这样的不确定性领域,将自己从这些领域中的实践推理中隔离(isolation)开来。就波斯特马的这一步论证来看,他大大简化了拉兹对于法律功能的论述,在拉兹那里社会协调性问题并

---

[1] Robin West, *Normative Jurisprudence: An Introduction*, Cambridge Press, 2011, p. 73.

[2] See Gerald J. Postema, *Law's Autonomy and Public Practical Reason*, in Robert P. George ed., The Autonomy of Law, Clarendon Press, 1996, p. 82.

不是法律需要解决的唯一问题。[1] 不过出于论证需要，我们还是可以勉强承认波斯特马的论述，毕竟解决协调性问题即使不是法律唯一的功能，也是其重要的功能之一。

在理论重构之后，波斯特马指出拉兹的自治命题是一种“强自治论”，不能很好说明法律的社会功能。这是因为自治命题采取的隔离策略只能依赖于其成功所获得的正当性，而自治命题本身是不能够获得这种正当性的。“只有当人们有理由去根据法律规范的先占力量，并且有理由期望他们公民之中大多数也将这样去做之时，隔离策略才能成立。然而，隔离越是需要保护社会合作，达到这种正当性条件也就越困难；然而越是容易达到正当性条件，就越少需要这种隔离，并且越少有理由接受所宣称的法律规范的先占力量”。[2] 因而，波斯特马认为拉兹为了使自治命题不受到破坏，不得不为这种隔离策略设置了非常高的正当性门槛，这个门槛就是“常态证立命题”。然而，现实社会中很少有法律权威（如果有的话）能够达到这样的门槛，但是我们不能说这些法律体系就没有了正当性或规范性。毫无疑问，在一端，很多学者都同意强盗国家之中的法律不具有规范性，另一端理想的法律体系通过了“常态证立命题”的检测，但当今世界的两百多个国家中，大多数国内法律体系都很难达到这样的高要求，那么我们会不会就否定它们的规范性或正当性呢。波斯特马或者大多数的法学家都会认为这样做是没有必要的，与此相反，我们应该降低正当性条件的门槛，而放弃自治命题。他认为只要法律规范能够提供对协调性问题的解决就获得了正当性，至于能否帮助人们更好地服从行动理由则在所不问。正当性条件的降低就能够允许更多的道德或价值因素在实践推理之中占有一席之地，在很多时候通

[1] See Joseph Raz, *Between Authority and Interpretation: On the Theory of Law and Practical Reason*, Oxford University Press, 2009, p. 153-154.

[2] Gerald J. Postema, *Law's Autonomy and Public Practical Reason*, in Robert P. George ed., The Autonomy of Law, Clarendon Press, 1996, p. 104.

过法律的实践推理只有通过纳入一些道德元素才能能够完成对协作性问题的解决。波斯特马因此认为,要同时承认我们在寻找对纠纷问题和恐吓破坏社会合作的问题之解决,并且正当地予以解决,在愿景(aspirations)之中它们是不能够激进分开的。[1] 进而,波斯特马拥护一种弱的自治命题,在解决社会协作性问题上,让道德和价值发挥更多的作用。也就是说,波斯特马所提倡的是一种类似于自然法的理论,与拉兹的渊源论形成了强烈的对照。

三、拉兹理论的自我崩溃

波斯特玛通过对自治命题的分析指出了拉兹理论中的困难,玛格丽特·马丁(Margaret Martin)在此基础上进行了更为深入的分析,认为其中的困难不仅仅停留在法律推理自治性的问题之上,而是嵌入了拉兹理论的不同板块。她主张,从根本上来说,拉兹的法哲学理论是自我崩溃(self-defeated)的,因此我们应当放弃对拉兹理论的修正尝试,而是放弃整个排他性法律实证主义事业,转而投入一种德沃金式的法律理论。

马丁的基本判断是,拉兹的法律实证主义命题从未成功的适应他的非实证主义命题,[2] 其非规范性的"概念"或"描述"的事业依赖于极不稳定的基础。马丁正确地指出了拉兹理论的阶段性,认为早期理论的关注点和后期理论有着本质上的区别,这些区别导致了其基本目标、基本术语,甚至基本论断都出现了前后不一致的现象。笔者同意这个区分,并且承认拉兹的理论中有些抵触之处,比如早期认为法律有确定的社会功能,在后期却否定这个判断,转而认为法律可以服务于任何社会功能。拉兹自己也说到他的理论兴趣点是不同

---

[1] See Gerald J. Postema, *Law's Autonomy and Public Practical Reason*, in Robert P. George ed., The Autonomy of Law, Clarendon Press, 1996, p. 112.

[2] See Margaret Martin, *Judging Positivism*, Hart Publishing, 2014, p. viii.

的,经常在前一个主题得到分析之后就不再关注该领域的话题。[1]但笔者认为,这只是一个较弱的批评,即使拉兹理论有着前后不一致之处,但思想史的学者只要在其框架之内提炼出一个融贯的理论(哪怕这种理论并未直接由作者做出),就不能由此推导出理论崩溃,一个理论的整体有效性可以让我们忽略细枝末节的不一致。

显然,马丁也知道这样的批判不足以反驳拉兹的理论,她转而探讨拉兹前后期理论在整体上的不相容性。首先,马丁区分了拉兹的法律理论与裁判理论,认为前者的基础是渊源命题,说明法律作为一系列事实上可以得到查明的规范体系;而后者是充满道德活力的模式,法官在裁判推理时应当作为一种道德主体经常诉诸于道德原则。[2] 这两者之间是不融贯的,既然法律是作为一种社会渊源,法律推理时又如何将非社会因素纳入进去?拉兹本人的解释认为,法律推理并非为关于法律渊源的推理,裁判过程中常常会纳入非法律因素,就像涉外法律推理中常常要求参考外国法律,这不代表外国法就成为本国法律渊源的一部分一样。马丁认为,这种辩护是不成功的。从经验层面上看,这会使仅有少量的裁判过程完全依赖法律渊源,疑难案件中更是无法凭借渊源得出任何结论。这使拉兹后期在谈论法律推理时,一直在霍姆斯式的法律现实主义与法律实证主义之间摇摆,并断定法律推理不是一种特殊的推理模式,既无特殊逻辑,又无特殊主体,这暗示了法律推理的主体和逻辑无法区分于一般的道德推理,只能作为道德推理的子类型。这样的解读使波斯特马的批评显得更为有力,裁判理论中由于经常诉诸于道德性,法律推理的自治性就只能是采用一种相对弱化的版本。由于在大多数情况下推理中都涉及价值或道德成分,因而拉兹的裁判理论会突然从事实一端转向了价值一端,发生一种全盘的变化。然而,这种变化使渊源

---

〔1〕 See Joseph Raz, *Comments on The Morality of Freedom*, Jerusalem Review of Legal Studies, Vol. 14:1, p. 169-181(2016).

〔2〕 See Margaret Martin, *Judging Positivism*, Hart Publishing, 2014, p. 47.

论不再成立，将道德引入法律裁判之后，由于不可避免的自由裁量，法律权利的确定性就会消失。如果坚持渊源论，公民就不得不像霍姆斯笔下的坏人那样，在涉及道德的行动中预测法官在裁判中的道德裁量，而非基于权利的先占理由行动。

马丁认为，这种理论上的矛盾不仅存在于法律推理领域，相反这是贯彻于拉兹整个理论事业之中的问题，只不过后期的伦理学转向将这种矛盾进一步揭露出来。在服务型权威之中，常态证立命题与先占矛盾又是一个明显的例子。[1] 一方面，先占命题需要行动主体预先对权威进行许诺，用法律提供的行动理由取代行动主体的慎思结果，从而使法律的中介功能得以实现；另一方面，常态证立命题要求行动主体在个案中评估权威发出的理由，这种自己慎思的方式更能符合背景性理由的实现。用本书的语言来说，这就是法律规范性的运作方式和法律规范性的来源两者间的矛盾。法律在社会中成功的运转要求行动主体用权威取代所涉及事项的所有慎思结果（虽然不是慎思过程），而法律规范性的来源要求逐案（case by case）评估保护性理由的权威性，因而又回到了一阶的慎思过程。马丁认为这是自治性与正当性的矛盾在权威理论中的体现，其根源在于不同的方法论对道德问题处理的不同结果，先占命题是描述性方法论，与自治命题一样，要求排除权威理论中的道德因素，而常态证立命题则是充满道德性的焦点方法论，在其中道德问题是说明所有规范性来源的关键所在。[2] 进而，这种批判路径认为权威两个命题之间的连接点是不稳定的，当法律规范没能通过常态证立命题时，按照拉兹的正当性权威理论，它就失去了排他性的能力，但这时人们还是可以基于其他原因认为该规范具备一定的道德约束力。这样看来，拉兹的理论无法说明这种现实社会常见的状态，行动主体"内在"接受了这种道德证成之外的行动规范，这时既不能说对待它为排他性理由（不符

---

[1] See Margaret Martin, *Judging Positivism*, Hart Publishing, 2014, p. 81-89.

[2] See Margaret Martin, *Judging Positivism*, Hart Publishing, 2014, p. 72.

合常态证立命题)，又不能说对待它为一阶理由(根据拉兹的理论，这就会使其失去法律的地位)。马丁最终认为，无论是自治性与正当性的矛盾，还是先占命题与常态证立命题的矛盾，归根结底是拉兹理论中出现的法律确定性和正义之间的紧张，[1]自治性和先占命题都是为了保护法律渊源的确定性，而正当性和常态证立命题试图说明法律规范性应该符合正义的要求，但是这两者之间的关系并不应该是平等的，正义应该是人类发展和繁荣的目标，而确定性只是达成这一目标的手段之一。这时我们只能同时抛弃严格的权威证成理论，以及强硬的排他性渊源论，将法律提供的行动理由视为一种分量性的理由，从而走向德沃金的“法律—道德”整全性理论。

第二节 法律权威的两大间隙

一、重构权威悖论

前述的批评直指拉兹理论中的关键问题，这些批评认为要么保留法律实证主义的核心渊源论，从而放弃规范性理论，退回到哈特式的描述性社会学，将规范性留给伦理学进行研究；要么保留拉兹后期的伦理学转向，将法律视为一种道德制度，进而认可自然法学的研究进路。不过笔者认为，虽然这些批评正确认识到拉兹前期和后期理论的不同主题之间的紧张之处，但它们过于夸大两个阶段之间的差别，认为在不同的研究主题上需要适用相同的研究方法，因此犯下了哲学研究之中关于问题域的范畴错误。不过拉兹本人也要对此负一定的责任，由于并未直接消除这些理论之间的矛盾，就会使人误认为其后期的权威论抛弃了前期的理由论，特别是渊源论的研究成果。事实上，拉兹前后期理论之间是相互支撑的，在一篇评论凯尔森理论

---

[1] See Margaret Martin, *Judging Positivism*, Hart Publishing, 2014, p. 135-142.

的文章中，拉兹强调“法律理论是关于一个社会规范体系的规范性研究”，[1]这种研究同时阐明了法律是一种社会事实，以及这种创制事实将规范性力量与约束力功能从授权规范传递至被授权规范的链条。这表明拉兹从未认真的将规范性理论抛在法哲学理论之外，而是将其对法律规范性的理解完善对渊源论的论述。本章接下来的部分将提炼出拉兹关于这个问题的相关论述，特别是指出隐含在拉兹理论之中的规范性间隙。通过对间隙的分析，可以看到，渊源论覆盖于主张权威到完全具备正当性的权威之间的所有法律状态，而理由论和权威论只是一种理想状态，更接近于正当性的一端，但它们共同代表了一个规范性要求，在伦理上呼唤着法律体系不断改进，从而接近这种理想状态。不过，在此之前，我们可以重新返回沃尔夫的权威悖论，一种对此悖论的修订状态有助于我们看到拉兹理论中的规范性间隙。

简单来说，沃尔夫的权威悖论就是自律与他律的矛盾。第三章已经说明，沃尔夫的理论存在很大的问题，持续地受到学界的批判。不过就本章的目的来说，由于规范性和道德义务之间有着直接的关系，权威悖论确实撕裂了传统理论中将权威和规范性直接等同起来的做法。出于论证的需要，接下来我们可以稍微修订这个悖论，使之更加突出与规范性之间的联系。第一，权威悖论所关注的焦点是自律和权威的关系，也就是说自律与他律的矛盾，并没有过多的言及规范性和理由，但是这并不代表没有联系。沃尔夫认为正当权威主张主体有服从命令的道德义务，而自主性要求主体有独立的理性慎思的道德义务。因此道德义务就是一种行动理由，权威悖论就可以被改写为正当权威所主张的一种行动理由与基于自主性的结论性理由之间的矛盾。第二，我们可以在权威悖论之中插入一个“自然主义谬误”的楔子。如果像很多哲学家所认为的权威悖论是错误的，权威和

---

[1] ［英］J. 拉兹：《纯粹法学的纯粹性》，李诚予译，载葛洪义主编：《法律方法与法律思维》第 9 辑，法律出版社 2016 年版，第 294 页。

自主之间不存在矛盾,那么权威作为一种事实性存在,它所主张的行动理由规范性源于何处?行动理由是一种规范性存在,不可能被还原成经验客体。这是不是意味着权威悖论本身就是一个虚假命题,既非正确又非错误呢?第三,沃尔夫所定义的权威范围非常庞杂,既包括了理论权威又包括实践权威,甚至还有一些通常不被认为是权威的事物。正因如此,有些学者认为他将不同类型的权威混为一谈削弱了权威悖论的说服力。本书只关注沃尔夫权威概念的一部分,也就是制度性实践权威,特别是法律权威可能带来的悖论。第四,区分制度性权威主张的行动理由和制度执行者主张的行动理由,也就是说,我们关注的权威是一种非人格化的法律权威,具有一般性、抽象性、持续性等特点。[1] 在理论上这种权威以体系化的方式"由相互联结的规范构成,去定义(行动主体)谁能获得权力,其内容、范围和实践方式,以及其他附属问题"[2]。它有着一套自我运作的机制,主张的行动理由也必须参照该机制得到解释。因此,拿法律权威来说的话,我们谈论的是该体系主张行动理由,而不是具体的法律命题主张行动理由,或者是在具体的场合下权威的某位执行者提出的行动理由。总体来说,经过修订后的权威悖论提出了两个关于规范性的问题,权威的规范性是可能的吗?如果答案是肯定的,那么正当的制度性权威所主张的行动理由与基于自主性的行动理由之间是否有着逻辑上的矛盾?

二、规范性间隙之一:从事实权力到事实权威

权威悖论的第一个问题引出了一个重要的区分——权力(power)和权威的区分,这一区分体现了威廉斯格言式的表达"强力

---

〔1〕 参见[英]约瑟夫·拉兹:《实践理性与规范》,朱学平译,中国法制出版社 2011 年版,第 146~167 页。

〔2〕 Andrei Marmor, *An Institutional Conception of Authority*, Philosophy & Public Affairs, Vol. 39:3, p. 243(2011).

并非权利"(might is not right)。[1] 事实上,沃尔夫本人也非常重视这个区分,从一开始他就试图将前者排除在悖论之外。他认为权威必然具有道德规范性特征,具有统治他人的权利和主张服从义务的权利,而纯粹的权力只是力量的展示,无法获取道德权利和道德义务,[2]也就是说权力和权威的区别正是在于规范性力量。在现实社会之中,实践权威恐怕很难脱离权力而存在,而不具备任何权威的权力似乎也不可能实现制度化,这导致了经验科学领域有些学者将权力和权威进行混同,然而在理论研究中仍然可以实现一种概念上的分离。本书将遵从这种哲学上的区分,将依靠纯粹权力的指令发布者称为事实权力,而将具备或者主张一定规范性的指令发布者称为权威。尽管从表面上看,两者都是通过发布指令传达信息,同时两者都希望自己的指令得到接收者的服从。

纯粹的事实权力是否存在?事实权力依靠的是力量的展示而非规范性来指引行动,但是没有任何绝对力量可以长期存在,特别是考虑到人类社会生活中人与人之间大体平等,在不平等面前还能运用智慧进行各种抗争,因此制度性的事实权力似乎难以长久持续。但在特定的时空环境下,非制度性的事实权力还是会时常影响人们的生活。我们可以看看哈特谈到的一个著名例子:[3]

> 这种情境的发生在抢匪向银行职员说:"把钱交给我,不然我要开枪了!"这种情境的特殊之处,在于说话者威胁做出会使一个正常人觉得有害或是不好的事情,好使那个银行职员不至于选择把钱保住,以确保他的话语会被遵行。这时抢匪是在发布"命令",绝非"请求",更不可能是

---

〔1〕 Bernard Williams, *In the Beginning Was the Deed: the Deed Realism and Moralism in Political Argument*, Princeton University Press, 2005, p. 5.

〔2〕 参见[美]罗伯特·沃尔夫:《为无政府主义申辩》,毛兴贵译,江苏人民出版社2006年版,第2~3页。

〔3〕 [英]H. L. A. 哈特:《法律的概念》,许家馨、李冠宜译,法律出版社2006年版,第19页。

“恳求”。如果抢匪成功了,我们会如此描述:抢匪胁迫了银行职员,而银行职员屈服于抢匪的暴力之下。

这是一个典型的纯粹事实权力的例子,这段引言中至少暗示了事实权力的几个特征。首先,事实权力通过力量的展示来指引行动,同时这种力量的展示是通过可能施加的否定性后果得以实现,指令接受者是经过审慎计算自我利益才可能服从。其次,事实权力存在的充分条件在于,至少在指令发布者看来,他有能力执行这个命令。也就是说,我们是基于权力或力量所造成的威胁判断事实权力的存在。如果抢匪是拿了一个(仿真度不高的)玩具水枪,那么我们不会说他是一个事实权力。最后,事实权力所发出的指令无法通过规范性语言进行描述,抢匪不能对职员说“你有义务把钱交给我”,“我有权利让你交钱”,而且“应当”(ought)一词的标准意义排除了“你应当把钱交给我,不然我要开枪了”这样的句式。事实权力的语义学拆卸了规范性理由和审慎原则之间的关系,后者进入慎思活动与前者无关。

因此,事实权力是规范性的否定性一面,完全不具有规范性的任何特质,它通过力量而非规范性指引行动,寻求人们的服从。哈特已经指出,如果能在这种赤裸裸的力量添加上普遍性和持续性两个特征,那么就非常类似于约翰·奥斯丁的法律理论,[1]但是哈特迅速打发了这个问题,转而论述法律的多样性和内在观点,他的描述性法理学试图描绘法律权威和事实权力在规范性上有哪些不同,而并不去讨论为什么不同。不过,即使在理论上,事实权力也无法获得普遍性和持续性的特征,因为这是权威的重要属性。

拉兹从一开始就试图找出为什么权威和事实权力之间的不同,他认为“正当权威的概念并没有预设有效权威,值得指出的是反之却不然。正当权威的概念被有效权威所预设。一个人拥有事实权

[1] 参见[英]H. L. A. 哈特:《法律的概念》,许家馨、李冠宜译,法律出版社 2006 年版,第22~23 页。

威的话不仅仅需要权力(作为影响力)。他必须要么主张他拥有正当权威或是被他人视为拥有正当权威”。[1] 在拉兹看来,一个被称为权威的事物,如果想解释其事实或权力面向,就必须先预设其具有规范性的面向。具体到制度化的法律来说,通常我们将法律视为一种具有权威性的事物,那么它就必须主张自身具备规范性,或者被法律治下的主体视为具有规范性。为了我们能够清晰地看出规范性间隙,我们需要拆卸拉兹这个主张,后文只考虑其前半部分,也就是权威主张具有规范性。[2]

假设一个尖锐的情境,在现代社会中仅存的最后一个奴隶制国家,该国的法律规定奴隶制是一项合法有效的政治制度。然而在一个全球化的时代,该国的民众逐渐认识到奴隶制在道德上是错误的,并且世界上其他国家早已推翻了奴隶制度。因此,该国的法律不能给奴隶主的奴隶行动提供规范性理由,这样的制度只能靠施加惩罚勉强维持。这一个假设的情境看起来很像之前的抢匪情境,那么这是一项只靠事实权力维持的法律制度吗?不大可能。因为一项法律制度具有普遍性和持续性,它就会适用于所存续的时空之中反复

---

[1] Joseph Raz, *The Authority of Law*: *Essays on Law and Morality*, Oxford University Press, 1979, p. 9. 笔者对这段话的解读与克瑞特西斯不一样,他认为后半部分也是一个事实性陈述“人们事实上对权威主张的承认,不管其是否具有规范性”。但即使对其进行一种事实权威的解读,也不妨碍我们认知到拉兹权威理论中的规范性间隙。引用这句话是作为分析的一个例证,而不是因为拉兹只在此处暗示了间隙,事实上他在不同的论著中多次强调主张权威并不等于拥有权威。See Dimitrios Kyritsis, *Shared Authority*: *Courts and Legislatures in Legal Theory*, Hart Publishing, 2015, ch. 2.

[2] 主张权威和被视为有权威能够并置吗?拉莫尔持有否定的态度。笔者同意拉莫尔的观点,主张权威是从权威者出发,而被视为有权威是从权威治下的主体出发看待规范性。主张权威者可能并不会被视为有权威,而被视为有权威者也不一定会自身主张权威,两者没有任何的包含关系。不过拉莫尔似乎认为,被大体上视为有权威是真正权威的必要条件。出于后文至善论和政治自由主义的区分关系,笔者并不同意拉莫尔的这个观点,而是更倾向于修正拉兹的观点,将主张权威、被视为有权威和真正拥有权威视为规范性间隙之中的三个递进的点,而被视为有权威至少本身已经具备了或多或少的规范性,比起纯粹的主张权威规范性更进了一步。出于行文简洁的原因,笔者后文将不再处理被视为有权威的规范性问题。See Charles Larmore, *What is Political Philosophy*?, Princeton University Press, 2020.

存在的重复情形,这一点法律不同于抢匪个别化的指令。为了确保重复普遍性和重复性,法律会以规范性语言进行陈述,“应当以××方式对待你的奴隶”“奴隶是人们的合法财产”等,法律制度整体就必须通过某种方式主张其具备正当性,为相同的事件提供同一个或一组规范性理由。比如奴隶制是上帝的规定,奴隶制在该国延续了千年,或是其他国家已经道德败坏只有我们道德圣洁等。也就是说,该国的法律会以意识形态的方式宣称自己的正当性,尽管国民并不会承认这种正当性。

在对权威和权力进行区分之后,我们可以看到这个区分可以回答修订之后的权威悖论的第一个问题——权威的规范性是可能的吗?答案在于,权威不同于事实权力,需要规范性但不必然拥有,事实权威横栏在事实权力和规范性权威之间。权威的第一个规范性间隙浮出水面,事实权力是赤裸裸的力量展示,而最低限度的事实权威必须主张其具有正当性,尽管客观上并没有这样的正当性存在。或者说,法律可能是在权力和金钱交易中诞生的,但它也需要一定的道德认知使其具备正当性外表,区别于抢匪的命令或肆意的惩罚。[1]一个最低限度的法律权威也必须以正当性的姿态掩饰其道德的不正义,试图给人们提供规范性行动理由。“使纯粹(mere)的事实权威不同于人或群体实施赤裸裸的权力(如通过恐吓或操纵人)的是纯粹的事实权威主张——赤裸裸的权力则不然——有权利去规制那些权力之下的主体。它们主张正当性。如我所言,它们以正当性来掩饰行动”。[2] 这就好似狼披上了羊的外衣。

---

[1] See Alexander Somek, *The Legal Relation*: *Legal Theory after Legal Positivism*, Cambridge University Press, 2017, p. 1-2. 索梅克本意说的是“法律知识”给予正当性,但在他那里法律知识包含了部分道德知识。

[2] Joseph Raz, *Between Authority and Interpretation*: *On the Theory of Law and Practical Reason*, Oxford University Press, 2009, p. 128.

三、规范性间隙之二：从事实权威到正当权威

第一个规范性间隙走向了一个概念上可能的法律权威，这是一个主张自身正当性，但并不具有正当性的权威。从规范性理论看来，事实权威与事实权力不同，必然与正当权威相联系，但是这种联系却不代表着等同。法律陈述与道德陈述一样共享着很多语词，法律规范和道德规范一样试图给予人们行动理由。对于前述的批判来说，当法律制度主张权威之时，也就具备了基本的法律身份（当然还要符合基本的非规范性条件，详见第三章）。因此，事实权威就是渊源论和权威论的一个连结点，越过了规范性的第一个间隙之后，渊源论就成立。在事实权威层面，渊源论与权威论实现了对接，"法律作为一种权威的解决方式要根据自己的主张而被确认，既无需必须依赖法律在那里也要解决的那些同样的（道德）因素"。[1] 所有的法律都主张正当性权威，不管法律是否具备真正的正当性权威，至少其主张表明了法律身份自我表达。渊源论是一个概念性的主张，也就是说它是一个关于法律的"必要且本质"的理论，所有的法律都必须通过社会渊源予以识别，而不管这些法律是否已经具备了规范性。由于具备了基本的非规范性条件，在外部可以通过社会实践进行识别，因此只能作为基本的社会渊源存在，排斥了通过规范性或道德性进行识别的可能。马丁在批判拉兹时注意到了这个渊源论和权威论的连接点，但是却认为拉兹不可能采用这样的模式，[2] 因而轻易地漏掉了对拉兹法哲学最为融贯的解释。

然而，一个最低限度的法律权威试图给予人们行动理由，但人们却不是依照这个行动理由行为，哪怕该法律得到了普遍的服从，但它并没有成为社会主体实践推理的前提，真正起作用的可能还是审慎

---

[1] ［美］马默：《排他性法律实证主义》，朱振译，载郑永流主编：《法哲学与法社会学论丛》2016 年卷，法律出版社 2016 年版，第 188 页。

[2] See Margaret Martin, *Judging Positivism*, Hart Publishing, 2014, p. 73.

原则。换句话说,真正起作用的还是事实权力的一面,这样的法律制度和事实权力无异,一只披着羊皮的狼依然是一匹凶恶的狼。没有规范性的法律是不具备正当性权威的,因此所有的法律都能够通过渊源论进行识别,但并非所有的法律都能够符合规范性理论的说明。如果说渊源论是所有法律必须具备的基本条件,那么规范性理论就是当法律制度越过第二个规范性间隙之后,所能达到的理想状态。

再回到拉兹,前引文之中事实权威预设正当权威的第二种形式与第一种形式有所不同,它不再只是权威正当性的自我主张,而是权威真正获得了正当性。这就为我们引出了第二个规范性间隙,主张权威和拥有权威之间的区别。如果说第一个间隙是指出了权威的存在条件(当然这只是必要条件之一),第二个间隙则是权威的规范性条件。值得指出的是,一项正当权威若是存在的话,必须以基本的事实权威存在为基础,“正当的政治权威在一定程度上必须是有效的权威”,[1]反之,一项事实权威仅主张正当性,而不拥有任何正当性的话,也很难常存。前述的奴隶制国家在现实中很难存在,即使在假想情境下恐怕也在走向崩溃的边缘,尽管这并不妨碍对最低限度的事实权威其进行理论分析。

然而,什么才是正当权威,正当权威就一定会有规范性吗?仅仅指出这个间隙还不足给出回答。在拉兹看来,正当权威是通过一定的方式来获得规范性的,他称为“服务型权威”观。一个服务型权威不仅仅是给人们提供行动理由,它本身也是基于理由的一种存在。我们可以再次复述一下拉兹关于权威理论的三大命题:[2]

> 依附命题(the dependence thesis):所有的权威性命令应当基于如下理由之上,这些理由适用于那些命令的服从者并且要对命令涵盖的所有情形有影响。

---

〔1〕 Joseph Raz, *The Authority of Law: Essays on Law and Morality*, Oxford University Press, 1979, p. 8.

〔2〕 Joseph Raz, *Ethics in the Public Domain: Essays in the Morality of Law and Politics* (*Revised Edition*), Clarendon Press, 2001, p. 214.

常态证立命题(the normal justification thesis):确定一个人应当被承认对另一个人拥有权威的常规且主要的方式是要表明,如果所断言的服从者把断言的权威命令接受为有权威性约束力的,并尽力遵循它们,那么相比于他尽力直接遵循适用于他的理由而言,他能更好地符合适用于他的那些理由(而不是所断言的权威命令)。

先占命题(the pre-emption thesis):一个权威要求履行一个行动这一事实是履行它的一个理由,当评定去做什么的时候,这一理由不是要被添加到所有其他相关理由之中,而是应当取代它们中的一些理由。

第三章已经说明,拉兹将前两者统称为"服务型权威观",认为它们表达了权威的规范性来源。正当权威不能恣意行事,而是作为"仆人而不是主人"[1]存在。一方面,依附命题表明,权威提供的行动理由并非一个无中生有的理由,而是以已经存在的规范性背景理由(background reasons)为基础。因此,基于依附命题形成的新理由也就更有可能优于原先的规范性背景理由,这就进一步强化了常态证立命题。另一方面,常态证立命题认为在通常情况下遵循这个新理由指引行动会比遵循原先的规范性背景理由会更好。"权威的功能在于通过让我们服从权威的指令而非背景理由,而增进我们对这些背景理由的服从"。[2] 先占命题本身不是一个规范性命题,它只是表明这种"服务型权威观"的供给方是出自权威,而不是其他不具有权威的建议者和要求者,因而强行排除依照原先的规范性背景理由

---

[1] 朱峰:《拉兹:法律权威的规范性分析》,黑龙江大学出版社 2013 年版,第 71 页。

[2] Joseph Raz, *Between Authority and Interpretation: On the Theory of Law and Practical Reason*, Oxford University Press, 2009, p. 141. 在该书的第七章,拉兹谈到法律与道德有着相同意义的规范性语词(如应当、权利、义务),但有着不同的真值条件。笔者看来这也暗示了规范性间隙的存在,在完全具备正当性的权威中,法律权威本身也是一种道德权威,因此有着相同的真值条件;而事实权威的一端,这些规范性语词就只能从法律自身甚至强制力赋予其有效性。换句话说,法律与道德概念上没有必然联系,但从规范性的角度看,它们必然有着同样的目的性。

指引行动。不过后文将会表明,先占命题尽管并非规范性的直接来源,但在解决权威悖论之中占据了主导性的地位。

从事实权威到正当权威的规范性间隙与前一个的间隙有所不同,如果说从事实权力到事实权威的间隙是一个事实(渊源)问题,那么从事实权威到正当权威的间隙就是一个彻头彻尾的道德问题。拉兹认为,对权威的主张在本质上是一个道德问题,[1]这就表明了从事实权威的门槛开始就迈入了规范性的领域。事实权威不同于事实权力之处仅仅在于前者主张正当性,因此我们可以在概念上假想一个仅主张正当性却不拥有正当性的最低限度事实权威,尽管在现实中不拥有任何正当性的事实权威可能很难维持。一旦达到了权威存在的条件,就可以被视为事实权威。所有的法律都主张权威,这使所有的法律都是一种事实权威,但并非所有的法律都能通过"服务型权威观"的检测,因此拥有权威的概念范围小于事实权威的概念,"法律的权威主张将因此超出对它的正当性有相当说服力的主张"。[2] 不过,波斯特玛的观点是正确的,我们在现实中很难找到一个完全拥有正当性,也就是完全满足服务型观念的正当权威。不过,不同于波斯特玛直接否定拉兹的权威理论,本书主张依附命题和常态证立命题都是一个程度问题,我们不需要在问现实之中的政治法律制度是否满足服务型观念,而是询问能够在多大程度上满足服务型观念。正如佩里所言,正当性不是个全有或全无(all-or-nothing)的问题,[3]而是一个程度问题,真正的法律权威应当是在最低限度的事实权威到完全满足服务型观念的正当权威之间,其规范性随着满足的程度

---

〔1〕 See Joseph Raz, *Hart on Moral Rights and Legal Duties*, Oxford Journal of Legal Studies, Vol. 4:1, p. 123(1984).

〔2〕 [美]文森特·A. 韦尔曼:《法律的权威》,载丹尼斯·帕特森主编:《布莱克维尔法哲学和法律理论指南》,汪庆华、魏双娟等译,上海人民出版社 2013 年版,第 583 页。

〔3〕 See Stephen Perry, *Political Authority and Political Obligation*, in Leslie Green & Brian Leiter eds., Oxford Studies in Philosophy of Law: Volume 2, Oxford University Press, 2013, p. 24-38.

而不断增强。[1]

第三节　规范性间隙与实践推理

一、两类实践推理

上述分析表明，规范性间隙在权威理论中应当占有一个特殊的位置。因为第一个间隙表明了最低限度事实权威的存在条件，第二个间隙表明了正当权威的规范性如何获得。这种对权威程度问题的解释似乎也能够符合我们的直觉，比如我们可以说老中医是中医学上的权威，他在该领域说话的分量会重于大多数人，同样虽然中医学院刚毕业的学生其理论权威的地位不如老中医，但对于没有中医药专业知识的我们也是一个权威，在医院就诊时我们应该信任他开的药方，除非更有权威的老中医否定了这份药方。然而，这些间隙曾被理论界长期忽视，即使是认识到间隙两端区别的拉兹也并未对此过多的分析。因此，很多研究拉兹或研究权威理论的学者都很困惑，认为作为排他性理由的权威指令和作为道德观念的服务型权威之间可能会有着矛盾，这导致"权威性理由的排他性不仅仅是一个实践的概念，也是一个规范性的概念"，[2]并试图加入民主的正当性维度进行调和。事实上，规范性间隙可以被合理解释，这里不但没有矛盾，反而还体现了拉兹权威理论的卓越之处，这种表面的矛盾与修订后权威悖论的第二个问题一样，可以通过考察规范性间隙在实践推理中

---

[1] 事实权力和正当权威之间的区分最早可见于奥卡姆的论述，他对于统治权概念的革新，将正当权威立足于平等与互惠的规范之上，而不等同于古代城邦的单纯占有权观念，从贵族式的理念发展到民主式的理念。这种革新意义可参见[英]拉里·西登托普：《发明个体：人在古典时代与中世纪的地位》，贺晴川译，广西师范大学出版社 2020 年版，第 343~345 页。

[2] 朱振：《法律的权威性：基于实践哲学的研究》，上海三联书店 2016 年版，第 242 页。

的作用得到解决。[1]

实践推理将理由和权威联系起来，“深度运用实践推理和实践知识提供了理解法律两个关键特征的框架，即规范性与权威性”。[2]无论是最低限度的事实权威还是另一端完整的正当权威，它们都希望其提供的理由得到服从，并且服从行动与理由之间相关。如前所述，合理性是理由与行为之间的核心模式，一个拥有正常理性能力的人被推断会依据合理性完成实践推理，其中理由被置于推理的大前提。标准的合理性推理模式如下：

(理由推理模式) 理由 R 规定了内容 S；

在情境 C 中 R 成为一个不败的理由；

因此，主体 P 应当去做 S。

理由并非在任何情况下都能指引人们的行为。如果在情境 C 中 R 虽有资格成为一个不败的理由，但无法被人认知或是理解，同样无法推导出该结论。为了防止推理无法影响实践，就需要在标准的合理性推理模式添加另外两个限定：其一是 R 规定的内容必须是可认知的和可理解的；其二实践主体有一定的认知能力和理解能力（在拉兹理论中这些理性能力是实践推理的核心要素）。[3] 这样的限定表明了只有能被内在化的理由 R 才能进入主体的实践推理进程。然而，即使是进行如此限定，在具体的情境 C 之中也往往不只一个 R 有资格成为实践理由。事实上，在真实社会的大多数环境中，实践理

〔1〕 这里的论证与本书第二章关于符合与遵从的分析并不矛盾，权威有能力影响行动主体的实践推理过程，这并不意味着行动主体必须改变自己的慎思，只要行动主体的行为与法律所给出的保护性理由符合一致即可，不需要意向性地理解并遵从理由。本书第一章曾经指出，合理性（rationality）通过实践推理将理由与行动相连接，但是这种理性对理由的承认和回应，只是理由发挥功能的核心模式，并不否定将理由和行动连接的其他模式。也就是说，关键是理由，不是合理性。

〔2〕 Veronica Rodriguez-Blanco, *Law and Authority under the Guise of the Good*, Hart Publishing, 2014, p. 3.

〔3〕 See Joseph Raz, *From Normativity to Responsibility*, Oxford University Press, 2011, p. 88.

由之间相互交织、相互强化或相互冲突,甚至会出现无数的理由组合。比如大学生在学校里有和同学共同玩耍的理由,也有听大学老师指示的要求,同时还有服从校规校级的理由,这些理由之间在特定场合中可能彼此冲突,也无法相互还原,然而在行动时间到来之时,遵循主体只能依照一个理由做出行动。因此,关于实践推理的分析并不能仅仅指出实践推理的标准模式,更需要分析不败的理由如何形成。

为了简化分析,我们设想在情境 C 中 P 有一个去做 S 的理由 R,以及一个不去做 S 的理由 R′。P 认识并理解这两个理由的内容,接下来就必须决定到底以哪个理由进行行动。在 P 的慎思过程中,可能会考虑产生的 R 和 R′的价值以及它们相对于情境 C 的严格性(详见第二章)。在具体环境之中,价值分量和严格性的综合成为理由的规范性力量所在,所以如果一个理由最终胜出,我们可以认为其规范性力量胜过另一个理由。在情境 C 中还可能出现理由 R″支持去做 S,这时理由 R 和 R″同时反对 R′,使得在情境 C 中去做 S 的重要性大大增加。然而根据理由论,即使这种情况出现,理由之间也不是简单的累加性(aggregation)关系, R 和 R″都是独立适用于 P 的行动,仅仅在可能带来依理由的行动更高服从程度(degree of conformity with reason)的时候,理由之间才能够相互叠加。[1] 也就是说只有在更有助于击败与其冲突的理由的时候独立的理由才能够彼此叠加。这就很好地反驳了罗纳德·德沃金(Ronald Dworkin)[2]和安德瑞·马默(Andrei Marmor)[3]等人提出的理由分量的简单比较,因为人们并非依照在审慎中通过综合甚至折中后的理由,而是依照在情境 C 中一开始就存在,并且最终胜出的不败理由指引行动。

---

〔1〕 See Joseph Raz, *From Normativity to Responsibility*, Oxford University Press, 2011, p. 198-200.

〔2〕 参见[美]罗纳德·德沃金:《认真对待权利》,信春鹰、吴玉章译,上海三联书店 2008 年版,第 46~49 页。

〔3〕 See Andrei Marmor, *Philosophy of Law*, Princeton University Press, 2010, p. 86.

这样看来,即使在权威给予的理由在内容上和规范性背景理由完全重合的情形中,我们都能清晰地认为,权威理由确实真正地指引主体行动,在其中叠加背景理由并不能带来更高的服从程度。

不过,并非所有的实践推理都和理由有关,理由只是实践推理发挥作用的一种形式。规范性理由是因为承载了道德价值成为实践推理的大前提,但是实践推理本身只是合理性在主体慎思之中所发挥的三段论功能,而并非所有的前提模式都具有道德价值。[1] 之前谈到的抢匪情境就是如此,毫无疑问标准的抢劫模式几乎不具备任何道德价值,抢匪的指令也不具有规范性特征,因此无法成为规范性理由。但是很多指令的接受者仍然按照抢匪的要求呈交了财物,这说明了指令和行动之间仍然有着密切的联系,但这是因为抢匪是一个展示其力量的事实权力,进入指令接受者慎思的是抢匪拥有的力量,而非指令的价值分量和严格性。这就是本节谈到的第二种实践推理模式:依审慎原则而行动,也就是完全根据自我利益的非道德性行动。不同于依理由行动的类型,[2] 这里大前提的背后并非一个规范性的存在,而是一个事实性的存在——事实权力的力量可能带来的自我利益损害。因此,这种实践推理的模式可以归纳如下:

(审慎推理模式)事实权力F发布指令I;

在情境C中F可能带来主体P的重大

---

〔1〕 See Joseph Raz, *From Normativity to Responsibility*, Oxford University Press, 2011, p. 87-90.

〔2〕 如本书第二章所述,也有不少学者将审慎原则称为审慎理由,与规范性理由(道德理由)并列为理由的两种类型,拉兹早期也似乎同意这个区分。See Matthew H. Kramer, *In the Realm of Legal and Moral Philosophy*: *Critical Encounters*, ST. Martin Press, 1999, p. 177-180; Joseph Raz, *The Authority of Law*: *Essays on Law and Morality*, Oxford University Press, 1979, p. 243-245. 这只是将理由一词的用法扩展到审慎行动领域,并非指审慎理由自身具有本书所称的规范性意义。菲尼斯和后期的拉兹都反对这种扩展,拉兹的理由类型学之中并没有审慎"理由"的类别,菲尼斯则认为,审慎和理由混为一谈可能是当今政治哲学中存在的重大错误之一。See John Finnis, *The Authority of Law in the Predicament of Contemporary Social Theory*, Notre Dame Journal of Law, Ethics and Public Policy, Vol. 1:1 1984, p. 131-132; Joseph Raz, *From Normativity to Responsibility*, Oxford University Press, 2011, ch. 1.

利益损失；

P 不得不服从 F；

P 按照 I 行事。

如果从外部观点来看，审慎推理模式和理由推理模式相似，都有具备一定内容的前提存在，最后也都依照该内容实施行动。在理由推理模式中，这是记载着内容的 R；而在审慎推理模式中，这是记载着内容的 I。也有可能它们都记载着相同的内容，如两者要求主体 P 把财物给对方。然而，在理由推理模式中，该内容进入了主体的慎思，主体将考虑其在具体环境中的价值分量和严格性。反过来，在审慎推理模式中，该内容从未进入主体的慎思过程，推动主体慎思的是事实权力 F，也就是上述模式的第二步，事实权力的力量和它可能带来的损失。在审慎推理模式之中，如果 F 的力量足够强大，I 是什么就并不重要，它可以有任何的内容，哪怕没有丝毫的价值和重要性。用隐喻的话来说，P 是根据 F 行事而非 I 行事，I 只是附着于 F 之上，不可能独立存在。由此得出的结论是从外部观点来看两种推理模式似乎相同，但深入内部推理过程就会发现两种模式简直是天壤之别。

二、法律权威和实践推理

表面上看，审慎推理模式和本书的关系并不大，毕竟本书是在探讨法律权威的规范性。前面的分析已经表明，权威和事实权力并不一样，存在一个基本的规范性间隙，这么说来似乎审慎推理模式就不是法律权威带来的推理模式。然而并非如此，权威的第二个规范性间隙表明法律权威可能的推理模式相当复杂，从最低限度的事实权威到完全满足服务型观念的正当权威之间，同样被称为法律权威的事物规范性可能存在很大的区别，我们甚至无法将其归类为同

一种推理模式。在拉兹看来,标准的权威推理模式有着如下的形式:[1]

(权威推理模式)Y 拥有权威;
Y 宣布 X 去做 A;
因此,X 应当去做 A。

如前所述,实践推理有两类可能的基本形式。如果权威推理模式是一种正确的实践推理模式的话,那么它应该能最终化约为上述两种基本形式的一种——要么是理由推理模式,要么是审慎推理模式。先来看看后者。从形式上来说权威推理模式与审慎推理模式较为相似,它们都主张主体放弃依照自身判断的任何理由行动,这似乎与理由推理模式相抵触。根据拉兹的理解,法律权威给予的理由是一个保护性理由,其中排他性的一面要求主体排除依照任何与它保护的一阶理由相冲突的理由而行动。法律权威意在排除与法律陈述规定的内容相抵触的任何规范性理由,“如果存在的法律要求特定的行动是一个保护性理由的话,法律拥有权威;即如果法律的存在是一个服从行动的理由和排除相冲突的理由,法律就是权威性的”。[2]正是因为不管法律的要求如何,法律指令都可以排除冲突的规范性理由的考量,拉兹的权威理论才被视为法律实证主义的典范之作。

这么看来,这种法律权威似乎能化约为审慎推理模式,它们都不要求基于规定的内容进行考量,权威的服从者似乎也是在服从权威本身,而不是服从法律权威所给予的理由,这和本节一开始的观察截然相反。这导致了一些学者对排他性或先占命题产生了疑惑,认为这是一个过强的命题,“主张权威不是主张理由,而是一种权利主张

[1] Joseph Raz, *The Freedom of Morality*, Clarendon Press, 1986, p. 28.

[2] Joseph Raz, *The Authority of Law: Essays on Law and Morality*, Oxford University Press, 1979, p. 29.

引导行动”,[1]在实践推理中无法替代任何理由。如果这种质疑是正确的,那么是前面的分析在哪里出现错误了吗?绝非如此,表面的矛盾现象可以通过第二个规范性间隙得到解释。这个间隙的一端是最低限度的事实权威,尽管不得不主张自身的正当性,但事实上它并不具备任何正当性,正如披着羊皮的狼一样。在这种极端情境之下,虽然事实权威也在主张着行动理由,从表面上看通过理由推理模式影响人们的行动,但实则它却是通过审慎推理模式强迫人们的服从。比如前述奴隶制国家之中,某条法律记载着“奴隶应当被视为奴隶主的正当财产,可以在市场上进行交易”,这条法律似乎给该国的国民提供了一条行动“理由”主张“规范性”,并且相信该国的法律还会试图将这条法律的“规范性”追溯到如“奴隶制天生就是善的”这样的“价值”之上,形式上非常符合理由推理模式的特征。然而在这个假想的例子之中,该国的国民已经由思想的启蒙,不会相信这样的“善”存在,反而他们认为“奴隶制天生就是恶的”应当被推翻,因此基于价值的规范性传导完全不可能,这条法律实际上也就没有真实的规范性。事实权威提供的“保护性理由”并不是理由,在理由推理模式中不可能成为一个大前提。事实上,如果这样的法律在该国确实得到服从,真实的实践推理是按照审慎推理模式进行的。进入慎思之中的前提并非法律所规定的内容,而是“该国的法律有着强大的国家暴力机器”,以及暴力机器对主体带来的损失——如生命损失、身体自由的损失和重大财产损失。换句话说,这不是排他性理由排除了本身存在的规范性理由,而是用力量使这些理由不进入主体慎思过程。这种事实权威给出的“行动理由”或许符合渊源论而具备有效性(valid),但是在实践推理中“有效性不能为我们提供一种理由

[1] Kenneth M. Ehrenberg, *Law's Authority Is Not a Claim to Preemption*, in Wil Waluchow & Stefan Sciaraffa eds., Philosophical Foundations of the Nature of Law, Oxford University Press, 2013, p. 72.

去做如道德上禁止的事情”。[1] 只是由于事实权威主张正当性,而使这样的慎思过程蒙上了一层“规范性”的面纱,使用了“应当”、“权利”或“义务”这样的规范性词汇,使其外表与理由推理模式几乎一致。

如果说第二个规范性间隙的一端是以理由推理模式掩饰审慎推理模式的话,那么在另一端应当是一个怎样的情境?在这一个极端,服务型权威通过依附命题考虑到了所有可能的规范性背景理由,并形成一个新理由;又通过常态证立命题使主体遵循新理由会比自我慎思得出的不败理由还会更好地实现价值。这种同样极端的情境下服务型权威给予的理由是一个具备完整规范性的新的行动理由。夏皮罗正确地指出服务型权威给出的是一个内容依赖的理由,它依赖于(依附命题)并且优于(常态证立命题)原先存在的规范性背景理由。[2] 这样看来,在这种极端情况下正当权威给出的指令是具有完全规范性的理由,直接成为理由推理模式的大前提。然而很让人奇怪,这样将权威给予的理由直接等同于一般的规范性理由似乎违背了拉兹的本意,因为拉兹认为正当权威给予的是一项保护性理由,其中的行动理由是不经过前述理由推理模式的第二步,并认为在特定环境下不同理由之间会相互强化或相互冲突,最终找到一个或一组相同的不败理由的这一步骤。其实这里并没有任何矛盾,基于完全的正当权威的推理模式就是一个理由推理模式,只是该模式的第二步骤需要再进一步的细化。

只要是接近于完全的正当权威都不同于事实权威,它们有资格和能力自身主张规范性理由,而无须用其进行掩饰,这是服务型权威的规范性带来的必然推论。如前所述,这种规范性理由不同于一般

[1] Dimitrios Kyritsis, *Shared Authority*: *Courts and Legislatures in Legal Theory*, Hart Publishing, 2015, p. 30.

[2] See Scott Shapiro, *Authority*, in Jules L. Coleman & Scott Shapiro eds., The Oxford Handbook of Jurisprudence and Philosophy of Law, Oxford University Press, 2002, p. 406-410.

的理由,它既是一个一阶的行动理由,又是一个排他性理由,但在逻辑上需要将其分开对待。其中一阶的行动理由自身就是一个理由,否则不能成为理由推理模式的前提。也就是说,虽然法律权威提供的是一个基于依附命题形成的新理由,但哪怕在未被排他性理由保护的情况下,它本身就具有规范性,和其他规范性理由一起进入理由推理模式的第二步骤,虽然自身的规范性是否能击败其他理由不得而知。那么如此看来,第二步骤之中的表面矛盾并不出自这个行动理由,而是出自排他性理由。拉兹把排他性理由视为二阶理由的一种,它并非直接指引人们的行为,而是针对行动理由的理由,"排他性理由的存在意味着一个人不应当基于理由的权衡而行动。排他性理由可以排除一个已被胜过的理由,同样也可以排除一个打破了理由平衡的理由",[1]只要这些理由与被保护的一阶行动理由相冲突。因此,在正当权威提供了理由的情境中,理由推理模式将细化为以下形式:

(权威理由推理模式)正当权威给予一个保护性理由R;
理由R规定了内容S;
在情境C中R的排他性排除了与之相冲突的所有规范性理由;
接下来,作为行动理由的R成为一个不败的理由;
因此,主体P应当去做S。

在权威理由推理模式中,由于保护性理由是一个排他性理由,排除掉与之相冲突的所有规范性理由,在"清场"之后已经不可能存在冲突,行动理由就已经立于不败之地,才能真正地指引主体的行动。也正是由于在逻辑上加入了排他性理由,行动理由顺利渡过了实践推理的难关,其获得先占性(pre-emptive)也就不足为奇了。这就是

[1] [英]约瑟夫·拉兹:《实践理性与规范》,朱学平译,中国法制出版社2011年版,第35页。

拉兹所说的“服务型观念导致先占命题……它们的指令至少是先占了一些理由的效力，否则的话这些理由应当指引人们的行动”。[1]尽管这和一些学者的理解略有不同，在分析层面上排他性理由自身不能成为一个行动理由，前者的作用仅限于保护后者。

不可避免的是，完全的正当权威是一个理想类型，或者说是一个道德理念。现实生活中没有任何权威，哪怕是最完全制度化的法律权威能够满足如此严格的条件。现实生活中依附命题不能通盘考虑（all things considered）所有的相关理由，因此法律的规范性难免有例外，只能成为在一定环境中的不败理由（而不是结论性理由）；常态证立命题也无法满足常态中总是“更好”的检测，正当权威给予的理由可能无法具备排他的规范性力量，因此自然力量（如法律体系中的惩罚机制）难免会发挥作用。然而这样的补充并不妨碍我们在概念上分析正当权威，也不妨碍我们根据权威满足条件的程度来判断其规范性力量的程度。这个判断的标准就是，从最低限度的事实权威开始，到完全的正当权威之间，满足依赖命题和常态证立命题的程度越高，其给予的理由规范性就越强。在不具备完全规范性的时候，权威给予的理由仍然可能与背景理由形成冲突，排他性理由没法能力完全排除掉这些相冲突的一阶理由，权威理由推理模式中的理想状况就可能不会出现。由于权威提供的理由和经过一般理由推理模式形成的不败理由之间有着直接冲突，这时审慎推理模式有可能重新出场。在该矛盾情境中，主体就应该依照基本的服从原则（the conformity principle）行事：如果一个人不能完整的服从一个（不败）的理由，他应当尽可能地接近完整服从。[2]

这样看来，只要掌握了权威的规范性间隙和实践推理的关系，我们就能回答修订后的权威悖论提出的第二个问题：正当的制度性权

[1] Joseph Raz, *The Freedom of Morality*, Clarendon Press, 1986, p. 59.

[2] See Joseph Raz, *From Normativity to Responsibility*, Oxford University Press, 2011, p. 87-90.

威所主张的行动理由与基于自主性的行动理由之间是否有着逻辑上的矛盾？这个答案就是，在完全的正当权威的情况下，法律权威主张的行动理由与基于自主性的行动理由之间并没有逻辑矛盾。因为前者总是更具有规范性，它能够更好地实现包括后者在内的理由所承载的价值。而在不具有完全的正当权威的情况下，两者之间有时确实会出现矛盾，这时我们需要一个解决该矛盾的方法和原则。归根结底理由的规范性是一个道德命题，抽象的谈论权威并不能带来任何的规范性和道德义务。[1] 最终的解决办法仍然是改进权威，使权威更好地满足依附命题和常态证立命题，比如增加在立法过程中的道德论证，吸纳更多的规范性元素，能够最大限度获得的规范性。[2] 在这一点上，拉兹的服务型权威观与一些西方马克思主义理论殊途同归，对权威的不断改进“人不再因恐惧而服从，而怀着一致服从的愿望，甚至有一种服从的需求”。[3]

三、规范性理由的内在化

不过我们仍然有一个问题需要解决，哪怕是完全的正当权威，其给出的规范性理由必须要进入主体的实践推理中才能获得指引行动的力量。然而，法律权威给予的理由是外在于行动主体的。之前分析的法律权威都不是行动主体本人，后者似乎没有动机依照权威的

---

〔1〕 See David Lyons, *On Formal Justice*, Cornell Law Review, Vol. 58:5, p. 850-852 (1972).

〔2〕 需要提醒的是，即使是完全满足服务型观念的法律体系也必然存在另一个规范性间隙——整体权威和个别化理由之间的间隙。由于背景理由和法律给予的个别化理由之间可能存在规范性阻断，也就是权威理由的不透明性(opaque)，因此拉兹认为法律整体不可能带来哪怕初步(prima facie)的服从义务。但这并不是本书关注的间隙类型，笔者会在本章的附记中简要分析这个问题。不管个别化间隙是否存在，只要两个条件的满足权威整体就能具备完全的规范性。

〔3〕 [美]埃里希·弗洛姆：《论不服从》，叶安宁译，上海人民出版社 2017 年版，第 22 页。两种权威观的关键性不同在于，弗洛姆认为理性(正当性)权威的利益是与行动主体一致，而拉兹认为服务型权威只是一种中介，本身没有利益。另外，意识形态可能也会影响到推理的类型，但是由于拉兹本人基本没有涉及这一点，本书也不处理这个问题。

指引行动。我为什么要关心权威说了什么呢?毕竟权威并非像建议一样唤醒一个现存的理由,[1]而是试图以依附命题的形式给出一个坚实的新理由,这个理由可能在某些具体情境中根本不会自动出现。也就是说,即使保护性理由的排他性一面排除了所有冲突的背景理由,被保护的行动理由也必须得有资格成为一个行动理由才能指引行动。赫拉克勒斯是一个理性的人,对自己的智商和情商相当自信,能够分析和判断在任何情况下的最佳判断,所以他只关心自己行动的背景理由有什么错呢。人们是否接受排他性理由排除自我判断的指引,以及排除之后人们是否能够将被保护的理由作为行动理由看待。这不是一个能够简单打发的问题,因为它涉及前述分析是否会是一场无用功。法律权威的可认知性和可理解性也不能回答这个问题,人们可以认知和理解邻国的法律权威,但这不可能也不应该根据邻国法律给予的理由取代自己的判断。在伯纳德·威廉斯(Bernard Williams)看来,这是一个外在理由和内在理由的难题。他认为没有能够独立存在的外在理由,外在理由能够被内在化才会成为一个行动理由,“基本点在于承认外在理由的理论家必须用一种特别的方式来构想获取动机和相信理由陈述之间的联结(connexion)”,[2]因此所有的行动理由都是内在理由或转换为内在理由。

伦理学界关于外在理由和内在理由之难题的解决方案汗牛充栋,本书无意涉及其中争论。但是在法哲学领域的权威研究之中,一种对于正当权威给予的理由如何进入实践推理的回答颇具诱惑力,这就是“以善之名”(on the guise of good)的法律哲学命题。根据该命题,“当遵照规则行动的人被问到为什么会实施该行动时,回答是由于行动理由具有产生善(good-making)的特质;反之,当我们从

---

[1] See Joseph Raz, *The Authority of Law*: *Essays on Law and Morality*, Oxford University Press, 1979, p. 13-15.

[2] Bernard Williams, *Moral Luck*: *Philosophical Papers* 1973-1980, Cambridge University Press, 1982, p. 108.

第三人视角称描述遵循规则的行动，我们能(合理地)回答这是‘由于规则’”。[1] 这就表明，权威提供的外在理由不是与主体无关的理由。它必须与人们视为善的视为息息相关，甚至可能会与个人的自我利益相连接，被行动主体所接受才能被视为内在理由。如果并非完全的正当权威，由于规范性间隙的存在，这种生产善的性质在第一人称和第三人称视角之间可能会具有不均衡性。这也很好地解释了为什么权威必须主张正当性，因为任何权威都试图使行动主体将其给予的外在理由(无论是真理由还是假“理由”)转化为内在理由。

然而，这种理由不可能彻底地依据某个人的利益，这样做会违背理由的可普遍化原则，也就不具有规范性。在拉兹看来，权威提供的理由至少在该权威所在的社群中被认可为一项价值，依此行动能够产生个人善或社群善，[2]尽管它必须以第一人称视角察觉到这种性质才能进入理由实践推理。因此，该命题不否定权威提供理由是一项外在于行动主体的理由，然而也同意理由的转换才能在个人实践推理中形成大前提，“拉兹指出有必要查看那种需要评估一个人所从事的视之为主体关系的那种决定类型”，[3]用生产善的名义沟通了两者，从而使保护性理由在排他之后，能够顺利地成为行动理由进入理由推理模式。

---

[1] Veronica Rodriguez-Blanco, *Law and Authority under the Guise of the Good*, Hart Publishing, 2014, p. 41.

[2] See Joseph Raz, *From Normativity to Responsibility*, Oxford University Press, 2011, p. 80-82.

[3] Leora Batnitzky, *A Seamless Web? John Finnis and Joseph Raz on Practical Reason and the Obligation to Obey the Law*, Oxford Journal of Legal Studies, Vol. 15:2, p. 161 (1995). 笔者觉得托马斯·内格尔对两种视角的分析值得引入，他认为内在视角无法普遍化，但外在视角又会使行动者本身在视角中消失，因此每个行动者都有视角上的盲点，然而内格尔认为我们不是非得从两者中抉择，而且也不可能抹除这种视角盲点，相反应该将内在视角尽可能地一步步向外延展，即使最终我们也不可能完全超然于自身之外。尽管笔者觉得内格尔的方案优于威廉斯，但不清楚拉兹如何看待。See Thomas Nagel, *The View from Nowhere*, Oxford University Press, 1989, p. 3-12.

第四节 权威的规范性对焦

一、理想型理论

上述的分析表明,规范性间隙将权力和权威进行了区别,同时也认为在权威内部也有着规范性的差别。拉兹明确表示,自己的权威理论是一种理想型理论(ideal theory)。[1] 这就意味着完全具备正当性的权威只是一种道德理念,很多现实社会中的实践权威只是部分地获得了这种理想,很可能人类社会最终也不会达到这样的理想状态。这不是我们对实践权威悲观的理由,很多人类的价值理想——如自由、平等、繁荣——都是道德理念,它们唤醒着我们对理想的不懈追求。尽管我们生活在一个非理想的状态中,但我们会付出自己的努力去变革或改进现在的政治社会。因此对理想型理论的研究并不代表着失去现实意义,而是规范性或"应然"领域的基本研究方法。

罗尔斯对理想型理论和非理想型理论的区分有助于我们深化对拉兹的理解,他将理想型理论视为一种"现实的乌托邦",也是政治哲学可能性的限度。[2] 罗尔斯的正义论可能是当代西方政治哲学最为重要的理论,然而学界对其关注通常只涉及两大正义原则,以及生产这些原则的无知之幕、原初状态等,但是罗尔斯本人的野心不仅仅限于这个方面,他还用大量的篇幅描述了走出无知之幕以后,现实社会中可能对这些理论的应用。两大正义原则作为罗尔斯理想型理论的核心,"从理想的理论开始的理由是,这种理论能为系统地把握那

---

〔1〕 Joseph Raz, *The Freedom of Morality*, Clarendon Press, 1986, p. 47.

〔2〕 参见[美]约翰·罗尔斯:《万民法》,陈肖生译,吉林出版集团有限公司 2013 年版,第 48 页。

些较紧迫的问题提供唯一的基础”。[1] 它描述了在无知之幕背后人们通过“纯粹的程序正义”完成对政治社会制度原则的选择，只要严格服从理想的程序或拉兹那里两大理想的道德命题，就能获得道德上正确的结果。对于一种法律的或政治的理论而言，这是一种奠基性的原则，所有的政治法律制度都应该符合理想型理论获得的正义标准。不过，现实社会总是充满遗憾，当这两大正义原则用来设计制度的时候，即使设计者充满善意和具备能力，我们很可能不得不在一定程度上背离原则的标准，罗尔斯称其为“不完善的程序正义”——即使是完善的程序也不能确定生产正义的结果，即使最为完善的宪法也不能完全实现正义。在这种情况下，罗尔斯引入了非理想型理论，比如良心拒绝、非暴力不服从等的正当性，来弥补整体上基本正义的制度中可能存在的非正义缺陷。罗尔斯区分了正义论的这两大部分：[2]

> 第一部分即理想部分假设了严格的服从，确定了那些在有利环境下的一个组织良好的社会的原则。它建立了一个完善正义的基本结构的观念，以及在人类生活的确定约束下的个人相应的义务和责任……非理想部分（第二部分）的设计是在一种理想正义观被选择之后进行的。只是在那时，各方才提出在不太幸运的条件下应采纳哪个原则的问题。

这段话表明理想型理论作为一种理论律令预设了主体“严格的服从”（strict compliance）。“在理想理论所描绘的有着良好秩序的社会中，每个人都公正地行动，尽各自应尽的职责以维系这些公正的制

---

[1] ［美］约翰·罗尔斯：《正义论》，何怀宏、何包刚、廖申白译，中国社会科学出版社 1988 年版，第 9 页。

[2] ［美］约翰·罗尔斯：《正义论》，何怀宏、何包刚、廖申白译，中国社会科学出版社 1988 年版，第 244 页。

度,因此他也将理想理论表述为严格服从理论”。[1] 那么这种必须被严格服从的理想型理论在一个完备的政治或法律理论之中有着什么样的地位呢。根据罗尔斯的论述,我们至少将其作为一种基础的理论部分。首先,理想型理论给出了基本的理论框架,现实社会中不符合这些基本原则的,就将被剔除出正义或规范性的领域。其次,理想型理论给出了判断标准,我们可以据此判断一个社会在多大程度上符合正义或道德。再次,比起任何非理想理论或者是对现实社会的描述,理想型理论有着系统性的特点,“它是系统性地把握(systematic grasp)更为急迫的问题的唯一基础”。[2] 最后,理想型理论给出了现实制度完善的目标,讨论任何非理想理论必须预设“理想已然在手”。[3] 这就像一个蓝图或愿景一样指引着现实政治和法律制度的不断完善,并且任何偏离这种目标的改变都会遭到质疑,因此它也是一个实践性的理论。

二、自然法视野下的规范性间隙

理想型理论作为一种方法论,将其应用到法律研究之中,就可能会产生拉兹式的规范性理论。无独有偶,在法律哲学领域,研究权威的路径除了拉兹的理由论之外,还有传统的自然法权威理论,同样应用了罗尔斯的理想型方法论。尽管自然法理论在20世纪初一蹶不振,但杰曼·格里塞茨(Germain Grisez)和约翰·菲尼斯等学者将传统理论与“实践理性转向”的新成果相融合,为自然法的复兴注入了许多活力。其中,菲尼斯对权威进行了详尽的分析,被认为是当然自

[1] A. John Simmons, *Ideal and Nonideal Theory*, Philosophy & Public Affairs, Vol. 38:1, p. 8-9(2010). 转引自杨建:《非理想型理论的法治意义》,载郑永流主编:《法哲学与法社会学论丛(2015年卷)》,法律出版社2016年版,第264页。

[2] Zofia Stemplowska & Adam Swift, *Ideal and Nonideal Theory*, in David Estlund ed., The Oxford Handbook of Political Philosophy, Oxford University Press, 2012, p. 377.

[3] [美]约翰·罗尔斯:《万民法》,陈肖生译,吉林出版集团有限公司2013年版,第131页。

然法理论中研究权威的领军人物。

菲尼斯接受过法律实证主义的训练，因此对权威的定义与拉兹如出一辙，“某人对待其为权威性的就是当他对待它是一个排他性理由——采纳拉兹有用的术语，即一个理由来判断或行动不顾被理解的一些理由，或是无视至少一些被理解和相关的理由，并且那些理由在没有排他性理由的话能充分证成其他方式的进程”。[1] 这段话非常艰涩，但其中心意思表明权威性与排他性理由直接相关，能够排除一些直接证成其他行动方式的行动理由。然而，菲尼斯的权威来源和拉兹有着一定的区别，其理论建基于阿奎那的自然法思想，将权威和人类根本善（basic human goods）直接关联起来，而不像拉兹那里源于既有的背景理由。这种自然法理论认为，所有的价值都能最终溯源到这些有限根本善，这些根本善是所有善的源泉，因此也就为人们的行动带来了规范性理由。其中一种根本善——实践合理性（practical reasonableness）直接要求人们如何进行规范性行动，它将促进善的理由与行动纳入一个理性的整体框架，同样也正是实践合理性产生了对法律权威的需求，它需要将人与人的行动统一起来，以便更好地促进根本善（或防止对根本善的破坏）。在符合实践合理性基本要求的形式下，为了促进根本善就需要协调权威治下的不同行动，权威有资格进行“决断”（determinatio），给予人们具体的行动理由并由此形成行动的惯习。因此，与拉兹不同，菲尼斯的权威理论并不完全是一个服务型观念，而是一个惯习主义（conventionalism）观念。

这样看来，在法律权威的实质性观念上，菲尼斯和拉兹存在非常大的区别。前者比后者更加涉及一种实质善的理论，或者说是一种权威的“任务—效率”（task-efficacy）理论[2]，本书无意判别何者的

---

[1] John Finnis, *Natural Law and Natural Right*, Oxford University Press, 2011, p. 234.

[2] Stephen Perry, *Political Authority and Political Obligation*, in Leslie Green & Brian Leiter eds., Oxford Studies in Philosophy of Law: Volume 2, Oxford University Press, 2013, p. 7.

理论更为优越。不过,有学者看到两种理论之间争吵最激烈的问题在于权威的规范性,“拉兹否定存在服从法律的一般义务,而菲尼斯主张存在服从法律的一般性的、尽管是可推翻的道德义务”。[1] 然而,这也是一个方法论的区别而非实质问题的区别。在菲尼斯的理论中视角的选择非常重要,他区分了中心案例(central case)与边缘案例(peripheral cases),我们“必须通过询问那些通过关注、决定和活动来创造或构成主题事项的人认为在该领域被认为重要或重要的内容,来评估其主题内部的相似和差异的重要性或重要性”。[2] 从这个区分出发,菲尼斯认为哈特和拉兹将描述性优于评价性的法律理论视角将会错失很多重要发现,因为实践中法律有着很重要的评价性维度,这个维度在法律实证主义理论中毫无踪影。他将自己的理论置于中心案例和焦点意义(focal meaning)之上,这就导致了他的自然法理论和惯习主义从一开始就是规范性的,法律权威由于是促进善的重要工具,其给予的理由也自然具有规范性。从这样的视角出发,菲尼斯并不否认“恶法亦法”的说法,只是不道德的法律作为边缘案例,只具备很小的理论意义。或者是菲尼斯在其他地方表明的,他认为恶法是不是法并不具备哲学上的重要意义,也很可能是无意义的语词之争,法哲学无须过多关注这种琐碎的话题。[3] 因此,尽管菲尼斯的自然法权威观和拉兹有着很大的差别,但是在规范性问题上,他们都看到了权威的规范性间隙,只不过根据菲尼斯的视角,他将理论焦点聚集到接近于完全的合法权威的一端,对最低限度的事实权威和接近完全的合法权威这样的表述用中心案例和边缘案例进行了替代。

---

〔1〕 范立波:《权威、法律与实践理性》,载郑永流主编:《法哲学与法社会学论丛》2007 年第 2 期,北京大学出版社 2008 年版,第 164 页。

〔2〕 John Finnis, *Natural Law and Natural Right*, Oxford University Press, 2011, p. 12.

〔3〕 See John Finnis, *On Reason and Authority in Law's Empire*, Law and Philosophy, Vol. 6:3, p. 357(1987).

三、规范性间隙的理论意义

对于拉兹的服务型权威理论，有学者疑惑到这种理论可能具有一种规范性吸引力，但似乎很难符合对实践权威的中心案件的描绘。[1] 然而，这恰恰是拉兹的本意，这里的中心案件并非描述性意义上的，而是规范性意义上的，其所有的特征和进程都是在一种规范性场景中运行。根据约翰·加德纳(John Gardner)的分析，哈特与拉兹非但不反对菲尼斯的"中心案件"研究方法，并且能找到这种分析空间，承认"独特的道德特征"，以区别于他们对法律本质问题的研究。[2] 这就为规范性间隙理论留出了空间。权威的规范性间隙对我们理解权威有着重要的分析意义，因为日常生活的语词可能对于权力和权威之间并不做出明显的区分，这使在一些经验研究中谈到的权威并不具有任何规范性的意义，如米尔格拉姆著名的"权威测试"。[3] 另一方面，即使是在道德哲学、政治哲学和法律哲学中谈论的权威也需要进行认真的分析，防止将具有不同规范性的权威混为一谈。最为明显的例子就是拉兹和菲尼斯在谈论权威时对焦并不相同，这可能会导致高估他们权威理论之间存在的差别。

与此同时，即使在拉兹的理论中，也要避免将他不同领域的著作相互混淆。很明显作为法律实证主义的拉兹关注的是接近最低限度的事实权威这一面，因此他持有强硬的实证主义渊源论立场，认为法律哲学理论"只有当它对法律的内容及其存在的识别排他性的依赖于人类行为的事实，而此事实又能够以价值中立的术语被描述，无需

---

[1] See Hugo Cry, *Functional and Existential Authorities*, Canadian Journal of Law & Jurisprudence, Vol. 28:2, p. 265(2015).

[2] John Gardner, *Nearly Natural Law*, American Journal of Jurisprudence, Vol. 52:1, p. 18 (2007).

[3] 参见[美]斯坦利·米尔格拉姆：《对权威的服从：一次逼近人性真相的心理学实验》，赵萍萍译，新华出版社 2015 年，第 14~29 页。

求助于道德论证而适用的时候,它才是可接受的”。[1] 法律权威只需要主张合法性就能成为一项事实存在,在最低限度的事实权威那一端,根本不具备任何的客观价值,然而它依然被视为一项“权威”。不过在拉兹的道德哲学和政治哲学中,很多时候他都是谈论的接近完全的合法权威那一端。在道德哲学中他认为要真正理解有价值的社会构造物,就必须参照其具有卓越性(excellence)的价值存在实例才能得到解释,[2]如法律权威或其他实践权威就需要参照接近完全规范性的一端才能获得理解。他所谈到的服务型权威观,认为法律权威或政治权威的本质是作为服务于权威治下的人民,在最佳理由与理由所适用的人们之间进行中间的牵线搭桥,很明显最低限度的事实权威几乎无法符合这样的依附命题和常态证立命题。因此,所谓的排他性理由和服务型权威之间的表面矛盾并非拉兹理论的不融贯导致,而是不同的研究领域之中对焦不同导致的错觉而已。

拉兹强调法律必然主张权威,这使有些学者得出结论,法律必然主张权威就等同于法律必然具有规范性,这是一个弱的自然法命题,也是拉兹理论中的“特洛伊木马”。[3] 不过这样的理解是错误的,法律有可能主张权威却根本不具备权威,或者是法律拥有的权威远远少于它主张的权威,这表明法律必然主张权威的命题只是使规范性停留在可能的层面。只有当它越过了第二个间隙,它是一个真正的权威。这样看来,在现实生活中权威的规范性间隙还告诉我们要不断地改进权威,使之能够真正成为服务型权威,所提供的理由具有更大的规范性力量。在第三章已经提及了现代法律规范性所应该具备的较高标准,在完全具备规范性之前,法律远远不能成为一种绝对权威的治理手段,即使是在法律体系不断完善的今天,“法律的权

[1] Joseph Raz, *The Authority of Law: Essays on Law and Morality*, Oxford University Press, 1979, p. 39-40.

[2] See Joseph Raz, *The Practice of Value*, Oxford University Press, 2003, p. 31-32.

[3] 据说 Kramer, Goldsworthy 就持有这样的观点, See Mark C. Murphy, *Natural Law in Jurisprudence and Politics*, Cambridge University Press, 2006, p. 52。

威也还不是毫无疑义的权威，法律的权威还在不断地与其他的社会规范而斗争，还在不停地调整自己以跟上社会发展变化的步伐”。[1]如果只满足于对焦最低限度的事实权威，以合法性主张掩盖其非道德性的事实，那么权威概念只不过是一个“空乏的容器”(empty vessel)，[2]这样的权威注定无法久存。因为权威本身是没有规范性的，其规范性源于“权威吸纳道德”的过程，这个过程实现了背景理由与权威给予的保护性理由之间合法性的良性循环。特别是法律权威，当代几乎所有国家的法律制度都主张垄断或有资格垄断所有重要事项，这使得对法律权威规范性的要求强于其他权威类别。因此，拉兹可以比通常学界所认为的更加接近于自然法理论，[3]这就是说，服务型权威终归是一个道德命题，在规范性领域，法律和道德之间有着必然的联结。

四、权威与至善

规范性间隙是权威的重要面向，但是它也充分表明现实之中我们只有一定程度上的权威，而非完全具有规范性的权威。不过，查尔斯·拉莫尔(Charles Larmore)的新书批评了这一观点，对拉莫尔论证的反思和回驳可以更为清晰地理解规范性间隙的意义。

德沃金曾经雄辩地主张，法哲学是政治哲学的分支，而政治哲学

---

〔1〕 吴玉章:《法治的层次》，清华大学出版社 2002 年版，第 270 页。

〔2〕 Laurence Claus, *The Empty Idea of Authority*, University of Illinois Law Review, Vol. 2009:5, p. 1356(2009).

〔3〕 See Stephen R. Perry, *Second-order Reasons*, *Uncertainty and Legal Theory*, Southern California University Law Review, Vol. 62, p. 955(1989). 拉兹关于法律规范性的道德路径需要区分与所谓的伦理实证主义，后者由汤姆·坎贝尔和斯蒂芬·佩里所提倡，认为法律实证主义——也就是关于法律本质的社会事实理论——能够有助于我们理解和改进法律制度，这种理论是法学的实证主义化(about law)，而不是一种法律理论(of law)，因此与拉兹的渊源论和规范性理论都不相关。这种理论可见，[英]汤姆·坎贝尔:《法律与伦理实证主义》，刘坤轮译，中国人民大学出版社 2014 年版，第 29~39 页。拉兹有一篇关于法律理论本质的文章可以作为对伦理实证主义的回驳，参见 Joseph Raz, *Between Authority and Interpretation*: *On the Theory of Law and Practical Reason*, Oxford University Press, 2009, p. 47-87。

本身又是道德哲学或伦理学的分支。[1] 事实上,这已经成为大多数英美学者的共识,拉兹也不例外。但是,拉莫尔拒绝了这一观点。尽管他的论证集中于政治哲学的独立性,但不妨我们也可以将其视为将法哲学脱离伦理学的一种尝试。他认为,将政治哲学归于伦理学理论的应用会遮蔽了政治问题的特殊性。两个学科当然具有很多共同的主题和相同的术语,但是这只是派生性的。他认为政治生活的特征就是彻底的冲突性,这需要具有权威性和可实施的规则消弭冲突,带来社会合作。伦理学主要处理正当与善的问题,但政治生活之中正当与善的观念分歧本身就是冲突的来源之一,甚至是合乎理性的人之间对这些冲突也无法判断真假——因为它们都是合理的,因此政治哲学的主要问题就是研究政治权威,研究"殊途同归"(as drive us apart as to bring together)的协作性政治生活。[2] 他认为政治权威的证成当然是道德性的,涉及关于政治道德根基的问题,但是政治权威本身无须体现出任何的道德特征。

对于拉莫尔而言,政治权威并不是为了服务于行动主体更好地服从理由,而是为社会提供稳定的协作性基础,使持有不同道德观点的人能够相互合作,或者至少相对和谐地共存于同一个社群之中。也就是说,只要权威能够提供这样的基础,它就成功得到了证成。于是,他将矛头对准了"至善论自由主义",并认为这是由拉兹所开创的一派理论,应该主张"政治自由主义"的政治哲学理论。[3] 政治自由主义不同于至善论,它并不要求社会主体具有单一的完备道德观念,甚至不去考虑社会主体的完备性道德观念,它只要求社会主体服从于政治领域的重叠共识,并且不同的主体的服从理由也不要求相同。按照拉莫尔的观点,这一重叠共识的核心就是和谐共存,并没有

---

〔1〕 See Ronald Dworkin, *Justice for Hedgehogs*, Belknap Press, 2011.

〔2〕 Charles Larmore, *What is Political Philosophy*?, Princeton University Press, 2020, p. 4.

〔3〕 Charles Larmore, *What is Political Philosophy*?, Princeton University Press, 2020, p. 131. 这也是书中唯一一次提及拉兹,但毫无疑问,拉兹的理论属于他所批评的对象。另外,拉莫尔认为自己政治自由主义超越了罗尔斯,因为后者仍然囿于将分配正义理论作为重叠共识的核心,这使政治哲学无法脱离伦理学。

任何的道德观念的存在。拉莫尔认为,至善论错误地混淆了政治问题和道德问题。在政治领域之内,权威的规范性属于政治问题,只需要成功处理了社会共存或社会协作事宜。政治权威只需要两步就可以获得完全的规范性,首先该机构提供了对其规则的一些证成,然后这种证成得到了社会大体上的接受。然而,无论如何这种政治正当性或规范性不同于道德正当性,提供的或被接受的证成并不等同于事实上的道德正确。拉莫尔似乎认为,政治权威当然可以继续推动道德正当性,但是这和政治权威的规范性没有关系。

拉莫尔的分析暗示了一个不同于的结论,政治权威和道德权威的证成完全不相干,政治权威的规范性源于非道德的社会共存的处理能力。拉兹肯定不会赞同这样的分析,服务型权威是对权威一般性的证成,拉兹认为它能够适用于所有的实践权威,不同的权威类型或许会在此之上添加证成的要求,但基本的证成仍然是"理由进理由出"的模式。也就是说,在拉莫尔看来政治权威规范性间隙与道德性的提升是两个不同的方向,而在拉兹这里两者是等同的。

本书无意评判至善论自由主义与政治自由主义之间的优劣,不过拉莫尔的观点为我们理解法律权威似乎有所帮助。由于规范性在政治和道德领域有所区别,拉莫尔似乎认为政治权威主张权威并获得一定程度的接受之后,就能够带来政治义务,这与拉兹的观点——不存在一般性的服从权威的政治义务——形成了鲜明的对比。[1]由于拉兹拒绝了一般性的政治义务,这使对法律权威的解释出现了一定困难。在拉兹的法律理论之中,命令性规范处于绝对的核心位置,而非命令性规范的规范性依附于命令性规范之上,"自身不是完整的行动理由,但是具有规范性力量"。[2] 对于法律权威来说,其关

---

[1] See Charles Larmore, *What is Political Philosophy*?, Princeton University Press, 2020, p. 43. 拉兹的观点贯穿于各个时期的著作之中,例如 Joseph Raz, *The Authority of Law: Essays on Law and Morality*, Oxford University Press, 1979, p. 261。

[2] [英]约瑟夫·拉兹:《实践理性与规范》,朱学平译,中国法制出版社 2011 年版,第 115 页。

键就是能够提供承载着法律义务的命令性规范调整社会主体的行动。命令性规范本身是一个保护性理由,也就是同时作为排他性理由和一阶的行动理由。如前所述,这样的理由在完全具备规范性的情形之下能够影响行动主体的实践推理。

然而,现实之中的大多数法律制度无法完全通过依附命题和常态证立命题的测试,因此并非首尾两端的事实权威和完全的正当权威。事实权威主张的行动理由本身不具备规范性,其法律义务并非真实的法律义务;而完全的正当权威主张的行动理由充满着规范性,其法律义务本身也是道德义务。在这两端,一般性服从权威政治义务的缺失并不会带来多大问题。但是,现实中的法律制度其权威是程度性的,政治义务的缺失就产生了极大的解释困难。一方面,法律之中有着许多命令性规范;另一方面,人们没有服从这些规范的一般性义务。那么这些命令性规范或法律义务的排他性力量似乎只能是程度性的,行动主体对其服从也会是程度性的。例如,一旦权威在特定的事项上没有按照依附命题吸收所有的一阶理由,其发出的指令在该事项之上就不具备排他性力量。在道德领域,这可能没有问题,因为权威是在主张理由,理由本身是可以具备一定分量,也能够被压倒的。但在法律领域,法律义务不是分量性的,而是或有或无(all or nothing)的问题,我们能否说法律权威主张的法律义务本身不是义务,而仅仅是理由呢?毕竟在权威完全拥有规范性之前,保护性理由的排他力量都不够充分,理由很难演变成一种不败的理由。

拉莫尔的理论可以轻易避免理由和义务之间的错位,政治权威解决或试图解决合作性问题,法律义务就是真实的义务,而非仅仅具备排他性分量的理由。而在拉兹理论之中,合作性问题虽然很重要,但这只是权威的功能之一,也就是服务行动主体的方式之一。但是,笔者认为拉兹的规范性理论之中仍然可以找到解释资源,来回答法律义务的真实性问题。如果说拉莫尔的政治规范性和道德规范性是两条平行的路线,那么拉兹的两种规范性则是处于同一条线路之上,因此道德理由也就是解释法律义务的唯一单元。拉兹肯定不会同意拉莫尔关于政治权威可以不具备任何道德性的观点,他可能会主张道德权威和政治法律权威之间的区别仅仅在于制度化的程度不同。因此,行动理由和法律义务也并没有类型上的区别。我们最好将第二个规范性间隙之中的某一个点视为法律义务成立的阶段。在此之前,由于规范性的缺失,法律制度主张的法律义务不过是“虚假”的义务,这类似于纳粹国家的法律制度。而通过了该点之后,法律义务就真实存在。当然,法律义务不是一个不败的理由,人们可能有道德理由违背法律义务。例如,为了救人而违反交通法规闯红灯。但是,由于法律义务已经存在,它所具有的规范性力量将远超该点之前的状态,排他性的一面能够发挥相当大的作用,通常情况之中也很可能会成为一个结论性理由。同样,通过了这个规范性的点,权威也就成了真正的权威,尽管它还不足以成为一个完全的正当权威。

因此,第二个规范性间隙之中隐藏了复杂的情况。现实之中尽管难以出现完全具备正当性的权威,但是可能会具有形形色色的真实被称为“权威”的法律体系。这可能是制度化权威区别于非制度化权威的重要方面之一,也就是具备着规范性“量变产生质变”的可能性。但是,通过这个点需要有什么样的要求呢?笔者认为,拉莫尔所主张的社会合作或社会的和谐共存可能是最主要的要求之一,这或许也可以解释拉兹为什么在后期非常注重权威所发挥的合作性功能,“建立政治权威正当性的重要因素(如果不是主要因素的话),就是它们有能力保护协作”。[1] 也就是说,社会协调功能很可能是权威建立过程之中,早期的关键性因素之一。

然而,权威的规范性间隙终究是一个道德问题,真正的权威并不是完全的正当权威。尽管在通过规范性的点之后,法律义务成为真

---

〔1〕 Joseph Raz, *Between Authority and Interpretation: On the Theory of Law and Practical Reason*, Oxford University Press, 2009, p. 153. 拉兹在该部分也批评了拉莫尔式的将权威正当性完全系于合作性问题的观点,认为常态证立还包括了提供“可依赖的关于最佳选择的判断”等。

实的义务,但是这并不意味着它的排他性功能足够强大,也不意味着它能够成为名副其实的“服务型权威”。规范性间隙的存在意味着真正的权威需要朝着完全的正当权威继续迈进,以通过服务型权威的两大命题作为终极目标。这或许是拉兹政治理论之中的“至善论”一面。通常,对拉兹至善论自由主义的解释认为,国家有义务提供足够多的选项,赋予社会主体尽可能多的“自治空间”。这确实是拉兹伦理学的自由主义一面,但是他的理论之中还有至善论的一面,权威不是简单地提供选项,而是提供“有价值”的选项,也就是提供道德或者非道德的行动理由。同时,权威还应该反对或不主动提供没有价值的或是邪恶的选项,尽管他对强制性取缔采取非常谨慎的态度,“它并不延伸到道德上不良和令人厌恶的人。由于自治权只有在面向善的情况下才是有价值的,因此它没有理由提供或保护毫无价值的选择,更不用说坏的选择”。[1] 也就是说,权威有着立德树人的义务。在拉兹的理论之中,权威不过是一种中介服务机构,它唯一能够做的事情就是为行动主体提供行动理由。那么它只有自身不断增加规范性,通过服务型权威的两大命题检测,才能更好地实现这一任务。因此,拉兹的至善论很可能并不仅仅是行动主体的自我完善,同时也包括权威自身的自我完善,从真实的权威迈向完全的正当权威。[2] 同样,从这个角度来看,拉兹的至善论伦理学才是他的规范性理论与“薄的法律规范性理论”的关键区别所在,前者不可能同意将法律规范性还原为诸如惯习和约定这样的非道德性社会事实。

---

〔1〕 Joseph Raz, *The Freedom of Morality*, Clarendon Press, 1986, p. 411.

〔2〕 值得提醒的是,权威的规范性间隙无疑是道德间隙,但是这并不意味着制度化的权威与道德权威完全等同。毕竟,道德是人类生活无可脱离的领域,而现代政治和法律通常只管辖公共领域的重要问题,因此完全的政治权威或法律权威不等同于道德权威,它只是在适合其管辖的范围内成为道德权威。也就是说,与拉莫尔不同,拉兹的至善论使得法律、政治和道德权威在规范性领域朝向同一矢量方向运用,但是它们管辖的问题范围并不等同。

附记：权威拟人化的难题

前述分析已经表明，如果透过规范性间隙的视角，拉兹的渊源论与规范性理论之间就不存在矛盾。一方面，所有的法律都必须符合渊源论，这是法律的概念性特征，不具备社会渊源的规范，我们就不能称其为法律，无论其在格式与内容上与“法律”多么的类似；另一方面，法律的正当权威与保护性理由是一种理想型理论，只有通过服务型权威两大命题的检验，法律才能真正地拥有规范性。规范性间隙还告诉我们，完全拥有规范性的法律很可能只能在理论上存在，现实社会中多数的法律体系都处于事实权威与正当权威之间，它们或多或少的拥有着规范性。因此理解现实社会的法律，就必须同时考虑其事实面向与规范性面向。

这样的分析使我们可以很好地理解权威理论中的另一个元素：作者(author)。作者与权威(authority)有着词源上的联系，仔细考察排他性法律实证主义的文本可以发现，法律权威是一种拟人化的存在。法律总是主张权威，这就预设了一个类似人格化的主体，[1]它发出声音、影响他人。理论权威的例子能够更好地说明这一点，设想一位德高望重的医学权威，他在该医学领域内的判断被后学者奉为圭臬。由于他在医学领域内造诣精深，他说的话成为一种理论理由。也就是说，尽管我们可以根据个别理由判定规范性，但这些规范性是集中于一个主体之上。所以我们会说这位医生是权威，而不是说某句话是否为权威(除非这句话附属于某个权威的人格)。从这个角度来看，法律权威的拟人化似乎并不合理。无论是西方的议会立法，还

---

[1] See Joseph Raz, *Between Authority and Interpretation: On the Theory of Law and Practical Reason*, Oxford University Press, 2009, p. 329-345. 拉兹也强调，预设法律权威的作者并不预设一种斯卡利亚大法官式的原旨解释，类似的观点亦可见马默较为清晰的论述，See Andrei Marmor, *Positive Law and Objective Values*, Oxford University Press, 2001, p. 96-99。

是司法中的诉讼程序,都表明了在法律规范的背后存在各种利益的纷争,并不存在单一的人格形象,据此德沃金与沃尔德伦否定拉兹式法律权威的可能性。[1] 不过在拉兹看来,这样的反对意见误解了他的理论。权威不代表没有分歧,也不代表产生权威的过程没有分歧,它只意味着权威产生之后需要对分歧作出裁断。在西方国家中,不同的党派代表了不同群体的利益,因而立法过程在很大程度上就是利益博弈的产物,权威理论并不关心这一点。它只关心当正当性法律权威建立起来之后,之前的分歧就不应该存在。根据依附命题,法律权威吸纳了分歧,要求之前背景性理由在与法律规范相冲突的时候被排除在行动之外。因而,分歧本身并不摧毁权威理论。

然而,如果要将法律权威理解为一个拟人化的权威,仍有一个问题有待解决。这是因为法律本身是一种非人格化的存在,这使它无法获得上述理论权威的人格属性。接续医学权威的例子,无论我们如何解释这种理论权威,它都能附着在一个统一的人格之上,也就是说理论上不可能提供相互冲突的理由。即使现实中提供了这类理由,也可以简单的通过肯定其一而获得融贯性。比如,这位医学权威今天对心脏病的人说,你应该服某个药品,明天却对他说应该停药,如果要解释这种理由上的不一致,他就必须指出他前一天是考虑错误或没有注意到每个事实,以此来保证一种理论人格的融贯性。然而,法律权威没有一个人格作为融贯性保证。由于理由总是类别化的,即使这些理由总是能够通过服务型权威观的两大命题,将它们整合在一起时,相互矛盾冲突的可能性仍然存在。因此,在拉兹的类别化理由与这些理由体系化之后形成的法律权威之间,似乎有一个潜在冲突。拉兹似乎也看到了这一点,因此他在反对德沃金的"强融贯性"理论的同时,也指出自己支持一种"局域融贯性","每一个独

---

[1] 参见[美]罗纳德·德沃金:《身披法袍的正义》,周林刚、翟志勇译,北京大学出版社2014年版,第223~235页;[美]杰瑞米·沃尔德伦:《法律与分歧》,王柱国译,法律出版社2009年版,第111~151页。

特价值的适用应该被一致地追求，这产生了一些融贯的小口袋（pockets），它存在于或应该存在于法律反映一个压倒性的道德或评价关注的地方”。[1] 然而，笔者认为这追求特定价值时的局域融贯并不能很好的解释法律权威的整体性，因为特定法律体系追求的不仅仅是单一的价值。我们必须从体系性出发，超越拉兹的“局域融贯论”，构建一种整体化的法律人格。

法律是一个体系化的存在，体系化意指所有的法律规范按照一定的方法有序地组成了一个整体。前述服务型权威观表明，两大命题奠基在背景性理由之上，这使权威的规范性来源不得不个别化。在最理想的情况下，法律提供的保护性理由之间没有任何冲突，这样规范的规范性总体就等同于法律体系的规范性，然而这样的规范性传导很难在现实中存在。由于法律体系结构性的损耗，也由于某些价值之间的不可通约性，个别理由的依附与最佳无法成为体系的依附与最佳。“规范的特点在于他们所构成行为的理由类型，一般说来，这是普遍和重要的行为理由……但是就规范体系而言，人们有理由允许这种关于行为理由的个别规范的重要性的种种考虑被规范的系统本质而取代”。[2] 这段话似乎表明，除了我们前述的规范性间隙之外，法律权威的拟人化本身造成了另一类规范性间隙：体系与理由。在理想型理论或中心案件之中，理由与体系之间不存在任何规范性损耗，法律权威发出的每一个保护性理由都能符合两大命题的解释；在另一个极端，法律体系无法真正整合背景性理由，因而只享有结构上的融贯性，也就是说在表面上它是一个规范性存在，但仔细检测它提出的理由无法为行动主体提供“服务”，因而也不可能真正获得规范性。如前述的规范性间隙一样，现实中的大多数法律体系处于两大极端之间，结构上的损耗只会削弱，但不会耗尽其权威的规

---

〔1〕 Joseph Raz, *Ethics in the Public Domain: Essays in the Morality of Law and Politics* (*Revised Edition*), Clarendon Press, 2001, p. 315.

〔2〕［英］约瑟夫·拉兹：《法律体系的概念》，吴玉章译，中国法制出版社2004年版，第241页。

范性。这两种规范性间隙形成了一个法律体系的规范性矩阵,笔者试图勾勒如下(见图1):

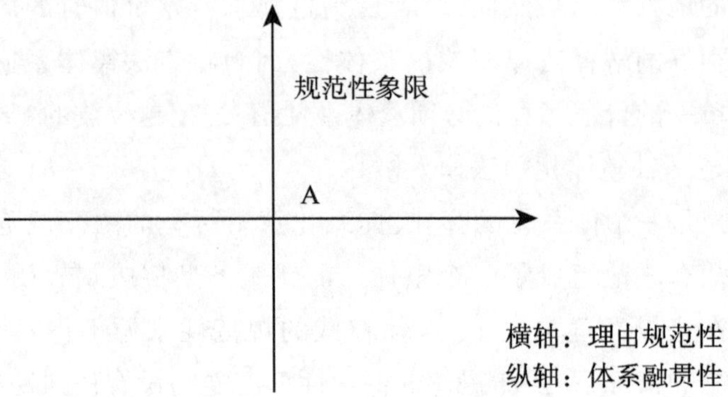

图1　两种规范性间隙形成的规范性矩阵

在这个规范性矩阵中,坐标A代表了规范性的起点。横轴上的A点是只主张但不拥有权威的法律,前文称其为事实权威;而纵轴上的A点是仅仅具有体系性的规范结构,比如有着初级规则与次级规则,它能够获得表面上的法律体系特征,但由于结构内部的不融贯,从一阶理由中获得的理由规范性损耗殆尽。这样看来,只有通过了A点测试的法律体系才有规范性,也就是说只有第一象限才是规范性象限。理想型状态处于右上角可能的顶端,而大多数法律体系处于规范性象限的某个坐标之上。通过坐标我们也能清晰的对比不同体系的规范性程度。对于某个特定的法律体系,超越了A点之后,纵轴横轴的延伸就是其规范性的增强。

与此同时,两个规范性间隙也能够解释拉兹理论中的一个细微差别。在谈到法律权威理论的时候,他采用的是一种理想型理论,这种理论要求一个规范体系完全符合服务型权威的两大命题,因而是一个完整的正当权威;然而,在论及实践差异时,他并没有预设这么高的权威门槛。这是因为理想型理论中法律权威具有不可置疑的正当性,在每一个场合中都能够符合依附与最佳的要求,由于它就是一个道德形态,不可能产生实践差异。[1] 不过,现实社会中不可能有这种理想型权威,所以在特定的场合下法律能够造成实践差异,也就是说与道德慎思后的结论性理由并不一致,这时拉兹认为我们仍然应当服从法律权威。他甚至有时认为,对于有着足够正当性的权威而言,即使偶然犯下的“重大”错误,也不能否定其规范性,只有当犯下“清晰”错误(如突然命令屠杀无辜),这时才又资格否定其规范性。[2] 笔者认为,在这时拉兹谈论的法律权威只能是一个非理想的状态。它虽然达到了相对较高的要求,处于规范性矩阵的相对高点,但由于权威的规范性来源以及体系的结构性问题,法律提供的保护性理由并不能保证每次都能与结论性理由保持一致。这时它虽然造成了实践差异,但由于其整体上有着较高的规范性程度,拉兹有时还是很愿意称其为法律权威。如果这是对拉兹理论的正确理解,就能很好地回应马默的一个批评。马默认为拉兹的理论没有考虑到制度背景,这种背景虽然不是规范性的,却能够产生一种实践差异。[3] 他认为如果按照拉兹的理论,一个符合服务型权威的下士,就有道德资格命令规范性相对不足的上将,这明显是反直觉的。不过如果我们考虑到拉兹在谈论实践权威时,预设了一个不那么高的门槛,就会发现这样的批评无法击中拉兹的要害,在制度性权威达到一定程度的规范性门槛之后,他给出的行动理由有可能与最佳行动理由有所区别,这时我们就需要服从前者。即使在实践中是这样,拉兹的理论也预设了出于理想型的考虑,这位下士应该“严格地服从自由的批判”,在服从权威的同时有道德资格要求权威进行规范性改善。

---

〔1〕 See J. E. Penner, *Legal Reasoning and the Authority of Law*, in Lukas H. Meyer, Stanley L. Paulson and Thomas W. Pogge eds., Rights, Culture, and the Law: Themes from the Legal and Political Philosophy of Joseph Raz, Oxford University Press, 2003, p. 71–74.

〔2〕 See Joseph Raz, *Authority and Justification*, Philosophy & Public Affairs, Vol. 14:1, p. 26(1985).

〔3〕 See Andrei Marmor, An Institutional Conception of Authority, Philosophy & Public Affairs, Vol. 39:3, p. 238–261(2011).

第五章　规范性与法治

迄今为止，我们完成了对拉兹法律规范性理论的重构。归根结底，法律规范性理论是一个道德理论。无论是依附命题蕴含的形式道德性，还是常态证立命题蕴含的实质道德性，都表明法律规范性的来源是社会中已经存在的价值，特别是道德价值。但是，规范性理论与我们现实社会的法律制度有什么关系呢？拉兹自己也承认，经验世界中不大可能存在完全具备规范性的制度。有人可能会质疑，规范性理论似乎像是一个空中楼阁，即使它具备哲学或伦理学上研究的重要性，在实用性很强的法学研究之中没有任何意义。然而，这种看法是错误的。尽管规范性理论是对法律现象的高度抽象和反思，但它始终是立基于法律这种社会现象之上。一方面，拉兹的法律规范性理论提升了我们对法律这种社会现象的理解，奠定了经验性研究的理论基础；另一方面，它是一种关于法律的理想型理论，指引着现实的法律制度不断完善的方向。

不过，前文的分析可能存在一定的缺失。对于法律规范性的描述和分析都似乎是一种相对静态的分析，而有效的法律制度是一种运行机制，在现实生活之中展现着自身独特的动态特性。我们通常将这种围绕着法律运转的社会景象称为“法律之治”，或者简称为“法治”。现代社会都强调法治的重要性，通过将“书本上的法”转化为“行动中的法”，国家的社会生活呈现出组织有序的状态。如果说前述的规范性分析是一种图片式的静态画面，那么对法治的分析则试图将这些静态画面连结成一幕关于法律运行的电影。即使我们完成了对于法律规范性的静态分析，也需要考察这种理论能否与对法治的分析保持一致。当然，本章对于法律的动态分析并非完备的，而是片段性地抽取了形式法治、法治与德治、边界性以及完善过程这些可能的疑难问题，来反思和完善前述的法律规范性理论。

通常，拉兹的法治理论被视为形式法治理论的代表，这一理论认为对于法治的定义性特征不包括任何的实质道德要素。本章首先将分析拉兹的法治观，指出尽管其法治理论的确是高度形式化的，但是经由一定的修正之后，拉兹的法治理论可以与道德化的法律规范性理论相容。本章接下来将分析法治的边界性特征，指出一国的法律是在特定的时空边界之内运转，因此法律规范性理论必须嵌入具有时空边界的法治框架之中，以避免一些哲学无政府主义者的批评。随后的分析将重新回到服务型权威观的两大规范性命题，思考法律的有效运转需要如何完善一国的法律制度。本章最后则借助规范性理论指出法治和德治殊途同归，两者并不是非此即彼的关系，一个至善的社会需要两者相辅相成。

第一节　形式法治与实质法治理论

与法律一样，法治是一个无法清晰界定的概念。尽管我们每个人都可以举出法治的实例，但还是很难为它下一个精准的定义。按照哈特的观点，这类概念无法通过传统的种属与差别方式为其下定义,相反我们应该将其置于一个概念使用的情境之中,理解这类概念的含义,“只有通过对某些条件的考量,法律词汇才能得以阐明,而在这些条件下使陈述在其中具有典型用法的那些陈述才是正确的”。[1] 因此,我们最好是阐明法治的特征与运行条件,以此深化对这一类独特的治理模式的理解。在这里,亚里士多德的名言可以作为我们理解法治的出发点,“法治应包含两重意义:已成立的法律获得普遍的服从,而大家所服从的法律又应该本身是制订得良好的法律”。[2] 毫无疑问,亚里士多德的这段话非常模糊,他提出的两大标准都可以做出不同解释,以适应不同理论的需要。后文我们将会看到,特别是对于“良法”的解释,无论是形式法治观还是实质法治观都能从中获得灵感。无论如何,亚氏的标准使我们粗略地看到,法治是一种不同于德治、也不同于人治的治理方式,法律在治理运作中起了根本性的作用。

颇有意思的是,尽管现代国家基本上都将法治作为基本治理方式,但是关于法治的理论论争却没有随之终结。特别是在西方学界,近年来掀起了法治概念的构成要件之争,其中争议的焦点在于形式法治与实质法治这两个“理想类型”之上。布雷恩·塔玛纳哈(Brian Tamanaha)就认为,法治观“尽管相竞争的构想有不少,但它们可以被归纳成两种基本类型,即理论家们众所周知的‘形式的’和‘实质的’两种类型”,[3] 每种法治类型内部又可以从稀薄(thin)到厚重(thick)分为三种模式,根据法治模式可能承载着价值内容的多少,越过法治概念门槛的难度程度有别。比如,最为基本的形式法治观只要求法律规范的有效运转即可,最为厚重的形式法治观则要求采纳特定形式的民主制度。尽管民主制度并不涉及实质的价值内

[1] [英]H. L. A. 哈特:《法理学与哲学论文集》,支振锋译,法律出版社2005年版,第53页。

[2] [古希腊]亚里士多德:《政治学》,吴寿彭译,商务印书馆1965年版,第199页。

[3] [美]布雷恩·Z. 塔玛纳哈:《论法治——历史、政治和理论》,李桂林译,武汉大学出版社2010年版,第117页。

容,但作为一种形式性的价值,也可以将一些国家的法律制度排除在法治概念之外。同样,实质法治观也是如此,塔玛纳哈将19世纪重视个人权利的"法治国"迈向20世纪福利—法治国家的过程视为一种从稀薄到厚重的实质法治的演进过程。由于本书并非对法治理论的全面分析,所有无须涉及这些模式内部的详细区分。对于本章主旨来说,重要的是,形式法治的概念标准不需要涉及任何实质价值,而实质法治的概念标准除了需要特定的形式法治条件之外,还加入了特定的一种或多种实质价值——如自由、人权、共同善等,因此是一个高标准的法治概念。

形式合法性(legality)是形式法治最为突出的特征,"法治的形式观致力于法律颁布的方式(是否由合适的被授权的人以合适的被授权的方式等);所产生规范的清晰性(是否充分清晰以指引人们的行为,以使人能够规划他或她的生活等);颁布规范的时间维度(是前瞻的还是回溯的等)"。[1] 也就是说,支持形式法治的学者将亚里士多德法治概念中的"良法"解释为形式或结构上比较完善的法。当一个国家立法符合特定的合法性形式标准,并且这些法律规范能够得到特定群体的普遍遵从的话,我们就可以称其为法治国家。与我国学者对法治的普遍理解不同,形式法治观在当代西方学界颇有市场。在法哲学内部,法律实证主义者大多是形式法治的支持者。"社会事实命题"是法律实证主义的基本信条,该命题认为法律的概念标准无须诉诸实质价值,特别是道德价值。这样看来作为一种形式主义的法哲学理论,法律实证主义与形式法治观有着天然的亲和力。但是,形式法治的支持者并非仅限于法律实证主义的学者,很多非法律实证主义者同样也对法治持有一种形式的观点。事实上,当代影响最大的形式法治理论当属朗·富勒的程序自然法。

富勒区分了程序自然法与实体自然法,认为尽管两者之间有着

---

〔1〕 Paul P. Craig, *Formal and Substantive Conceptions of the Rule of Law: An Analytical Framework*, Public Law, Aut, p. 467(1997).

概念上的亲和性,但是还是将自己的理论分析限制在前者,因为在现代社会中实体自然法并没有固定不变的具体内容。相反,程序自然法是法律的内在品质,也是任何法治实践成立的基本条件。他认为任何实定法的系统要产生真正的法律效力,就必须在一定程度上遵循形式上"合法性"的建构标准。如果忽视了某种合法性的条件,也就违背了实践理性对法律制定的基本要求,丧失了法律的身份资格。富勒并不像古典自然法理论那样将实践理性视为共同善的组成部分,而是将这两者进行了区分,认为共同善属于法律规定的实体目标,他称之为外在道德或实体自然法;而实践理性是一种实践技艺,如工程技术一般不蕴含任何实质价值,他所关心的程序自然法就是这种技术的化身。富勒将这种自然法与古典意义上的广义自然法则进行了类比,"它们像是木匠的自然法则,或者至少像是一位想使自己所建造的房子经久耐用并服务于居住者之目的的木匠师傅所尊重的法则"。[1] 自然法可以是一种程序上的约束,它关系着法律自身的品质问题,不过这种程序性理论可以服务于多种不同的外在道德或实质价值的目标。

具体而言,富勒认为这样的程序合法性原则有八项:法律的一般性、公开颁布、不溯及既往、清晰性、无矛盾、不规定不可能之事、稳定性,以及官方行动与公布规则之间的一致性。[2] 本书无意探讨这些原则的正确性。富勒自己承认这些合法性原则都不会直接涉及法律的实质价值,因而都可以被归纳到形式合法性的框架之内,有学者将这些原则总结为"一是必须有规则,二是规则必须有能力被遵循"。[3] 不过八项法治原则与形式合法性之间并非只有一种的关联

〔1〕 [美]富勒:《法律的道德性》,郑戈译,商务印书馆2011年版,第113页。

〔2〕 参见[美]富勒:《法律的道德性》,郑戈译,商务印书馆2011年版,第55~107页。不过,也有学者从实质价值的角度理解这八项原则,但这不是对富勒理论的主流理解,也不是法律实证主义者眼中的富勒理论。See Colleen Murphy, *Lon Fuller and the Moral Value of the Rule of Law*, Law and Philosophy, Vol. 24:3, p. 239-262(2005).

〔3〕 Margaret Jane Radin, *Reconsider the Rule of Law*, Boston University Law Review, Vol. 69:3, p. 785(1989).

性，我们可以区分出三种不同的关联情形，合法性在其中起着不同的重要作用。首先，所有原则都有助于实现法律规范的指引功能，也就是说它们都有着工具性的价值。[1] 如果一项或一些法律规范不清晰、有矛盾或规定不可能之事，就无法实现对社会主体行为的有效指引。在这些情况下行动主体不但未能走出困惑，反而还陷入了更深层的行动困境。因而，它们都是规则本身的应有之义，至于规则本身具有何种实体目标则在所不问。其次，某些原则还涉及对人的基本尊重。比如，一般性原则体现的平等、公开性与不溯及既往原则体现的正义等。从表面上看，这些原则与实质价值有一定的联系，但是这种联系只是间接的。即使是纳粹国家的法律也同样可以符合一般性、公开性和不溯及既往的原则。这些原则不是实质价值的内容本身，而是实现实质价值的必要前提。所以，富勒虽然主张程序自然法和实体自然法之间的密切关系，但仍然在分析层面上严格区分两者。最后，富勒最为重视的最后一项原则——官方行动与公布规则之间的一致性——同样也只是形式性的原则。这项原则所强调的是法秩序的生成，也就是说书本上的法律与实践中的法律的一致性。通过这种"依法而治"（rule by law）的方式，法律成为官员实际遵守的行为准则。若是道德原则或其他法外的价值理念与法律相冲突之时，官员需与法律的规定行动一致。这与拉兹对保护性理由或先占命题的论述非常相似，但由于富勒的程序自然法理论并未涉及规范性来源的问题，这项原则可能比拉兹的描述更加形式化。

富勒的程序自然法理论颇具影响力，也一直面临着多样的批评。作为一种法治理论，富勒从未清晰地表明这些合法性原则如何形成一种有效的法律秩序。更为重要的是，富勒有时将这些原则视为法治的概念性特征，有时又将其视为一种道德理念，这两者之间存在的

---

[1] See Bruno Celano, *Publicity and the Rule of Law*, in Leslie Green & Brian Leiter eds., Oxford Studies in Philosophy of Law: Volume 2, Oxford University Press, 2013, p. 113.

张力使我们无法定位富勒的真实立场。如果将这种形式合法性视为一种道德理念,也就是说处于富勒自称的"愿望的道德"一端,〔1〕这些合法性原则或程序自然法就难以避免如下指摘。第一,形式合法性是一种空洞的法律理论。形式合法性秉持政治上的中立原则,因而既可以适用于英美的法治方式(rule of law),也可以适用于德国19世纪盛行的法治国(Rechtsstaat)方式,甚至可以适用于一种纳粹式的法律观。由于它具有过于广泛的解释面,使这个道德理念在日常用语中有着特定评价性意义的概念失去了价值。第二,从历史的角度看形式法治观也并不合理。尽管亚里士多德提出了法治的概念,但是法治实践的历史至多只能上溯到启蒙时代的17世纪。〔2〕这种法治实践或西方法治传统是伴随着对君主权力的限制而产生的,"这种限制超出了政府必须制度并遵守呈现恰当规则形式的法律的思想,纳入了下述理解:有某些特定事情是政府或主权者不能从事的",〔3〕各种权限与责任被写进了法律。因此,中立的形式法治观无法解释法治实践的历史。第三,形式法治观必然产生一种法律工具主义思维,对法治实践会造成损害。一方面,"当达到目的或聚焦于结果成为法官裁判的最高目标时,法律体系受规则约束的特性就会有所减损";〔4〕另一方面,没有实质价值的法治容易使公民失去对法治的信心,从而对司法的客观性产生怀疑。也就是说,法律工具主义

〔1〕 Nigel E. Simmonds, *Straightforwardly False*: *The Collapse of Kramer's Positivism*, The Cambridge Law Journal, Vol. 63:1, p. 98-131(2004). 西蒙斯对富勒的解释遭到了学界的批评,克拉默就认为富勒的理论并没有将法治视为一种"内在道德理念", See Matthew H. Kramer, *On the Moral Status of the Rule of Law*, The Cambridge Law Journal, Vol. 63:1, p. 65-97(2004)。

〔2〕 参见吴玉章:《西方的法治理论》,载郑永流主编:《法哲学与法社会学论丛》第三卷,中国政法大学出版社2000年版,第220页。吴玉章教授将法治实践的世界历史进程分为三个阶段,第一阶段为17~19世纪,第二阶段为19世纪中叶到20世纪中叶,第三阶段为20世纪末期。

〔3〕 [美]布雷恩·Z. 塔玛纳哈:《论法治——历史、政治和理论》,李桂林译,武汉大学出版社2010年版,第124页。

〔4〕 Brian Z. Tamanaha, *Law as a Means to an End*: *Threat to the Rule of Law*, Cambridge University Press, 2006, p. 227.

将法治视为一种可以配备于任意目的的手段,使法治实践脱离了道德约束,无论是官员还是公民都容易失去对法治的信仰。

由于上述这些困难,形式法治观的批评者们就强调法治的概念必须在形式性的基础之上加入实质价值的内涵,这种实质价值既可以是个体善,也可以是共同善。当然,批评者们对实质价值的内容多有争议,特别是厚的法治理论往往在其中添加了过多的内容。比如,持有西方中心主义观念的学者往往会将西方社会看重的价值视为法治概念标准的关键价值。不过,无论哪种实质法治理论,它都强调法治不仅仅是一种形式上的要求,相反当我们将一种治理模式命名为法治模式时,必须直接联系到实质价值的具体规定。在纳粹式、种族隔离式或者君主专制的国家中,即使符合形式合法性要件,也不可能出现一种法治运作形态。换句话说,实质法治观将亚里士多德的"良法"更多的解释为实质价值上的良善,特别是采用了现代道德观的善恶评价标准。这就使我们能够将法治概念与法治实践、法治历史进行了很好的对接,解决了法治观念中"公共性与第二人称性的张力"。[1]

然而,实质法治理论始终面临的问题在于,无法给出需要纳入法治的实质价值清单,这就使实质价值的支持者要么使用高度抽象的价值概念,如民主、自由、正义等,无法将其与具体的国家法治实践相联系,也无法指引法治实践的完善;要么局限于地方性价值,无法给出一个普遍的实质法治理论,或者企图将地方性的价值强加于其他法治模式之上,可能会导致一种法律帝国主义。有学者正确地指出这种危险,"把某些价值观念,特别是那些因时因地才显得具有合理性的价值观念纳入法律,并以法律的力量全面推动它们的实现,可能会导致使这些价值观念普遍化、绝对化,这在理论上是没有道理的"。[2] 或者正是这样的两难,导致了西方主流法哲学仍然倾向于

---

〔1〕 沈宏彬:《反对形式法治》,载《法制与社会发展》2017 年第 2 期。
〔2〕 吴玉章:《法治的层次》,清华大学出版社 2002 年版,第 77 页。

一种形式法治理论,并且是一种概念性的法治理论。

第二节 拉兹的形式法治理论

目前看来,无论国内还是国外,关于形式法治与实质法治之间的理论争论仍在继续,但是对于本书所关注的法哲学理论家拉兹来说,其理论应该归于哪一个派别呢？答案几乎是肯定的,大多数学者都同意拉兹是一名形式法治的支持者,并且其法治理论是排他性法律实证主义理论的自然延伸。

拉兹认为,当代关于法治的各种论述常常存在两种谬误,这些谬误将法治神秘化与神圣化。其一是过于重视法治的价值,弗里德里希·哈耶克就是这样的代表。类似于形式法治理论,哈耶克将法治等同于规则的治理,并认为法治提供了清晰、明确、前瞻性的法律规则,稳定了人们的行为预期,是现代经济社会稳定有序的基础。但是,哈耶克将法治与其他治理方式进行对立,认为在现代社会中法治具有至上的优越性。另一种谬误是将法治口号化,这种观点在“德里宣言”中得到了明确的表达,它将几乎所有的正向价值都纳入法治的概念之中,以至于这个概念无法承受其价值重量,最终成为无意义的口号。拉兹似乎认为,如果法治在法哲学领域之中是一个有意义的分析概念的话,那么人们就应该仔细剖析其优点与缺点,并指出在何种条件下,法治应当成为国家的一种政治选择,以及在践行法治的过程中,应当如何弥补其缺陷。拉兹警示到:[1]

> 法治是一个法律体系或多或少缺乏或拥有的政治理念。这是很常见的。法治也仅仅是法律体系可能占有的优点之一,并通过它进行裁判。不能将它与民主、平等(法律面前或其他)以及尊重人或尊重人的尊严的人权相混淆。

〔1〕 Joseph Raz, *The Authority of Law: Essays on Law and Morality*, Oxford University Press, 1979, p. 211.

> 一种基于否定人权、广泛贫困、种族隔离、性别不平等以及宗教迫害的非民主式法律体系，在原则上可能比任何更为开明的西方民主国家的法律体系更符合法治的要求。这并非意味着它比西方民主制更好。它将是一种特别糟糕的法律体系，但在一个方面是卓越的：与法治相一致。

从这段话来看，拉兹将法治视为政治制度的价值之一，但这项价值不可与自由、平等、正义、民主等相混淆，它们是相互独立的价值，并且根据拉兹的价值理论，很可能是不可能通约的价值。不可通约性，是指在抽象层面上，我们既不能说某项价值一定胜过其他价值，也不能说两项价值具有相同的分量。[1] 当然，不可通约并非说毫无关联，这些价值在很大程度上是相互支撑的，但是我们既不能将某项价值视为一项终极价值，也不能在概念上从一个价值推导出另一个价值。例如，不可能说提升法治一定会带来自由或民主的结果。虽然价值之间不是一种全有或全无(all-or-nothing)的状态，但是不可通约的价值在实践中也会产生冲突，因此政治家们就会选择，这项政治制度需要被赋予多大分量的法治、民主、自由等价值。在一项政治制度建立或完善时，有权者需要根据具体的社会情况对这些价值的分量进行权衡取舍。

这样看来，拉兹对法治的描述完全符合于其法律规范性的理论，也就是说，拉兹眼中的法治概念不只是在描述一种社会存在的事态，也是在描述一种价值概念。这对我们进一步理解与拓展拉兹的法治理论至关重要。不过，目前我们仍需深入拉兹自己的论述，看看这种法治的概念标准有哪些具体的内容。与富勒一样，拉兹为法治

---

〔1〕 See Joseph Raz, *Engaging Reason: On the Theory of Value and Action*, Oxford University Press, 1999, p. 46－66. 拉兹对不可通约性与社群价值实践之关系的论断，也可参见 Joseph Raz, *Value, Respect, and Attachment*, Cambridge University Press, 2001, p. 5。

也提出了八项重要的原则:[1]

(1)所有的法律都应当前瞻性的(prospective)、公开的与清晰的;

(2)法律应当相对稳定;

(3)特别法(特别法律指令)的制定应该受到公开、稳定、清晰与一般规则的指引;

(4)必须确保司法独立性;

(5)必须遵守自然正义原则;

(6)法院应当对其他原则的实施有审查权;

(7)法院应当易于接近(accessible);

(8)不应容许预防犯罪的机构利用所拥有的自由裁量权滥用法律。

与富勒不同,拉兹认为他给出了一个开放的清单,八项原则并没有穷尽所有的合法性条件。不同的社会完全可以根据自己对法治价值的实践补充更多的法治原则。这不但是必要的也是必需的,很可能法治如同其他价值一样都是一种社群性的价值,其内容及实现方式完全依赖于群体的社会实践。不过拉兹似乎认为,这八项原则大体上概括了法治概念的核心,它们共同构成了法治模式最低限度的形式合法性标准。尽管与富勒的合法性观点有着细微的差别,但拉兹的理论同样也是一种形式法治理论,可以说是富勒理论的加强版。

前三项原则是关于法律规范的法治原则,事实上拉兹这三项原则基本上是对富勒原则的重述,它们共同界定了在规范的形式层面上,什么才是亚里士多德口中的"良法"。法律规范是法律制度有效

---

[1] See Joseph Raz, *The Authority of Law: Essays on Law and Morality*, Oxford University Press, 1979, p. 214-218. 最近,拉兹修订了早期对法治的一些观点,重新列举了十一项原则。尽管拉兹的原则有一定的修正,但他仍然是形式法治理论的支持者,并特别强调法治并不确保(guarantee)正义、民主和人权。See Joseph Raz, *The Law's Own Virtue*, Oxford Journal of Legal Studies, Vol. 39(1), 2019, p. 1-15.

运转的基础，拉兹的这三项法治原则关注了法律规范的基本特征。[1] 法律规范的作用在于指引人们的行动，特别是带领困惑之人走出困境，这就要求规范能够被行动主体识别并遵从，因而必须在一定程度上符合(1)的要求。由于法律稳定人与人之间的行动预期，是形成个人与社会规划的基本前提，而且法律并不仅仅是对短期规划进行规制，还有助于社会形成中长期的规划，因此任何法律规范必须相对保持稳定，这是(2)的要求。朝令夕改的法律人为增加了社会风险与社会成本，进而会损害人们对法律的信任。(3)则是对法律规范应用的指导。正如凯尔森所认为的，法律秩序的底层是大量个别化的司法与执法决定，只有这种个别化的法律决定(凯尔森称之为特别规范)才会触及人们的行为，这也是法律规范正常运转的结果。法治要求将法律决定涵摄到法律秩序之中，因此必须与法律规范相一致，这时就需要接受一般规范的指引，成为法律体系金字塔的下层结构。[2]

后五项原则将法治上升到了制度层面，补充了富勒集中于规范层面论述的焦点缺失。形式品质涉及了作为整体的法律制度，以及其与其他政治机构的关联，“用来确保执法机构不应通过歪曲执法来剥夺法律本身指引行为的能力，它们应当由能力监督对法治的服从，以及当出现偏离情况时给予有效的矫正”。[3] 其中(4)、(6)和(7)涉及如何处理法院与其他部门的关系，并强调了法治主张自己超越其他治理方式的能力。(5)与(8)是对法律制度作出的整体限制，尽管两项原则其中都是正义原则的体现，但这里的正义原则也仅仅涉及形式正义而非实体正义，是作为形式制度化的任何规范体系都可以推导出的要求，因此不用去探寻法律以及法律制度具体的内

---

[1] See Sionaidh Douglas-Scott, *Law after Modernity*, Hart Publishing, 2013, p. 250.

[2] 参见[英]约瑟夫·拉兹:《法律体系的概念》，吴玉章译，中国法制出版社2004年版，第150页。

[3] Joseph Raz, *The Authority of Law*: *Essays on Law and Morality*, Oxford University Press, 1979, p. 218.

容。如果不接受这些正义原则的指导,法律在社会生活中也无法指引人们的行动,无法构成作为治理方式的法治。比较有趣的是,如同西方其他法哲学家,拉兹早期非常重视法院的作用与地位,这使其关于制度的几项法治原则几乎全部涉及法院的问题。笔者认为,这并不是一个合理的答案,它预设了英美法系的法院功能,其中法院不但是最终的裁决者,还是普通法的制造者。这一点并非不证自明的,不仅是广大的非西方国家,甚至是英美法系之外的西方国家中,法院都没有这样的功能。比如,法国的规范审查权就给予了宪法委员会。事实上,法院的地位和作用由一个国家的政治制度所决定,其他政治机构也与法治息息相关,而拉兹的原则并未直接涉及这些机构,因此关于制度的几项原则很可能根据不同的政治制度有所修正。好在拉兹将法治的原则视为一个开放的体系,这方面的难题暂时不会对我们的论证带来过多的困难。[1]

拉兹认为将法治的概念标准限定在形式领域,有助于我们更好地理解法治的价值。法治的价值在于"大体上遵守法治的法律体系至少在这样的意义将人视为人(persons),法律体系试图通过影响人们的行动环境来指引人们的行为。因此,它预设了人是理性自治(rational autonomous)的造物,通过影响他们的慎思可以影响其行动与习惯"。[2] 这个价值与自由、平等、民主等其他价值并无概念上的联系,都是不可通约的高阶价值中的群星之一,因此在政治制度的建构时就必须清醒地认识到制度所能承载的价值。比如,形式合法性(legality)就很有可能与正当性(legitimacy)发生冲突,而在政治实践中能否消解其中的冲突,最大限度地实现价值就成为衡量政治家的

[1] 拉兹最新的法治原则似乎避免了这一指控,认为各国需要根据"推定的惯习"来建立法治,而这些惯习很大程度上由各国的法治文化所决定,这也使西方的三权分立、司法审查等机制不具有普遍意义,法院在法律领域的中心地位也不复存在。See Joseph Raz, *The Law's Own Virtue*, Oxford Journal of Legal Studies, Vol. 39(1), 2019, p. 1–15.

[2] Joseph Raz, *The Authority of Law*: *Essays on Law and Morality*, Oxford: Oxford University Press, 1979, p. 222.

能力的重要判准。

拉兹直接将法治视为一种消极价值(negative value)或内在价值(inherent value)。这表明法治如同国界的线条一样,对社会生活划出了一块自治领域,并且不会使道德善成为一种无用的冗余。[1] 只要将官员的权力约束在法律的框架之内,我们就有机会实现其他积极价值带来的美好生活,反之权力越过了界限,就会对美好生活带来一定的破坏。“法律不可避免地创设出专断权力的巨大危险——法治就是设计出减少法律自身产生的危险。与之类似,法律可能是不稳定、模糊、溯及既往等,因此侵犯了人们的自由与尊严。法治同样也用来阻止这些危险。因此法治在两个意义上是一种消极价值:除非通过避免恶,对它的遵守不会带来善,而这些恶仅仅是由法律自己产生的”。[2]

由于法治只是诸多价值或理念之一,服从法治带来的善必须与其他善进行平衡。哈特给出了这种法治观最为清晰的例子,在纽伦堡审判中,对纳粹犯人的审判就没有完全遵从不溯及既往的法治原则,而是将这种溯及既往对价值的破坏与正义的价值进行权衡,在这种特殊清晰下,我们应当偏离法治的形式价值,而依照正义的道德观进行审判。[3] 根据这样的形式法治观,拉兹又回到了部分服从的理论,认为行动主体服从法律只是一个程度问题。人们不应当盲目崇尚法治,而是必须认清法治带来的优劣之处,在制度设计上与具体情形中都需要平衡法治价值与其他不可通约的高阶价值。因此,这种形式法治观不要求将法治理念视为一种绝对律令,也不要求不计任何代价服从法治,毕竟生活中有太多我们需要同样实现的价值选择。

---

[1] 参见陈景辉:《法治必然承诺特定价值吗?》,载《清华法学》2017 年第 1 期。

[2] Joseph Raz, *The Authority of Law: Essays on Law and Morality*, Oxford: Oxford University Press, 1979, p. 224.

[3] 参见[英]H. L. A. 哈特:《法律的概念》,许家馨、李冠宜译,法律出版社 2006 年版,第 185~195 页。

第三节　超越形式法治

拉兹是一个形式法治理论支持者吗？如果仅仅关注到拉兹的法治原则，答案毫无疑问是肯定的。他有时将法治称为“法律特有的卓越性”（the specific excellence of the law），有时又称为法律自身的德性（the law's own virtue），[1]是法律自身有效运转所带来的价值。法治作为一种独特的价值理念，有着明确的概念边界和使用意义，并不能化约为正义、自由、人权或其他道德概念。因而，法治够服务于任何一个外在的道德目标。即使是类似纳粹的国家法律也可能在理论上达到概念要求，被称为法治国家。

尽管我们可以慷慨地承认，拉兹提供了一种形式法治的概念理论，但还可以进一步追问另外两个更为重要问题：形式法治理论有意义吗？拉兹的形式法治观与规范性理论冲突吗？囿于主题的限制，本书集中处理规范性与法治的关系问题，并对形式法治的意义问题做出一个有限的回答。[2] 如前所述，拉兹的规范性理论是一个强劲（robust）的道德理论，然而法治的形式观却只承认法治只有一种消极价值，甚至一种工具性价值。[3] 这里似乎存在一个可能的矛盾，拉兹的法治理论与法律规范性之间的矛盾。或许正是因为这种可能的矛盾，有少数学者既将拉兹视为一名形式法治者，又视为一名

---

〔1〕 前一种称谓参见 Joseph Raz, *The Authority of Law: Essays on Law and Morality*, Oxford University Press, 1979, p. 225，后一种称谓参见 See Joseph Raz, *The Law's Own Virtue*, Oxford Journal of Legal Studies, Vol. 39(1), 2019, p. 1-15。

〔2〕 笔者对形式法治意义问题更为详细的回答，可参见金韬：《价值如何进入法治：形式法治理论的失败》，载《法制与社会发展》2020年第1期。

〔3〕 比较矛盾的是，有时拉兹将法治视为工具性价值。比如他经常将法治与刀进行类比，而刀既可以用于杀人也可以用于救人，具体的价值视服务的目标而定。笔者认为，工具性价值并不等于消极价值，消极价值似乎表明了价值本身并不依赖于所选择的目标。

在形式与实质之外第三条路的支持者。[1]

在进入正式分析之前，我们首先需要批判一种可能的错误理解。这种理解基于拉兹伦理学转向之后的一篇文章，认为拉兹改变了自己对形式法治的论断，转向了实质法治理论，已经消解了与规范性的潜在矛盾。在《法治的政治学》一文中，他将纯粹形式的法律正义观念称之为“基于对法治的管理模式论证的正义”。[2] 这种正义观将可预测性价值放在价值链的顶端，认为法律就是人们构建的一种社会制度，这种制度通过给予一些公共的行动理由来稳定个人与社会的预期，因此公开性、中立性与前瞻性等法治要求不过是实现法律可预测性的必要原则。纯粹的形式主义观点成功地实现了法律的“去人格化”，因而与恣意的人治模式形成了鲜明的概念对立。然而，以可预测性价值为中心的法律体系却可能异常僵化，它将每一次对可预测性的违背视为对法治理想的整体违背，甚至要求人们对可预测性的价值绝对服从。拉兹认为，纯粹形式的法律正义观是不可取的，一方面这种社会的司法会十分昂贵，另一方面法律制度会高度技术化，匿名的官员、精致的程序与专业的法律职业将成为这种社会之中最引人注目的特征。当法律的程序正义压倒了实质正义，专业人员就会不惜一切代价阻止人们接近法律。这种形式主义会导致某些社会，“法律变得在金钱上负担不起，在概念上则是陌生且异化的。它服务于商业共同体，但是对于服务人民却不具备回应性(unresponsive)，并且也难以被获得(unavailable)”，[3]然而这种异化的法律制度却能够高度符合纯粹形式的可预测性需要。

不过，若是将该文视为形式法治和规范性之间的矛盾，或是认为

---

〔1〕 See Paul P. Craig, *Formal and Substantive Conceptions of the Rule of Law*: *An Analytical Framework*, Public Law, Aut, p. 477(1997).

〔2〕 Joseph Raz, *Ethics in the Public Domain*: *Essays in the Morality of Law and Politics* (*Revised Edition*), Clarendon Press, 2001, p. 370.

〔3〕 Joseph Raz, *Ethics in the Public Domain*: *Essays in the Morality of Law and Politics* (*Revised Edition*), Clarendon Press, 2001, p. 372.

拉兹已经完成了实质法治的转向，则可能错误理解了拉兹。确实，这段论述反对了某种形式的法治理论，但并不是拉兹本人的形式法治观点。确切地说，这段论述批评了纯粹的形式正义理论，那种将法治的形式性视为独有的、至上的价值的错误观点。所有的形式法治观点都将形式合法性视为核心要素，而形式上的"合法性"其价值基础在于可预测性，但是可预测性不是法律制度所希望实现的唯一价值。即使它是法律自身的德性，也不代表它是法律应当实现的唯一德性。除此之外，法律还需要致力于外在道德的实现，这些外在道德不体现于独立于内容的法律运作过程之中，而是经过某种方式反映于法律的内容里。因此，法律制度有可能为了这些外在的道德而损失可预测性，例如通过衡平、解释等法律方法，或者是在内容之中加入诸如合理、公平、得体等相对模糊的道德语词。所以，该文并不是对拉兹形式法治理论的反对，反而是一种理论支持。法治只是诸多高阶价值的一种，这些价值之间很可能存在冲突，并且法治价值和其他道德价值无法通约，我们并不能仅仅通过提升法律的可预测性，就能够自动获得法律要追求的其他道德价值。法治是法律自身的德性，但不应该是法律所追求的至上的德性。

或许，对形式法治与法律规范性理论之间最为合理的解读应该是，两者之间不具有任何的联系。这是两个不同的理论，就像法律实证主义的法律概念理论和规范性理论一样，形式法治也只是一个概念理论，与道德化的法律规范性理论没有任何的理论交集点。但是，这种解读可能面临着立即的反对意见：与法律的概念不同，拉兹明确认为法治的一种价值理念，而价值本身是法律规范性的来源。一个初步的回答可能是区分不同的价值。法律规范性所需要的是法律产生之前就已经存在的某些重要价值，而法治不可能先于法律制度存在，法治的价值是制度的建设者将一阶理由进行整合之后，由法律制度自身运行过程之中体现出来的价值。也就是说，它不属于前文理由论和权威论所论述的范围之列，它的价值不是法律规范性的组成部分。

尽管这是一个理论上融贯的回答,但它似乎不能很好地说明法律运行的实践状况。如果法治的价值不是法律规范性的组成部分,那么它就只是一个"附随"(supervenience)的价值,立法者没有必要过多地在法治和其他重要的价值理念之间进行分量权衡。如果它不是法律规范性的组成部分,那么立法者凭什么需要纳入政治慎思之中呢?拉兹并没有直接回答这个问题,但我们可以从他的论述之中提炼出相关的答案。

在最近的一篇演讲稿之中,拉兹重述了他的形式法治理论,但有了一定的修订和澄清。如前所述,拉兹早期的论述将可预测性价值等同于法治的价值,形式法治的观点主要建立在可预测性的价值之上,为个体自治带来的益处则被视为可预测性价值的结果。而在新的文章之中,他似乎觉得将法治立基于可预测性的价值之上可能过于单薄,法治及其概念性的构成原则可能有着意欲实现的不同目标。除了可预测性价值之外,他现在更为看重限制专断权力的重要性。[1] 拉兹主张,法治对政府改变和应用法律的方式施加了约束,这是因为政府的稳定性和可预测性对于个体的福祉(well-being)至关重要。正是由于个体福祉这种至高的善,依照法律约束政府才有了独特的意义。法治限制了政府影响个体福祉的方式,政府必须通过先在的、合法的、一般性的、程序性的规范体系影响特定的个体。一旦政府恣意地行动,它很可能会受到法律上的挫败。进而,拉兹似乎提出了一个非常强的理论主张,法治的核心目标是确保政府成为合格的监护人(custodian),通过指引行为和限制专断权力来帮助政府成为服务型权威,"服务于被治理者的利益"。[2]

更新后的法治理论并不仅是对早期的重复,它在两方面修改了

---

[1] See Joseph Raz, *The Law's Own Virtue*, Oxford Journal of Legal Studies, Vol. 39(1), 2019, p. 1-15.

[2] Joseph Raz, *The Law's Own Virtue*, Oxford Journal of Legal Studies, Vol. 39(1), 2019, p. 8.

本章第二节的理论。一方面,拉兹扩张了法治的基础,将限制专断权力提升到更为重要的地位,成为一种独立的价值基础。和早期的论述一样,拉兹再次陈述了可预测性价值的重要意义,但是新的法治版本之中,它被降到了一个较为次要的位置。限制专断权力则成为一个更重要的目标,在结论性部分,他提到"总的来说,法治保护我们免于权力的专断使用,也免于权力的滥用"。[1] 早期的论述将限制专断权力视为可预测性价值的必然结果,可预测性价值带来了个体自治的行动领域,从而帮助个体通过自治的选择实现个体善和社会善。这一划定自治领域的方法现在被清晰表述为独立的限制专断权力的价值,这使得"消极价值"的概括更加合理。另一方面,拉兹明确采用了"狭义的法治概念",将法治视为对政府行为的限制。当然,拉兹早期的文章开篇就强调自己并没有在广义上采用法治概念,而是将法治视为"政府应该依法而治,且在法律之下"。[2] 但是,由于他将可预测性视为主要的价值,其早期的论证过程"事实上"采用了本章第一部分所利用的广义概念,八项法治原则并非限制专断权力的必然要求,而是基于可预测性的推断。然而,由于最新的文章将限制专断权力提升到与可预测性同等,甚至更为重要的位置,"狭义的法治概念"就不得不成为唯一的概念选择。

概念的限缩本身并无太大问题,但是拉兹现在将限制专断权力视为法治的主要价值,这似乎并不符合我们对法治的基本理解。拉兹对这一改变所作的基本解释是,限制专断权力的目标是确保政府成为合格的监护人,有效地服务于被治理者。这一解释完全符合拉兹的服务型权威观,因为服务型权威的基本目标就是服务于行动主体。然而,这一解释也是一个非常强的解释,它很可能不仅赋予了法

---

〔1〕 Joseph Raz, *The Law's Own Virtue*, Oxford Journal of Legal Studies, Vol. 39 (1), 2019, p. 14.

〔2〕 Joseph Raz, *The Authority of Law*: *Essays on Law and Morality*, Oxford University Press, 1979, p. 212. 也可参见 Joseph Raz, *Ethics in the Public Domain*: *Essays in the Morality of Law and Politics* (*Revised Edition*), Clarendon Press, 2001, p. 374。

治消极的价值，还希望法治能够具有促进权威的积极价值。因此，形式法治和规范性理论之间的张力似乎再次呈现，法治理论和权威理论之间可能有着更为紧密的联系。

笔者认为，新版本的最大难题在于法治的两个价值基础之间存在不统一。限制专断权力的价值无疑支持一种狭义的法治概念，但是可预测性价值恰恰相反。尽管该文似乎将限制专断权力的价值视为主要的、独立的法治价值基础，但是我们不能抛弃可预测性价值。无论是法治实践，还是拉兹在其他文章之中的论述都不支持这一点，并且只有奠基在可预测性价值之上，前述对形式法治的种种理解才能够真正成立。然而，可预测性价值并不支持狭义的法治概念。根据可预测性的价值，法律应该制定得清晰、普遍、公开、不溯及既往等，尽管这些法治原则约束了政府行为，但是它们的重点是规范社会行为，是想通过法律的运作带领人们走出困惑，形成一种社会秩序。例如，法治原则要求制定清晰的法律规则，这不仅要求行政法规则需要制定清晰，规范平等主体之间行为往来的民商事法律规则同样也要清晰。因此，可预测性价值与限制专断权力的价值不同，它稳定了社会交往的预期，是社会主体走出困惑所需要的价值，很难仅仅从政府行为之中推断出这项价值的重要性所在。

在理由论和权威论的两章之中，我们已经暗示了这一价值。法律权威服务于社会主体，服务的方式是给予可预测的“保护性理由”，让行动理由与行动主体之间直接联系。可预测性价值本身也是源于这种服务的特性。保护性理由按照“先占命题”发挥功能，无论行动主体的自我慎思会得出什么样的结论，保护性理由都先于该结论成为主体的行动理由。从规范性的视角来看，保护性理由的作用不可能将政府从其他行动主体之中区别开来。我们不仅是因为政府行为的可预测性需要法治，更是因为稳定社会主体的行动预期需要法治。可预测性价值的重要性在于，它构成的一系列法治原则能够有效地帮助主体获知保护性理由，成功将行动选择从自我慎思转移到保护性理由的要求之上。反之,一旦某些法治原则没有建立,我们要求行动主体遵从保护性理由,则会是非常不公平的。从这个角度来理解,可预测性是关涉到整个社会行动的基本价值,与仅仅关涉于政府行动的限权价值并不一样,因此我们最好在广泛的视野下理解法治。

当然,这一论证不意味着可预测性对于政府行为来说并不重要,而是指这一重要性无法脱离更为广泛的社会语境予以理解。"狭义的法治概念"试图将政府行为和其他社会主体的行动区别开来,这既不可能又不可欲。我们最好回到拉兹早期的论述,采用广义的法治概念,将法治视为法律在社会之中有效运转所呈现的状态,可预测性价值确保了社会行为的可预期性,这也包括了对限制专断权力的益处。

不过,与拉兹早期对形式法治的僵化论述不同,我们是透过规范性的棱镜支持了广义的法治概念,以权威论和理由论作为支持可预测性价值的理由,这使法治概念与法律规范性理论之间的结合比拉兹所设想得更为紧密。法治是法律自身有效运转所带来的德性,它成为法律规范性理论的一部分。让我们再次重述,法律规范性理论采用了"理由—权威—理由"的运作结构,这种结构意欲实现的目标是原先一阶理由背后的价值。法治并没有先于这些背景性理由而存在,但正是通过法治背后的可预测性价值,这种结构才能够得到有效运转。如果权威给出的行动理由确实了可预测性的价值,仅仅凭借依附命题和常态证立命题,并不能达到所意图实现的中介服务效果。

当广义的法治概念被纳入法律规范性视角之后,两者之间原先的张力将不复存在。不过,这还是一种形式法治理论吗?这个问题很难回答。表面上看,我们几乎没有改变拉兹对形式法治论述,特别是拉兹早期基本论点。法治仍然基于一种独立的价值,法治也不能确保自由、平等、人权等道德理念的实现。法治是法律自身的德性，我们不能将过多的实质道德塞进这个概念之中，使其成为一个冗余的概念。法治也能帮助个体在一些事项上充分实施个体自治，防止权力专断和权力滥用——尽管限制专断权力无须被视为一种独立的、有足够分量的价值。

但是，由于规范性与法治之间紧密相连，支持上述论点的理由成为规范性理论之中的理由，这似乎超越了对形式法治的既往理解。法治概念被纳入了规范性的视野之下，也就被赋予了更加积极的意义。它不仅是一种消极价值，并且还与其他价值一起努力为改善权威所提供的服务做出贡献。从这一全新的关联性角度来看，实现广义的法治可能也需要在两方面同时进行。一方面通过依附命题和常态证立命题，使保护性理由在内容上成为有价值的行动理由，另一方面也要不断在形式上予以完善，实现法治背后的可预测性价值，使保护性理由能够充分发挥出先占的功能。基于这种论述，形式和实质已经被统合在权威和理由运作的过程之中，单纯的形式法治思考可能不再有足够的意义。

第四节　法治的边界性特征

如果前述分析是合理的话，那么一个正当的法律权威应该是在形式上和实质上都较为完善的法律制度，这为我们思考法治在现代社会之中的重要性提供了思路。不过，在处理现代社会之中法治和德治的关系之前，我们还需要解决一些与法治相关的问题，本节将分析法治的边界性问题。

由于我们将法治视为法律有效运转所产生的特定状态，那么法治可能会和前述的法律规范性理论之间有一个潜在的矛盾。在现实生活之中，法治由一国法律制度动态运转而构成，有着明确的时间和空间界限。然而，法律的规范性理论基于一套客观的理由和价值系统。[1] 尽管拉兹的价值理论主张价值的社会依附性,但是这并不否定某些共通价值的存在,也不否定某个社会的特殊价值,可能在另一个社会的制度之中现实得更好,规范性理论本身并未预设边界。根据拉兹的服务型权威理论,我们可以相对容易地评价不同法律体系的规范性程度,然而法治却意指公民有效地遵从本国的法律,即使这种法律可能不是最优秀的服务中介。这里就可能会出现一个潜在的矛盾,规范性的无边界特征和法治的边界特征有可能冲突。

耶尔·塔米尔(Yael Tamir)在其著作中就批评了拉兹理论的无边界特性,她指出民族国家的"协作性义务"是独立于其道德特征的,而拉兹的政治理论很大程度上忽略了这种义务,"只有认同道德上理想的社会是适当的,这个主张可能适合自由主义的观点,但是却没有抓住协作主体的本质,后者说的是:我们成为团体的成员并因此而在道德上承担义务,而不是合乎道德地承担义务然而才加入团体"。[2] 塔米尔认为在一个特定国家中,至少会有一部分人群会从有边界的民族性与无边界的道德性之视角同时反思自身的政治义务。[3] 也就是说,拉兹的社群式价值观似乎并没有贯彻到他的政治和法律理论中,这导致其道德化的权威理论无法证成基于共同体建立的法治事业。当然,这种批判混淆了不同的理论事业。尽管拉兹笔下的价值具有社会依附的特征,但是规范性理论是一种客观性理论,它独立于人们对义务或权威的主观接受。不过,这样的回驳并不能完全打消塔米尔的指控,特别是我们采取动态视角研究法治时,无

---

[1] 拉兹的理由论区分了理由和意志,有着较为明显的理由"实在论"(realism)倾向,这似乎也意味着他的理由也只能是客观的实在理由。对拉兹的实在论解读可参见 T. M. Scanlon, *Reasons: A Puzzling Duality*?, in R. Jay Wallace, Philip Pettit, Samuel Scheffler and Michael Smith eds., Reason and Value: Themes from the Moral Philosophy of Joseph Raz, Clarendon Press, 2004, p. 245。

[2] [以]耶尔·塔米尔:《自由主义的民族主义》,陶东风译,上海社会科学院出版社 2017 年版,第 176 页。

[3] 参见[以]耶尔·塔米尔:《自由主义的民族主义》,陶东风译,上海社会科学院出版社 2017 年版,第 178 页。

边界导致的问题就会更为突出。

在边界问题上，法律和法治就有了本质性的规范性差别，我们无法将前者的结论简单地挪用到后者之上。有了依附命题与常态证立命题的帮助，人们可以相对轻松地判断一条法律是否为具备规范性的法律，或者是一个法律体系在整体上比另一个法律体系更有权威，发布的法律指令能够成为更具排他性的保护性理由。比如，英国现在的法律体系比中世纪都铎王朝的法律体系更有权威，其法律规范承载的保护性理由也更具规范性。通过这种中立性的观察或超然的陈述，我们可以粗略对比一国与另一国法律的规范性，一国现在与过去法律的规范性问题。然而，这样的陈述却很难运用在动态问题之上。即使是在日常用语之中，"甲国比乙国的法治更具有规范性"这样的说法也非常少见，更何况法律的动态运转状态很难采用完全超然的陈述，并不能因为加拿大的法律制度更符合拉兹的规范性理论，就主张美国公民有义务服从加拿大的法律。在这个问题上，拉兹通过个别化提炼出来的规范性理论，就很难运用到现代国家有明显边界的法治状态之中。

莱斯利·格林为法哲学领域提供了一种研究义务问题的范式，他认为如果要证成服从（法律）的政治义务，这种证成理论必须符合五个方面的条件：(1)道德性；(2)独立于内容；(3)约束性；(4)特殊性；(5)普遍性。[1] 通过对这些条件进行审视，他认为不可能有任何一个理论能同时达到这五个条件，这使他否定了政治义务证成的可能，成为一名哲学无政府主义者。格林自己非常重视第五项普遍性的条件，认为这是任何法哲学与政治哲学理论都可能会遭遇到的阿喀琉斯之踵。在某种程度上，拉兹应该会同意格林的看法。然而，我们在第三章已经证明，尽管拉兹倾向于一种哲学的无政府主义，但他的理论自身并不支持将权威与义务进行彻底分割的解读，这

---

[1] 参见[英]莱斯利·格林：《国家的权威》，毛兴贵译，中国政法大学出版社 2013 年版，第 263~269 页。

种否定政治义务的看法更多的是出于拉兹的意识形态,我们没有必要认真对待。只要将规范性带来的服从义务被视为一种初步(prima facie)的服从,我们就能解决前述的普遍性难题。[1] 大多数人都不会反对为了拯救病人的生命,司机应该在不危害其他人的情况下,违反交通法规闯红灯。因此,拉兹的规范性理论并不一定和(5)相矛盾。然而,斯蒂芬·佩里指出,拉兹的规范性理论更为明显地违背了条件(4),因此是一个失败的理论。[2]

特殊性条件实则就是一个边界条件。格林就谈道,"如果真的存在政治义务的话,政治义务是以疆域为界……政治义务并不是对人类的一般性义务,这种义务要求服从政府,而是公民与国家之间的一种特殊的道德关系"。[3] 道德直觉告诉我们,公民一般来说只会对自己的国家负有义务。进一步而言,有学者已经论证国家边界的存在会产生一种道德影响,对很多道德义务增加了空间限制。[4] 尽管在特定情况下,一个国家的公民会服从其他国家的法律规范,比如在旅游或经济贸易往来之中,但是这不是现代义务的主要形式,民族国家的建立将服从义务牢牢嵌入了特定的时空之中。当采用道德路径证成法律时,不得不考虑到边界带来的这种道德影响。也就是说,当一个国家法律秩序建立起来后,公民身份限制了他们不受他国的法律规范与法律体系的约束。设想 A 国法律规定高速公路只能以 50 码的速度行驶,这种规定就没有 B 国根据车型设定不同的限速标准合理,但是在法律秩序已经建立起来的 A 国(当然这种法律制度需

---

[1] 拉兹的法治理论肯定支持这种"初步义务"的解读,毕竟他多次强调了法治不是一种至上的德性。

[2] See Stephen Perry, *Political Authority and Political Obligation*, in Leslie Green & Brian Leiter eds., Oxford Studies in Philosophy of Law: Volume 2, Oxford University Press, 2013, p. 60-75.

[3] [英]莱斯利·格林:《国家的权威》,毛兴贵译,中国政法大学出版社 2013 年版,第 268 页。

[4] See Anna Stilz, *Liberal Loyalty: Freedom, Obligation, and the State*, Princeton University Press, 2009, p. 4.

要达到一定的规范性门槛),公民们还是应该遵从本国而非他国的要求驾驶。即使我们考虑到法律的规范性间隙,服从并非一种绝对的义务,但也很难证明两国法律规范性的细微差别就能将公民纳入他国的法律制度的管辖权限之中。更为合理的看法应该是,公民对本国具备基本规范性的法律制度有初步的服从义务,但国家也应当根据拉兹的或其他的规范性理论,通过立法修订或法律解释的方式,努力去填补规范性存在的间隙。

确实,拉兹理论的内部资源难以找出解决边界性问题的办法。一个可能的方案是将规范性与强制力进行区分,公民由于强制力带来的激励而服从规范性不足的本国法律体系,这种服从的基础不在于规范性的价值理由,而是出于自我利益的审慎原则。尽管这样的解释在理论上能够消解矛盾,认为公民服从 A 国而非邻国 B 国的交通法规是出于对违章扣分、罚款、拘留等制裁手段的恐惧,但是它并不符合现实社会的真实情形。现实生活之中,即使我们觉得本国的法律体系仍有进步的空间,却也很少在服从法律时考虑到强制力的因素。在更多的情况下,仅仅因为它是本国的法律就能够带来法律的有效运转。因此,我们不能仅仅为了理论的融贯性,而损失了理论对现实生活的解释力。

我们走到了一个死结。前述分析表明,动态性的法治可能要比静态性的法律多出一个特殊的规范性问题的证成步骤,而拉兹的理论似乎没有能够提供相应的资源。在笔者看来,在不过多改动拉兹理论的基础之上,唯一可行的办法是承认法治具有一个先验的时空结构。也就是说,在思考法治以及其他动态问题之前,首先预设一个法律制度的时空边界,而这一边界的规范性本身是无法通过规范性理论得到证成。拉兹曾经谈论到权限问题可以限定权威的先占能力,[1]这时候他似乎意识到需要预设这个边界框架,然而并未予以

---

〔1〕 See Joseph Raz, *The Morality of Freedom*, Clarendon Press, 1986, p. 62.

充分的理论重视。西蒙斯的一些观点或许可以启发我们,他认为政治权威不同于个别化的权威,后者是诸如教师对学生的权威。因而,除了拉兹所愿意承认的一种道德化的权威之外,政治权威更是一种领土类型的权威,领土型权威又包含国家管辖权的权威(jurisdictional authority)以及国家财产类(property-like)的权威主张等。特别是管辖权作为政治权威的地理学权限,"国家首要和一致地主张管辖权,这种权力通过权威性制定或指定职责的方式,(以某种方式或另一种方法)立法并对所有在其领土内进入的人员进行管理",[1]这并不符合道德化的权威证成标准。西蒙斯看到了政治或法治具有边界性的一面,即使不同意他在管辖权与道德规范性之间截然区分,我们可能也不得不同意在法治问题上,拉兹的法律规范性理论必须套上相应的时空边界。

第五节　法律制度的完善

本章的分析在不改变拉兹法治理论核心的基础之上,对这一理论已经进行了些许修订。这使法治部分被纳入规范性的问题之中。如前所述,规范性理论可能要求在形式和实质层面上同时完善法律制度,并且形式和实质两者相互支撑。因此,法治问题在某种意义上也可能和一些实质性的规范性问题发生了关联。基于前文的权威理论,本节将详细论述为了法律制度能够更加真实有效地运转,正当权威要求法律制度应该如何改进。

依附命题是拉兹权威证成的两大命题之一,第三章将其称为规范性的形式道德来源。根据拉兹的定义,依附命题被表述为"所有的权威性命令应当基于如下理由之上,这些理由适用于那些命令的服

---

[1] A. John Simmons, *Boundaries of Authority*, Oxford University Press, 2016, p. 30.

从者并且要对命令涵盖的所有情形有影响”。[1] 该命题提供了吸纳程序调和权威和自律的概念纷争，将权威的正当性溯源至原本已经存在的一阶理由。根据前文的解释，尽管依附命题本身可能无法推断出民主的诉求，但它并不与广义的民主价值相矛盾，而是以一种更高的标准支持民主。在拉兹的法治理论之中，法治和民主是两个不同的价值，前者是法律自身运转体现出来的价值，并不能保证民主价值的实现。但是，第三章的依附命题似乎倾向于一个更强的结论，尽管法治概念不会自动蕴含(entail)了民主价值，但是两者可能有着相当大的亲和力，一个法治国家更有可能支持民主制度。具体而言，依附命题要求充分吸纳既存的一阶理由，这种吸纳可以不必通过民主制度而实现，但是民主制度最有可能完成吸纳的功能，这是因为民主程序就是一种有效的吸纳程序。当然，这种民主制度不能简单等同于西方的竞争性民主，而是欢迎多种民主式的制度渠道，扩大背景性理由的来源，探查背景性理由的真实性，从而能够高标准地达到依附命题的要求。

拉兹曾经以仲裁模式为例说明依附命题，两位当事人因某项纠纷诉诸第三人进行争议仲裁，第三人就必须严格考察纠纷中可以适用的背景性理由，并在这些理由之间进行慎思判断，这样他才能做出具有权威性的仲裁决定。相反，如果仲裁者不诉诸这些理由，听凭自己的想象力进行仲裁，比如采用抽签或抓阄的方式裁判，当事人则不必遵从这种仲裁决定。同样都是当事人和仲裁者组成的三角结构，为什么抽签、抓阄与理由考察会带来规范性的不同呢？这是因为后者充分吸纳了背景性理由，在最佳行动理由与行动者之间提供了中介服务，使当事人能够最好地实现个体或社会价值。拉兹认为，法律的权威同样也是如此。虽然现代法律权威是一种“去人格化”的权威，但是有效的立法过程可以被视作为吸纳背景性理由的过程。根

---

[1] Joseph Raz, *Ethics in the Public Domain*: *Essays in the Morality of Law and Politics* (*Revised Edition*), Clarendon Press, 2001, p. 214.

据第四章对规范性间隙的论述,根据规范性程度的多少,权威给出的保护性理由其排他“力度”可能会有所区别,因而正当权威需要充分、广泛地吸纳背景性的一阶理由。对于法律权威来说,民主的立法制度很可能就是一种吸收背景性理由的有效机制。

沃尔德伦将立法制度视为一种理由的竞技场,这使他将目光集中于竞争性的民主立法过程,通过辩论、协商与投票,最终产生出一种具有权威性的法律。[1] 但是,如果这种立法过程产生的法律能够具有规范性,那就需要假定立法议员提出的“理由”真正反映了社会上真实存在的理。然而,出于种种原因,西方的议会制已经异化成为政客之间的博弈,背后则若隐若现着不同资本家之间的对抗,这种假定的镜面对称性不复存在。[2] 大卫·艾斯特伦德认为,竞争性的民主制度不是“内在”有价值的,只有当它能促进对客观价值的追求,又能被人们平等合理地接受时,它才能够成为法治框架的一部分。[3] 拉兹则可以避开这种理论困难,他既没有假定民主制度的内在价值,也没有假定竞争性民主的唯一地位,而是将民主作为一种吸纳工具,提升法律制度的规范性。因而,竞争性民主立法在恰当反映了背景性理由的时候当然会具有价值,但是如果它已经异化,依附命题就要求一方面修缮竞争性民主,另一方面寻找多种其他的民主制度作为补充,填充法律权威可能存在的规范性间隙。

一方面,竞争性的代议制需要更广泛有效的民众参与。西方现行的代议制似乎并不能很好地实现立法参与,从而使一部分背景性理由被排除在立法过程之外。也就是说,法律制度并没有充分吸纳背景性理由,从而无法为行动主体提供最佳行动理由。事实上,马克思早在19世纪就发现,西方政治法律制度是一种资产阶级制度,广

---

〔1〕 See Jeremy Waldron, *Political Political Theory: Essays on Institutions*, Harvard University Press, 2016, p. 125-144.

〔2〕 参见王绍光:《民主四讲》,三联书店2008年版,第205~242页。

〔3〕 See David M. Estlund, *Democratic Authority: A Philosophical Framework*, Princeton University Press, 2008, p. 105-106. 拉兹本人类似的观点在第三章已经做了分析。

大的无产阶级被排除在政治制度之外。尽管这样的局面在 20 世纪有所改善,女性、移民与少数裔被吸纳到了政治制度之中,但是由于资本对政治制度的侵蚀作用,在立法过程中很难有代表充分反映这些弱势群体的利益。根据依附命题,这些国家就应该改进民主立法模式,或者采用直接民主的方式,或者增设弱势群体的利益代表,使更广泛的民众意见能够反映到立法和政策制定的过程之中。

另一方面,依附命题可能会要求找出更丰富的民主渠道。西方主要的民主渠道都是代议制度,这使即使在理论上扩展参与范围,也仍然有着异化成为政客自身利益表达的可能性。但是,代议制在理论上并非唯一的民主渠道,还可以建立其他的民主渠道吸收背景性理由。比如,近年来理论界非常流行的协商民主模式就是一种可替代性选择。在理想的商谈语境下,不同社会主体之间进行的平等对话可以形成一种事实性与有效性之间的沟通媒介,从而形成的法律规范对于参与对话的主体就有了完全的规范性。[1] 商谈理论将实践理由视为主体间性的建构,从而与拉兹的客观性理由观念有一定冲突。不过重要的是,这种理论让我们看到,民主立法并不仅仅只有一种形式,但无论其形式如何,都必须"基于道德与政治证成的理论"之上。[2] 在制度实践方面,即使协商民主不能完全替代传统代议制的立法功能,这种民主渠道也可以帮助代议制立法过程吸纳背景性理由。从拉兹的理论来看,通过包括协商民主在内的多种民主渠道所生产出来的立法可能会具备更高水准的规范性。

常态证立命题是拉兹规范性理论的另一个支柱,它在第三章又被称为是一个实质道德命题,"确定一个人应当被承认对另一个人拥

〔1〕 参见[德]哈贝马斯:《在事实与规范之间:关于法律与民主法治国的商谈理论》,童世骏译,三联书店 2003 年版,第 358~409 页。需要强调的是,这里对协商民主与哈贝马斯的论述区别于第三章朱振教授的论述,这是因为朱振教授认为民主是服务型权威本身的一部分,而本书认为尽管协商民主有着重大价值,但它并不蕴含在依附命题之中,在一些情况下,协商民主甚至民主本身都可能会对服务型权威造成破坏。

〔2〕 Rainer Forst, *The Rule of Reasons. Three Models of Deliberative Democracy*, Ratio Juris, Vol. 14:4, p. 368(2001).

有权威的常规且主要的方式是要表明,如果所断言的服从者把断言的权威命令接受为有权威性约束力的,并尽力遵循它们,那么相比于他尽力直接遵循适用于他的理由而言,他能更好地符合适用于他的那些理由(而不是所断言的权威命令)”。[1] 对于法律制度的完善来说,权威需要不断提升自身对理由的判断能力,将自身建设为常态中比个体自我慎思更为优秀的判断者。它应该依靠自身的业务水平应得社会主体的遵从,而非倚仗于外在于行动理由的强制力。仅仅依靠依附命题很难达到这种能力水准,依附命题只是涉及一个相对有可能提升业务能力的程序,但本身并不能确保最佳行动理由与行动主体之间的有效链接,有可能某个“权威”在充分倾听并吸收了意见之后,仍然做出了一项非常糟糕的判断。例如,仲裁者需要处理一个机动车所有权纠纷的案件,并依照依附命题设置了吸收一阶理由的程序,但最终却依照理由分量的权衡做出了按照比例分割财产的仲裁决定。机动车的分割会导致其使用价值的丧失,依附命题自身并不能防止这种糟糕决定的出现。

常态证立命题可能是权威的规范性来源之中最为核心的命题,除了根据依附命题提升民主性之外,法律制度的完善还需要提升道德性。第二章的理由论认为,所有的实践理由都是源自价值,而法律所关心的大多数道德价值。依照理由行动也就是实现这些价值的进程,人类通过实践理性将自己的行动立基于行动理由及其背后的价值之上,这也体现了拉兹的法哲学和政治哲学是其至善论伦理学的自然延伸。对于法律来说,理由问题尤为重要。法律不同于简单的仲裁模式,是一种至上性、全面性与开放性的规范体系,并且还多以一般化和抽象化的形态存在。比起地域性、专业性或是个别性简单仲裁权威来说,法律制度需要反复通过法治实践确证自己的规范性,并且向公众不断地证明自身具有压倒其他权威形态的服务能

[1] Joseph Raz, *Ethics in the Public Domain*: *Essays in the Morality of Law and Politics* (*Revised Edition*), Clarendon Press, 2001, p. 214.

力,成为现代社会最为重要的治理模式。

由于法律制度的这种独特性,常态证立命题希望法律能够在所管辖的所有事项之中都可能证明自己是真正具有服务能力的理由中介(可能不代表必须,例如现代社会之中法律也可能不理会该领域问题,明确或默认将其委托于特定团体或特定规范予以治理,一个典型的例子是竞技体育领域)。否则,在那个特定的事项内法律就会有着失去规范性的风险,甚至会被质疑权威的整体正当性。在笔者看来,这并非一个纯粹的力量问题。如前所述,法律权威的至上性和全面性不是天生的,古代社会之中道德权威或宗教权威可能拥有着更高的正当性,也同样主张自我的至上性和全面性。法律是通过不断吸纳理由,并做出了出色的服务功能,为自己"挣得"了如今的位置,并使得当代的道德、宗教分析一定程度上也被拉入了法治的轨道之中。由于这种权威地位不是天生的,所以法律仍然要不断提升自己的道德性,高标准符合常态证立命题的要求,才能使自己不会有丧失权威地位的风险。

第六节　法治与德治的殊途同归

拉兹的法治理论被我们拉入了法律规范性的理论之中,因此基于依附命题和常态证立命题完善法律也与法治有着一定的联系,这一全新的论述可能超出了我们对拉兹的形式法治的通常理解。不过,笔者有理由相信关联性的论述是符合拉兹的整体研究的。第四章的研究指出,拉兹的至善论伦理学事业统合了他的政治哲学和法哲学事业,我们不能认为法哲学的研究脱离了伦理学的指导还能够独立存在,相反前者是后者的一种应用。

基于这种理解,我们可以思考法治事业应该被赋予多大的独立性。权威性的法律制度广泛吸收了既有的一阶理由,在其中基于道德价值的一阶理由尤为重要,我们无法想象法律权威在没有吸收这类价值的情况下还能够具备规范性。佩里曾经强调,霍姆斯成为拉兹理论的对立面,前者主张通过"道德无涉"的坏人视角考察法律,而后者将法律与道德直接联系起来"解释为什么无知之人愿意遵从别人的要求,这是因为至少在某些条件下,这样做是符合理性的"。[1]前述的分析已经表明,在拉兹的法治事业之中,道德参与占据了很大的重要性,尽管道德可能不是定义法治的标准,也不是法律自身的德性。

同样,法治和规范性之间错综复杂的关系消除了法治和德治之间的张力,两者可能是殊途同归。无论是法律权威还是道德权威,其最终目的都是成为一种理由服务中介,帮助行动主体实现个体价值和社会价值,从而导向至善的社会。或者用前文常引用的拉兹自己的说法,"服务于被治理者的利益"。现代社会更倾向于法治作为一种治理方式,这可能是因为法律自身的特点更适合于现代的大规模的陌生人社会,[2]因此提供服务的能力胜过了道德。社会秩序主要围绕着法律还是道德运转而产生,当然会有所差别,但是这样的差别并不是目的上的区别,而是手段上的区别。同样重要的是,即使在一个法治社会,道德问题也无法逃避,道德可能会发挥着非常重要的补充性作用。也就是说,法治与德治的关系比我们通常想象的更为复杂,除了法律制度对道德理由的吸纳之外,道德对于法治可能还有两种明显的促进关系。

一方面,法律人在专业性之外,也要成为道德人。尽管法治有着一种区分于其他道德价值的自身德性,但是法治的操作者,也就是立

---

〔1〕 Stephen R. Perry, *Holmes versus Hart: The Bad Man in Legal Theory*, in Steven J. Burton ed., The Path of Law and its Influence: The Legacy of Oliver Wendell Holmes, Jr., Cambridge University Press, 2000, p. 196.

〔2〕 法治与现代社会之间的亲和力已经被很多法学家予以解释,夏皮罗曾将其称为"合法性环境",参见[美]斯科特·夏皮罗:《合法性》,郑玉双、刘叶深译,中国法制出版社2016年版,第220~224页。

法者、法官,甚至更宽泛的法律解释者必须是“道德专家”。[1] 无论多么完美的法律,总可能会遇到法律没有规定或需要进一步解释的案件。尽管排他性法律实证主义认为,这时候权威会在法律之外行事。[2] 但是,我们并不能将这些事项自动排除在法治运转之外,让案件当事人去寻找道德权威解决问题。这时候,立法者、法官或有权的解释者会利用一定的裁量权或解释权服务于案件之中的行动主体。如果她不想损害法律制度的权威性,这是就必须化身于“道德专家”解决问题,来保持或增强法律制度的权威性。毕竟,法律与道德都是殊途同归。

另一方面,法治需要德治予以辅助。规范性间隙的理论指出现实社会中的法律很难通过服务型权威两大命题的检测,很可能没有一个法律体系能够完全拥有规范性,这就使法治完全取代德治既不可能也不可欲。拉兹认为,这是法治的局限性所在。法治并不能自动推断出在现代社会中其他治理模式会消亡的结论。在某些非常特殊场合下,道德可能会压过法律的要求;在某些非常特殊的领域,德治也可能比法治更重要。前者可以以为救人闯红灯为例,后者则可以思考完全私人领域的治理方式。毕竟,法治和德治只有手段上的区别,如何运用应该以发挥能力的效果而定。

法治和德治之间对立性的消解,这使拉兹的法治观不同于传统的西方中心主义法治理论。这不仅由于他采用了稀薄的形式法治的理解,也因为他的规范性理论基于一种社群性的价值观念。很多研究法治的西方学者试图将西方的价值观念等同于法律制度所承载的价值,拉兹则没有这样傲慢。根据拉兹的价值理论,几乎所有的价值理论都是与社群实践息息相关的,要么其生产与维系依赖于社群的

---

〔1〕 Sylvie Delacroix, *Legal Norms and Normativity: An Essay in Genealogy*, Hart Publishing, 2006, p. 201.

〔2〕 See Joseph Raz, *The Authority of Law: Essays on Law and Morality*, Oxford University Press, 1979, p. 83-84.

社会实践,要么其实现方式依赖于社群的社会实践。“价值的核心而言,就有纯粹的偶然性这样一个要素,这种偶然性只能通过必然性的缺乏予以解释,以历史的角度进行解释。偶然性为价值的可理解性设置了界限,并且可能对我们理解价值的普遍性本质造成了影响”。[1] 法治同样也是这样,法治的原则和法治的实现方式都需要尊重社群的“推定性惯习”,[2]西方的法治理论并不是彻底普适的。这种观点似乎使拉兹的法治理论更为开放,更可能为不同国家的法律制度所接受。

---

〔1〕 Joseph Raz, *Value, Respect, and Attachment*, Cambridge University Press, 2001, p. 76.

〔2〕 Joseph Raz, *The Law's Own Virtue*, Oxford Journal of Legal Studies, Vol. 39 (1), 2019, p. 7.

第六章　规范性与法哲学理论

至此，本书已经整合完成了拉兹法律规范性理论的基本面貌，其中包括拉兹直接论述的理由论与权威论，也有通过整合两者推导出的规范性间隙问题与法治理论。从总体上来看，拉兹的法律规范性理论是一项原创性和完备性的理论，在很大程度上脱离了法哲学既有的问题框架，深入与政治哲学、伦理学的广泛对话之中。拉兹曾经谈到，他的学术旨趣并非固定在单一的问题之上，在不同的时期有着不同的关注点。但是对于其学术旨趣来说，规范性的理由与权威始终是一条贯穿于其几乎整个学术生涯的一条红线。作为一个法律实证主义者的拉兹、作为一个价值理论者的拉兹、作为一个行动理论研究者的拉兹，以及作为一个实践权威证成者的拉兹都可以通过这种规范性理论获得一种融贯的理解。或许正是因为这种跨学科的性质，法律规范性通常被视为其规范性理论的一种重要实例，这使拉兹的规范性理论，特别是后期以伦理学视角展开的研究在法学界并未得到充分的重视。笔者认为，即使将视野限定在法学领域，拉兹对法律规范性的研究也是其对法哲学研究的重要成果之一,其理论地位不亚于其对体系论、渊源论的贡献。[1] 笔者在这一章将拉兹的理论放到第一章所检视过的法律规范性思想脉络之中,一方面说明其与传统的自然法理论、法律实证主义理论之间的传承与断裂,另一方面比较其与当代法律实证主义内部发展出来的惯习理论、规划理论之间的优劣,从而准确定位拉兹理论的优越之处。然后笔者对一个可能的批评做一个简要回答,这种批评认为本书对拉兹的理论处理过于道德化。对这个批评的回应使我们看到了法哲学未来的研究方向,在这些新的研究领域中传统标签化的分类将不再那么重要。

第一节　超越传统法哲学之争

法哲学可以说是一个竞技场,正如所有的理论学科一样,这里充满大大小小的争议与辩驳。每位学者作为竞技场中的角斗士,所有的论点、论据和论证就是他们手中的武器与铠甲。正如每个角斗士有着自己最擅长的武器一样,每位学者也可能有擅长的理论议题。因此,非实证主义(自然法理论)与法律实证主义的论战不过是在其中的一种或几种议题上争论而已,如果我们仅仅将视野局限到法哲学的两大主流派系之上,我们就可能忽视了这些议题之外法哲学的精彩。作为法学以及哲学领域的分支研究,它既没有涉及法律体系、法律部门或法律规范的划分,也几乎没有涉及认识论、逻辑学或实践哲学的问题。相反,这场争论的核心仅仅局限在法律的概念或本体问题之中,来界定法律的概念外延,或者用更为当代的法哲学语言来表述,承认规则是否为一项道德规则以及承认规则如何安置道德价值的问题。因此,法律规范性问题本身并不是法哲学的两大流派的

[1] 拉兹在法律体系问题上的贡献以及其思想史上的重要性,参见吴玉章:《论法律体系》,载《中外法学》2017 年第 5 期;拉兹在法律事实性,也就是法律实证主义基本命题的贡献,参见陈景辉:《法律的界限:实证主义命题群之展开》,中国政法大学出版社 2007 年版,第二章第二节。

直接关注点和争议点。

然而,这并不意味着我们无须涉及两大学派之争就能理解法律规范性理论。一方面,两大学派长久以来的争论已经限定了我们对法哲学议题解答的理论资源;另一方面,不同学派对概念或本体问题的处理方式间接影响了它们对法律规范性议题的解答。正如第一章的分析所表明的,传统法哲学对法律规范性议题的一般性回答可以从它们对本体论的讨论之中推导出来。因此,两大学派之争可以作为定位拉兹法律规范性理论的一个适当出发点。

传统上,非实证主义主要呈现为一种自然法理论。与拉兹的法律规范性理论一样,这是一种道德视角,然而它将道德视角投射到法律的概念或本体议题之上,这使它得出了这样的命题:

> 自然法命题(否定形式):道德上来看,恶法非法,或只是法律的一种缺陷形式;自然法命题(肯定形式):道德上来看,只有善法才是法律体系的组成部分,或是概念分析的应用对象。善法是法这个词语的同义反复。

如前所述,两大流派的争论点是在概念或本体问题上。传统自然法采纳道德视角的回复就将法律本体问题等同于道德问题,或者是道德问题的一部分。即使是当代的非实证主义,也明示或暗示了这样的答案,比如菲尼斯将恶法直接排除在法哲学议题之外,〔1〕或是德沃金将法哲学视为政治哲学的一部分,而政治哲学又是道德哲学或伦理学的一部分。〔2〕不过,这种解决方式直接消解了规范性议题。根据自然法命题,法哲学研究的法律就是具有道德性的法律,这种法律是道德价值的可见形式和制度化形式,这使规范性成为进入

〔1〕 See John Finnis, *Natural Law and Natural Right*, Oxford University Press, 2011. 菲尼斯认为,恶法非法这个命题是法律实证主义者对自然法理论的误读,从来没有一位自然法学者得出这样的结论。他认为自然法的正确命题是指,恶法并不是法律的一种中心案例,因此不值得法哲学上进行分析。

〔2〕 See Ronald Dworkin, *Justice for Hedgehogs*, Belknap Press, 2011, p. 413. 这是因为德沃金认为法律的功能在于实践一项特殊的政治道德,也就是证成对主体实施强制的权力。

法哲学议题的预设门槛。既然法哲学的所有问题中规范性都成为一种既定的存在,那么我们为什么还需要研究它呢。简单地说,这种非实证主义的规范性理论就呈现以下命题形式:

自然法的规范性命题:道德上看,法律规范性不是法哲学议题,而是进入法哲学议题的预设。

作为自然法的长期对手,传统法律实证主义又是如何理解法律规范性问题呢?对此的解答非常关键,因为拉兹通常被视为法律实证主义的代表人物,其渊源论更是法律实证主义的最强硬的形式之一。有了第一章的铺垫,对此的回答就简单了很多。法律实证主义与自然法一样关注的是法律的概念或本体议题,但区别在于它并没有采用道德视角,而是基于一种事实视角。在此意义上它是非道德(amoral)的,而不是反道德的(immoral)。这表明,法律实证主义并不反对法律的道德性,但是这并非法律的概念特征。采用一种命题形式,法律实证主义的基本主张可以表述为:

法律实证主义命题(否定形式):法律的概念或本体与道德并无直接联系;法律实证主义命题(肯定形式):法律是一种社会渊源,只有通过人们的社会实践来界定法律(排他性法律实证主义);或者法律是一种社会事实,只有当道德标准纳入这种实践界定标准之中,它才能成为法律界定标准的一部分(包容性法律实证主义)。[1]

因此,两大学派的争论并非一个一阶问题的争论,也就是法律是否应该具备道德性的争论,而是建立在一个二阶命题之上,法律鉴别的标准是否应该是一个道德标准,或者其包含着道德标准。如果是一个道德标准,那么仅仅凭借违背该标准的"道德败坏"就足以否定

---

〔1〕 比起其对手,法律实证主义内部对这个肯定命题的表述颇为多元,特别是包容阵营内部如何在承认规则中安置(incorporation)道德原则并无定论。可参见 Kenneth Einar Himma, *Inclusive Legal Positivism*, in Jules L. Coleman, Kenneth Einar Himma and Scott J. Shapiro eds., The Oxford Handbook of Jurisprudence and Philosophy of Law, Oxford University Press, 2004, p. 97-124。

或降低规范的法律身份。[1] 法律实证主义的回答试图与我们的道德直觉保持一致，“恶法”也是法律，在语义上我们并没有犯逻辑上的错误。因此，在法律实证主义看来，道德或规范性完全是另外一个问题，与其关注的法律概念或本体问题并不相关，“法律的存在是一个问题。法的优劣，则是另外一个问题”。[2] 然而，他们还倾向于将此论断向前更推进一步，概念问题与规范性问题不但是两个不同的问题，还分属两个不同的学科，法哲学不应该冒险进入这样的问题之中。因此，传统法律实证主义者的规范性命题可以表述如下：

法律实证主义的规范性命题：法律是否以及如何具备规范性与法哲学无关，是一个其他学科(比如伦理学)所应当关注的问题。

然而，法律实证主义如何有资格将自我切除的议题指派给其他学科来完成，这些学科又是否关注过这样的问题呢？可以说，在实证主义鼻祖边沁区分“审查型法理学”和“阐释型法理学”之后，[3] 无论是法哲学还是其他学科对研究规范性理论的“审查型法理学”兴趣寥寥。这样看来，传统法哲学的争论不但未能对法律规范性问题达成基本共识，反而破坏了对规范性问题进行讨论的可能性。在自然法一端，由于预设了道德视角，对规范性的任何深究都会取消对法律进行概念分析的可能；而在法律实证主义一端，由于预设了非道德视角，对规范性的讨论与法律概念分析毫无关系，也就被摒弃在法哲学议题之外。当代北欧法哲学的代表人物亚历山大·佩泽尼克(Aleksander Peczenik)曾断言到，法律实证主义长于本体论的研

---

[1] 需要注意的是，道德标准并不回溯式地否定一些恶法的法律身份。自然法理论家完全可以认为，奴隶社会的道德标准不禁止奴隶制度。即使当代的人们回溯思考，这种奴隶法是一项恶法，但并不能由此去除其在那个时代的法律身份。

[2] John Austin, *Lectures on Jurisprudence or the Philosophy of Positive Law*, John Murray, 1885, p. 214. 转引自刘星：《译者序：奥斯丁的“法理学的范围”》，载[英]约翰·奥斯丁：《法理学的范围》，刘星译，中国法制出版社 2002 年版，第 7 页。

[3] [英]边沁：《道德与立法原理导论》，时殷宏译，商务印书馆 2000 年版，第 361～362 页。

究,但对规范性的回答却难以让人满意,历史上仅仅只有自然法理论回答了关于规范性的问题,但自然法的本体论神秘且复杂,这使法哲学需要“第三种法律理论”持于中道。[1]

在笔者看来,拉兹就是这样的一位人物。[2] 他的法律规范性理论打开了一个新的法哲学研究方向,部分是深化了凯尔森与哈特对规范性的点缀式探讨,部分是与哲学、伦理学领域的持续对话。拉兹将道德视角挪用到规范性的问题之上,而在概念或本体问题中采用了强硬的排他性法律实证主义姿态。这种研究方法拓宽了被传统两大学派之争所限制的视野,发掘了法哲学可能更重要、更有意义的研究问题。这是因为当我们研究法哲学问题时,我们始终是怀抱着对现实人类社会的一种关怀。如果没有这种现实关怀,上述基本的自然法命题与法律实证主义命题很容易沦落为无意义的语词之争。对于人类社会来说,将“恶法”称为法律或不是法律本身是一种文字游戏,只有当我们进一步看到人们如何避免恶法,如何批判恶法之时,这种文字的分类才有重要意义。正如哈特的提醒,文字或语言并不重要,“显然地,如果我们把这问题(概念问题)当作是语言问题,那么我们就无法把握到重点。真正重要的,是如何比较广义与狭

[1] Aleksander Peczenik, *On Law and Reason*, Springer, 2009, p. 195. 佩泽尼克不是任意地下定论,在这番结论之前他考察了神学自然法、理性自然法、凯尔森、哈特、麦考密克和魏因贝格关于什么是“有效法”的论证。当然,他指的第三条路不是拉兹,而是自己的法律融贯论与正确论。在笔者看来,他的解决方案与拉兹的最大区别在于,佩泽尼克通过法律解释将本体论与规范性理论结合在一起(法律就是有效的法律),认为两者都需要平衡渊源与道德,这使他更接近于阿列克西的路径;而拉兹则区分了两个议题,在不同议题上采用了不同的视角。

[2] 拉兹曾经主张,“法律社会学提供在某些特定社会中的详细信息以及法律的功能分析。法哲学不得不致力于所有法律体系必须拥有的少量特征”,这使他将法哲学的议题几乎限制在体系论和渊源论的狭隘议题之上。See Joseph Raz, *The Authority of Law: Essays on Law and Morality*, Oxford University Press, 1979, p. 104-105. 笔者不同意拉兹对学科的自我限制,而将法哲学视为用哲学的方式思考法律问题的学科。不过,这种学科的划分并不会对本书的论述产生影响。如果人们同意拉兹的学科分类,那么这一节之中的“法哲学”词汇可以理解为包含伦理学、政治哲学的在内的议题,而这些议题对法律的理解来说也是不可或缺的。

义的法律概念或不同规则分类方式的价值,这些规则属于社会上普遍有效实行的规则体系。如果我们要在这些概念之间进行理性选择,那应该是因为其中某个概念有助于我们的理论探究、促进或澄清我们的道德推理,或两者皆是”。[1] 也就是说,真正重要的是通过文字、语词或概念来理解理论、理解现实。然而,哈特的这段提醒并没有受到足够的重视。当代法哲学研究在概念问题的唯一性上越走越远,特别是承认规则的道德性、包容性与排他性之争,在相当长的时间内几乎垄断了英美法哲学的所有热点讨论。

在这个意义上,拉兹的研究视野就远远超越了当代多数法哲学家,他认为“法学理论的一个主要任务是通过帮助我们理解人们如何理解自己,来推动我们对社会的理解”。[2] 对现实的关怀也使他的理论远离了这场语词之争,即使是其中最一般的概念分析方法,也必须以“我们的日常观念”作为分析的材料和起点。[3] 并且,他的规范性法哲学不是无涉(如哈特)或是消解(如凯尔森)了概念性的法哲学,而是补充了后者,在完整的法律理论中它们二者应该是一种不可分割的状态。具体来说,一方面,他坚持了法律实证主义的基本命题,秉持强硬的排他性观点,认为我们定义法律时无须诉诸任何道德考量。无论是古代的奴隶法还是现代的纳粹法都可以毫无疑义的称为法律,因为它们符合一种基于社会事实定义法律的要求,比如通过社会实践形成的承认规则、联合有效的制度性规范以及作为规则存在的一般性条件(如清晰性、一般性、公开性)等。这种渊源论使法学家在处理法律的概念或本体问题时,无须也不应当诉诸于这些社会事实之外的标准。另一方面,拉兹认为规范性权威与规范性理由同

---

[1] [英]H. L. A. 哈特:《法律的概念》,许家馨、李冠宜译,法律出版社 2006 年版,第 192~193 页。

[2] Joseph Raz, *Ethics in the Public Domain: Essays in the Morality of Law and Politics (Revised Edition)*, Clarendon Press, 2001, p. 237.

[3] Kenneth Einar Himma, *The Authorisation of Coercive Enforcement Mechanisms as a Conceptually Necessary Feature of Law*, Jurisprudence, Vol. 7:3, p. 609(2016).

样也是一个法哲学家应该涉及的领域,法律的概念或本体只是研究的一个起点,而非研究的全部。有学者将拉兹与哈特做了比较,“对于拉兹,哈特与经验主义认识论和自然主义走得太近,这反过来使他在法理学的一些努力受到了破坏”。[1] 我们在了解法律是什么之后,就应该进一步研究这种“法律”不同的功效和条件,其中最重要的议题之一就是现代法律权威的可能性、法律应该如何发挥作用、人们为什么应该服从法律这样的规范性问题。当法哲学家进入这样的规范性领域之后,就会发现法律发挥着直接或间接的道德功能。按照拉兹的观点,前者是提供最佳的理由选项,后者是解决合作性问题。虽然并非每一个法律制度都是合道德的,甚至这些合道德的法律制度之间都有着一种程度上的差别,但是作为道德理念或理想理论的法律规范性引领着我们完善法律制度。即使我们不同意拉兹的研究结论,但他的研究方法也给予了我们启示。法律规范性理论不能扔给法学之外的学科,法哲学如果把法律的价值或道德问题抛弃在法哲学的视野之外,就无法明晰对概念或本体问题进行研究的意义,意义重大的法哲学研究就变成了琐碎的概念之争。正如当代政治哲学对权威的探讨一样,法哲学为什么要研究概念问题,就必须从规范性等具有社会意义的问题中获得解答,对法律的哲学反思需要一种道德视角。

第二节　摆正惯习与规划的理论位置

拉兹当然不是法律规范性研究的独行者,至少在法律实证主义内部,如今有越来越多的学者开始关注规范性的问题,特别是排他性法律实证主义者。这或许是因为这类学者非常强硬的将道德规范性排除在任何法律定义之外,这使他们不得不着手解释作为一种赤裸

[1] Binesh Hass, *The Methods of Normativity*, Canadian Journal of Law & Jurisprudence, Vol. 30:1, p. 165(2017).

裸(bare)的事实,法律如何能够指引和评价人们的行为、如何能够主张人们的服从、如何能够产生一种服从法律的道德义务。第一章谈到,拉兹的两个学生,同样也是属于排他性法律实证主义阵营的马默与夏皮罗,分别构建了法律惯习与法律规划的理论,试图解释法律的规范性特征。由于这些学者仍然囿于从作为事实的法律出发说明法律规范性,本书曾经将其称为"狭义的法律规范性理论"。因此,我们不但需要评估拉兹相对于前人在该议题上的突破,也需要比较他的理论与这些"狭义的法律规范性理论",以此确定拉兹在该议题中的理论贡献。

与拉兹不同,马默与夏皮罗在规范性问题上都没有采用一种道德视角。尽管可能都不会否定一种道德视角的存在,但是他们认为道德在法律规范性问题中始终处于一种边缘或偶然的地位,即使不采用道德视角,也能够很好地理解服从法律的规范性问题。因此,如果他们能够不诉诸道德视角构建一种合格的规范性理论,就能够很好地缓解在拉兹理论中出现的渊源论与规范性理论之间的压力,本书第三章所引用的玛格利特·马丁的批评也就不复存在。因为在拉兹的完全具备正当性的法律权威那里,法律已经被吸纳进了道德,"通盘考虑后的道德,也就是对法律的最佳解释,构成了通盘考虑后的道德的组成部分",[1]这似乎取消了法律的独立性,而这种独立性被视为法律渊源论的重要标志。因此,夏皮罗似乎接受了非道德的一般规范性议题,认为一般法哲学(狭义的法哲学)可以是一种"元规范性"(metanormative)的理论,"聚集于普遍性的法律思维、言谈与现实",[2]可以不用诉诸存在于多元与偶然性之中的道德标准。那么这种规范性的非道德化处理方式成功了吗?第一章的分析已经表明答案并不乐观。在此我们简单重述一下"狭义的法律规范性理论"

---

〔1〕 Aleksander Peczenik, *On Law and Reason*, Springer, 2009, p. 206.

〔2〕 David Plunkett & Scott Shapiro, *Law, Morality, and Everything Else: General Jurisprudence as a Branch of Metanormative Inquiry*, Ethics, Vol. 128:1, p. 45(2017).

的处理方式,看看它们的分析方式之中存在哪些问题。

惯习主义,特别是马默最新发展的这种建构性惯习模式试图同时说明法律的概念问题以及规范性问题。建构性惯习横跨约翰·塞尔(John R. Searle)规则调整性和构成性功能的重要区分。由于作为社会惯习的承认规则通过人们有意图的反复性行为而形成,遵循依赖仍然是服从建构性惯习的行为理由,具体表达为"因为大家都是这么做的,这就是我应该如此做的行动理由"这样的句式。社会惯习的行为建构了社会实践的价值,而非相反。因此,服从建构性惯习的基本理由不在于独立的道德或价值理由,而在于他人亦遵循该惯习的社会行为。社会之中有着无限多的相同价值类型的不同社会实践,如"求赢避输"的价值可以体现在不同的游戏之中,这些基本价值本身是"非常不足以确定"(radically underdetermined)这些实践的界限和内容,[1]也就是说,这些实践的独特 DNA 是无法通过价值(更不要说是道德价值)进行鉴别的。如果社会实践不存在,惯习也不复存在,因此通过诉诸惯习规则的反复实践,这种理论认为可以不用追问该实践的道德或价值面向,就能完全解释法律带来的义务性。

夏皮罗独自发展的法律规划理论并不像惯习理论那样,预设了相当严格的社会条件(详见第一章)。在他看来,惯习理论所能够解释的不过是最为严格的总体规划,甚至只是其中最为严格的承认规则,而他自己的规划理论在削弱严格性的情况下,也能解释法律的概念与规范性,根据"奥卡姆剃刀"是一个更为优秀的理论。[2] 与规划理论相反,它试图从一个很简单的图景出发——我们理性地计划去做某事,而法律无外乎是一个大型的,试图囊括一切的总体规划。在这样的法律总体规划之中,不同的人或集体被赋予了不同的身份,因此有着不同的义务与自由去设计自己的次级规划。形象地看,这种

---

〔1〕 Andrei Marmor, *Positive Law and Objective Values*, Oxford University Press, 2001, p. 15.

〔2〕 See Scott J. Shapiro, *Reply to Crocker, Guest and Murphy*, Analysis, Vol. 72 ;3, p. 580 (2012).

规划的整体结构比较类似于“俄罗斯套娃”,通过授权一层一层的环环相扣,到了最底层也就是回到夏皮罗的出发点——不违背任何上级规划的个体规划。这种规划理论认为,法律不过是大型复杂社会进行总体规划的社会事实,我们识别法律无须进一步探索人们是否道德的进行规划。同时由于规划理论并不涉及解决道德问题,而是由于规划带来的时空连贯性与人类互动的预期要求对规划的服从,在规范性问题上同样无须要求法律的道德视角。或许正因如此,在最近的一篇文章中,夏皮罗区分了形式(formal)规范性与坚实(robust)规范性,前者并不需要涉及伦理问题,仅仅解答规范如何凭借自身指引行为的狭隘议题,而他自己的规划理论似乎就是这种形式规范性的体现。[1]

作为规范性理论的两种发展态势,惯习理论与规划理论引起了学界的充分关注。但是,无论是其中哪种理论,事实上却是在回避规范性问题的追问。无论它们如何阐述惯习或规划的规范性,都不去思考规范性的来源问题。这或许是因为惯习或规划都是一种事实形态,既然它们是事实性规范(承认规则)或事实性制度(法律规划)本体的来源,那么又如何能够越过“休谟法则”的鸿沟,进入应然领域的讨论呢?这并不是说休谟法则不可推翻,在哲学领域已经有学者尝试挑战这个法则,但是无论是马默还是夏皮罗,“狭义的法律规范性理论”都没有对此法则提出过直接质疑,这使各自的理论无法如他们想象轻易进入规范性领域,“规范性幽灵”始终萦绕在各自的理论当中。因此,马默不得不认为建构性惯习本身是无法解决价值问题的,需要引入更偏向于价值端的“深层惯习”来解决这个问题,同样夏皮罗也开始求助于“信任”价值来弥补规范性缺陷。但如果最终的解决方案只能来自“深层惯习”或“信任”价值这样的规范性来源,那么

---

[1] See David Plunkett & Scott Shapiro, *Law, Morality, and Everything Else: General Jurisprudence as a Branch of Metanormative Inquiry*, Ethics, Vol. 128:1, p. 49(2017).

似乎就能断言惯习或规划只不过是一项规范性的工具,[1]依靠它们并不能独立建立起一套完整规范性理论。

相反,拉兹的理论却不受休谟法则的困扰,事实上它严格遵循了休谟的划分,对于"法律是什么"与"法律应该是什么"采取了两种完全不同的视角。在前一个问题上拉兹的渊源论对此作出了杰出的贡献,可以说无论是惯习还是规划都是在此基础上的拓展,由于概念或本体的事实问题并非本书的关注点,因此笔者无意比较各项理论的优劣。而后一个问题才是规范性问题,在此问题上除了运用道德视角之外别无他法。因为对于个别规范来说,只有价值才能赋予其规范性,使之成为一项规范性理由;而对于法律整体来说,由于其全面性和至上性的特点,只有价值中的核心部分——道德价值才能赋予其规范性,使之成为一项规范性制度权威。通过这种道德视角,拉兹就很好地避免了"深层惯习"或"信任"价值这样的模糊性语词,并能够对如何获得规范性进行深入分析。

然而对于拉兹来说,这种道德视角是否完全舍弃了惯习理论或规划理论任何存在的意义呢?笔者认为,也未必如此,这两种新发展的规范性理论完全可以作为法律规范性理论之中的次级理论存在。也就是说,采纳道德视角之后,在特定的情形中仅仅诉诸惯习或规划的存在,就能主张服从的初步义务。[2] 比如,当法律是符合"服务型权威"的检测,本身具有规范性的情况下,经过大型社会人们的反复实践本身也会成为一种惯习或规划,因而在日常情形之下行动主体不会追问法律背后的背景性理由,相反其他人如此行事或稳定人们行动预期本身就能成为一种行动理由。然而,惯习或规划本身并不是规范性的来源,如果法律本身并不具有规范性,即使有着这种反复

---

〔1〕 Katrien Schaubroeck, *Legal Normativity and the Instrumental Principle*, in Stefano Bertea & George Pavlakos eds., New Essays on the Normativity of Law, Hart Publishing, 2011, p. 109.

〔2〕 See Joseph Raz, *Between Authority and Interpretation: On the Theory of Law and Practical Reason*, Oxford University Press, 2009, p. 154.

形成的社会实践，也不能成为正当性的权威，同样也没有能力给予一种保护性理由。比如在种族隔离的社会，通过意识形态或强制手段，也能形成一种行为的一致性，并内化为一种共享意图，但根据拉兹的理论，这种法律制度也还是不能够完全获得规范性的地位。由于惯习与规划理论的主要根基都是纯粹建立在一种对行动的协调问题的考量之上的，然而仅仅是社会协调问题并不足以跨越规范性间隙。[1] 这不是说在拉兹的规范性理论中就没有惯习或规划理论的一席之地，但这些解决“协调问题”的惯习与规划其规范性都必须建立在一种道德好处(moral benefit)的基础之上。[2] 总体来说，由于拉兹的规范性理论本身是一种道德视角，因此可以很好地避免“休谟法则”的质疑，而这种质疑始终困扰着“狭义的法律规范性理论”。

第三节　法哲学理论的未来

拉兹的规范性法哲学可以说是超越了传统法哲学的视阈，作为一名法律实证主义者他却采用了一种道德视角来说明法律的规范性。然而，这似乎使本书对拉兹的解读似乎过于道德化，容易使人怀疑这会不会是对拉兹理论的自然法误读。在本书结束之前，余下的部分将简单地勾勒法律实证主义的界限问题，以说明这样的标签贴在规范性理论之上是错误的选择。

这些年，牛津大学的约翰·加德纳(John Gardner)一直在澄清人

---

[1] 笔者曾在第四章指出，解决社会协调问题是从主张权威到真正的权威的关键步骤，但无法使之成为完全的正当权威。但请注意，关键步骤不代表是唯一要素，拉兹并将提供最佳选项和解决社会协调问题截然两分。尽管对于真正的权威来说合作性问题很重要，但这不意味着解决社会协调问题是建立真正的权威的充分条件。并且，在拉兹这里，解决社会协调问题与理由问题有关(比如理由的不可通约性)。比起马默和夏皮罗，拉兹的社会协调问题多了一分道德色彩，因此本书曾称其为间接的道德功能(对比于提供最佳选项的直接道德功能)。

[2] See Matthias Brinkmann, *Coordination Cannot Establish Political Authority*, Ratio Juris, Vol. 31:1, p. 50(2018).

们对法律实证主义的误解。他认为法律实证主义仅仅是对法律概念问题或成员身份问题的一个回答,其主张是“在任意的法律体系中,是否一个给定的规范在法律上有效力,并且是否它构成这个法律系统的一部分,取决于它的渊源而非美德(merit)”。[1] 进而加德纳反驳了几种对法律实证主义的常见误解,比如法治至上论、实证法的间隙中允许专断的自由裁量、司法中不适用道德等。这样看来,新一代的学者认为法律实证主义是一个相当有限的理论,并不能穷尽所有的法哲学议题。通过加德纳的解释,我们可以看到法律实证主义与自然法的对立,仅仅是在法律的概念或成员身份的对立,自然法认为社会事实之外的标准部分或全部决定了法律的身份或法律的效力。只不过在边沁与拉兹之间的众多法律实证主义者,由于种种原因放弃了对“法律应当是什么”问题的追问,使人们误以为这种理论已经覆盖了法哲学的所有议题。确实如此,奥斯丁将法律应当是什么视为法哲学之外的伦理学议题,凯尔森持有一种道德不可知论的态度,哈特则将自己的研究严格限定为“描述性法理学”。这些法律实证主义领军人物的法律理论都并不涉及伦理学的研究,因而造成了对这种学说的重大误解。这使当然法哲学的领军人物纷纷主张纯粹的描述性理论或“超越分离命题”,[2] 当我们将目光聚焦在边沁与拉兹的理论上时,就能发现法律实证主义只是其中一个标签,仅仅是对单一问题的解答,而关于法律的“完备性理论”则需要至少囊括非实证主义的规范性理论在内。

在另一篇文章中,加德纳将当代法律实证主义称为“近乎自然法”的理论。他认为对理由的回应是人类理性的体现。对于道德体

---

[1] John Gardner, *Legal Positivism*: 5 1/2 *Myths*, American Journal of Jurisprudence, Vol. 46:1, p. 199(2001).

[2] Jules Coleman, *Beyond the Separability Thesis*: *Moral Semantics and the Methodology of Jurisprudence*, Oxford Journal of Legal Studies, Vol. 27:4, p. 581(2007). 科尔曼本人认为更重要的法哲学问题是“法律的道德语义学”与“法理学理论建构的规范性”,这些命题既是对描述性理论的限制也是对其辩护。

系来说，理性的人们并没有逃避道德世界的可能，“实行道德规范是理性不可逃避的部分，因此是人类的本质”，这被加德纳称为“不可逃避的道德性命题”。[1] 该命题并不否定人们有时候会误解道德规范，也不否定道德规范中可能存在冲突，而是说明了在规范性问题上道德问题的中心地位。不过，这个命题与规范的性质产生了矛盾，如果说在道德领域规范是由于不可逃避性构成了道德规范，那么社会规范似乎不是这样，这就产生了我们为什么要服从可逃避的规范这样的规范性难题。加德纳认为，哈特就一直在规范的道德性与社会性之间摇摆不定。“内在观点”由于既要避免对规范性的进一步探寻，又要完成对服从法律的解释，不得不采用了“接受”这个含糊的表达。进而，加德纳似乎区分了两个不同的问题。在法律本质问题上，作为法律实证主义者需要采纳“可逃避性命题”，“实行法律规范并不是理性不可逃避以及其本质的一部分”。[2] 然而，在规范性议题上只有将道德性附着在法律之上时，人们才能将法律规范视为一种行动理由，在这个时候服从法律规范就是一种不可逃避的理性行为。这样看来，在规范性议题上，法律实证主义与自然法并不是区分的标准。加德纳认为菲尼斯的自然法立场使其推定(presumptive)了法律的约束力，而他自己持有一种可废止(defeasibility)的约束力态度，然而两者对法律规范性解释同时指向了道德性。这就是“法律约束我们……仅仅是由于其道德性”，[3]并且法律对道德性的回应能力是法律本质的一部分。

加德纳对规范性的说明与拉兹并没有本质的区别，其探索路径也与自然法学者菲尼斯基本一致。这也就使我们反思当下的法哲学

---

[1] John Gardner, *Nearly Natural Law*, American Journal of Jurisprudence, Vol. 52:1, p. 2 (2007).

[2] John Gardner, *Nearly Natural Law*, American Journal of Jurisprudence, Vol. 52:1, p. 10 (2007).

[3] John Gardner, *Nearly Natural Law*, American Journal of Jurisprudence, Vol. 52:1, p. 23 (2007).

研究,法律实证主义与自然法学之争还是不是法哲学的唯一议题。尽管这样的争论在西方持续了多年,但如果笔者与加德纳的观点是正确的话,那么这样的争论仅仅是在法律本质、概念或成员身份(这些问题即使在"法律是什么"领域也只是部分议题)问题上的争论,它不必是也不应该是法哲学的唯一关注点。在跳出这个领域外我们可以看到这些标签并不适用,比如本书关注的法律规范性领域。拉兹自己就谈到,虽然他与菲尼斯在道德与政治观点上有不少分歧,但他们共享一种对理论伦理与实践理性进行理解的基本路径,[1]而这种伦理学路径应用到法律实例上正是法律规范性的领域。在这个领域中,我们就需要用其他方法对法哲学家进行分类,而不是简单地将前述两大流派的标签贴到这些领域。如果固守在对法律实证主义的教条式理解,我们就很难理解拉兹在这些领域中的研究成果。不止一个法哲学家曾经困惑,拉兹的某些理论更接近与德沃金的理论,而非哈特。[2] 至少在法律规范性领域确实如此,哈特虽然发现了被奥斯丁理论遮蔽的规范性领域,但是他的描述性社会学反对对此进行过多的道德解读,相反德沃金用道德证成法律制裁与拉兹的理论在研究方法上似乎更为相似。

我们最好在大多数时候放弃这两大流派的标签,否则会很难看到法律本质之外广阔的法哲学议题空间。[3] 德沃金就认识到了这

---

[1] See Joseph Raz, *Value: A Menu of Questions*, in John Keown & Robert P. George eds., Reason, Morality, and Law: The Philosophy of John Finnis, Oxford University Press, 2013, p. 13.

[2] 例如,Nicole Roughan, *Judging Raz*, Jurisprudence, Vol. 7:1, p. 153(2016); Stephen R. Perry, *Second-Order Reasons, Uncertainty and Legal Theory*, Southern California Law Review, Vol. 62, p. 955(1989)。

[3] 英美当代的自然法学派很多学者也同意这样的看法,他们怀疑以法律实证主义与自然法理论建构的法理学论战是否还继续有用。See George Duke & Robert P. George, *Introduction*, in George Duke & Robert P. George eds., The Cambridge Companion to Natural Law Jurisprudence, Cambridge University Press, 2017, p. 9. 国内的一些学者也注意到了这一点,参见李腾:《作为行动理由的服务型权威》,载《北大法律评论》编辑委员会编:《北大法律评论》第 20 卷第 1 辑,北京大学出版社 2020 年版,第 109 页;叶会成:《权威、自治与实践合理性——重访"权威悖论"》,载《法制与社会发展》2019 年第 3 期。

一点,因此他很少将自己称作为一个“自然法”理论家,相反他批评当代法律实证主义者自我窄化了学科领域,“一个可以自给自足的学科,无需背景经验,也无需有超越它自己的狭窄的世界的任何文献或研究方面的训练或认知。再一次,经院神学的类比是吸引人的”。[1]这样的批评或许有点极端,但对于当代法哲学却是一个警示。太多的法哲学议题被这种本质之争排除掉了,我们需要超越自然法与法律实证主义之争。在笔者的阅读范围之内,学科内部的几种超越趋势颇为值得我们关注。

首先,肖尔提出了法哲学的“非本质主义”议题。尽管笔者认为肖尔对拉兹的批判似乎是竖错了靶子,但还是基本认同他关于法哲学方法论的批判。当代法哲学在本质问题上走得太远,基于一种概念分析的模式,两大学派都自动选择了一种普遍化的研究进路。当然,这种研究对于本质问题非常重要,因为当我们对一个概念进行界定,这种界定必然论及所有概念的实体。比如,我们定义什么是鸟就必须考虑所有鸟都有的特征或功能,而不能通过“能飞”这种部分实体享有的特征完成定义——鸵鸟不会飞,但同样是鸟类。然而,非本质并不代表不重要,相反仅仅凭借少数的所有实体享有的特征,我们虽然能够界定这个概念,但不能理解这个概念,更不能充分理解这个现象。就法律来说,拉兹认为主张权威是法律的本质特征之一,但主张权威这个概念似乎不能够告诉一个原始人或外星人什么是法律,相反一些非本质特征能够帮助我们直观或初步的理解,比如肖尔强调的强制力,或者是立法过程等。因此,法哲学没有必要将这些非本质特征的研究排除在外,而是应该用此充实法哲学的研究议程。

其次,塔玛纳哈最近提出了一种“社会法律理论”或现实性法理论,[2]认为当代西方法理学(jurisprudence)过于关注两大流派之

---

〔1〕［美］罗纳德·德沃金:《身披法袍的正义》,周林刚、翟志勇译,北京大学出版社 2014 年版,第 238 页。

〔2〕See Brian Tamanaha, *A Realistic Theory of Law*, Cambridge University Press, 2017, p. 1-37.

争,在教科书上完全忽视了传统的社会法学的理论观点。然而,在一个世纪以前,自然法学、分析法学与社会法学还并称为三大法理学流派。与当代的“法律与社会”(law and society)运动不同,塔玛纳哈的社会法律理论更为抽象化,以一种理论形态从社会与历史的角度关注法律现象。他指出这样的研究有着两大优点。一方面是将法律置于社会之中,思考法律与社会的互动,可以有效地处理法律的社会变量。当代不同国家的法律有着不同的形态,自然法与法律实证主义无意也无法解释这种差别。自然法是超越时间和空间的存在,而实证主义只关心普遍的形式功能解释,这样的任务只能留待社会法律理论来解决。另一方面这种理论具有反思性,因为一个国家的法律与政治、社会、经济等领域息息相关,通过该理论可以思考我们应该如何建立和完善法律制度。他感慨道,当代法理学“对社会法律理论的排除使得法理学贫困化”,[1]这种理论的优点不是其他两大流派的全能性理论所能替代。比起肖尔的建议,或许塔玛纳哈的研究并没有那么哲学化,但由马克思、韦伯与涂尔干开启的社会理论不也应该成为法学研究的重要理论资源吗?

再次,沃尔德伦、加德纳、摩尔等人重新开启了一扇当代法哲学与政治哲学所忽视的窗口,也就是对具体政治与法律制度的哲学反思。事实上,这是哈特以及哈特之前的众多法哲学家致力的事业,用法哲学的方法反思具体的运行机制、法律部门或政治法律现象。在新近出版的一本论文集中,沃尔德伦强调当代政治哲学的视野相当狭隘,仅仅关注于政治理念和目的的研究。尽管这种关于正义、道德或本体的研究相当重要,但它并不代表了学科的所有议题。如果我们返回到百余年前,就会发现至少有三类研究政治(法律)为问题的哲学路径:良好治理所要求的个人德性、良好社会中需要的政治法律

〔1〕 Brian Tamanaha, *A Realistic Theory of Law*, Cambridge University Press, 2017, p. 37.

制度以及良好社会中应当追寻的或提升的目的和理念。[1] 然而，当代的政治哲学完全忽视了前两种路径，沃尔德伦怀疑这种窄化仅仅发生在（英国）以赛亚·伯林观念史研究与（美国）约翰·罗尔斯正义理念研究大放异彩之后，前者甚至将政治理论视为道德理论的一部分，完全排除了基于现实政治制度的规范问题研究。沃尔德伦试图扭转这一趋势，该书（以及其之前的一些论著）集中于对政治制度的哲学思考，比如宪制问题、司法多数决的问题、代议制立法的问题等。但是与宪法理论家不同的是，他并不仅仅欲求对这些制度性问题进行描述与解决，而是将这种问题带到了哲学层面，思考其背后的规范性基础（一个典型的例子就是思考司法多数决与立法多数决背后的道德基础，以及基于两者的差别否定司法审查制度）。这种制度性的哲学思考使我们远离了当代法哲学界大多数琐碎的议题，而回到霍布斯、洛克、孟德斯鸠、卢梭这些启蒙思想家的行列，融合法哲学与政治哲学，并始终保持学术研究的"现实感"。

最后，本书所论述的法律规范性理论也打开了一扇研究空间。与法律实证主义的本质或概念研究不同，法律的规范性并不是普遍存在的，规范性间隙表明从主张权威到完全拥有权威，法律的规范性有着不同的程度，甚至在一种极端的理论条件下，一个法律体系可能仅仅主张权威，并没有拥有任何的一丁点权威。在中后期转向政治哲学与伦理学的研究之后，拉兹的理论视野已经不再局限于本质问题的争论，因此在一定程度上可以免于前述德沃金的批评。更为重要的是，拉兹的法律规范性理论还只是一个不完全的道德理论，因为他认为规范性的基本单元理由其背后承载着一定的价值，而这些具体的价值依赖于一个社群的社会实践。如果拉兹的理论是正确的话，在特定社会中，只有考察了法律理由背后的实质价值和法律权威建构的方式，才能得出该社会的法律权威是否具有规范性，进而只有

[1] See Jeremy Waldron, *Political Political Theory: Essays on Institutions*, Harvard University Press, 2016, p. 3.

具备规范性的法律权威才能通过法律规范(以及保护性理由)实现法律的一般性功能。特殊性的价值理论并没有消解了一般法哲学,在完整的法律理论中它们二者是一种不可分割的状态,即使是其中最一般的概念分析方法,也必须以“我们的日常观念”作为分析的材料和起点。通过与伦理学的有机结合,拉兹也开启了一条通往法哲学未来的研究进路,每个国家的价值形态与价值存在都基于自己国家的历史实践,可能并没有所谓的普适的实质价值理论,法哲学的普遍性研究不过是搭建了一个形式性的理论框架,其框架中非本质的实质性议题有着极其重要的地位。

附录　摆正强制力的位置

——在拉兹和肖尔之间*

20世纪80年代以来,英美法哲学研究似乎进入了一个沉寂期,无论在创造力还是影响力方面都未能出现掷地有声的理论作品,反而纠缠于诸如承认规则的排他性和包容性这样的琐碎细节之上——这似乎是一场注定无意义的争论。因此,弗里德里克·肖尔的《法律的强制力》(*The Force of Law*)一书的出版颇为引人注目,作为法哲学圈内部人士的肖尔公开宣称当代法哲学走错了方向,只研究法律的本质问题使法哲学画地为牢,这些研究看不到法律现象最重要和典型的方面——比如制裁、强迫或强制力,将法哲学研究降低到边缘位置。[1] 他给出了法哲学研究的一种新方向,对法律和强制的关系进行哲学反思,借此更为深入地认识和理解法律现象。这种"新法哲学"引起了学界的充分关注,然而肖尔说对了吗? 当代的法

* 本文原载《北大法律评论》第18卷第2辑,北京大学出版社2019年版,收录到本书时略有删改。

[1] See Frederick Schauer, *Incomplete Responses*, in Christoph Bezemek & Nicoletta Ladavac eds., The Force of Law Reaffirmed: Frederick Schauer Meets the Critics, Springer, 2016, p. 157.

哲学理论真的撇开了强制力吗?强制力应该在法哲学研究中扮演什么样的角色?笔者打算对这些问题给予适当的评估:本文第一节简要地梳理法哲学中强制力地位的演变以及肖尔对此的批评。第二节介绍肖尔理论的对立面——拉兹的法哲学理论,这种理论似乎将强制力排除在法哲学研究之外,极易成为肖尔直接攻击的对象。第三节笔者将比较和评估两种理论的不同旨趣,指出强制力在法哲学研究中应有的位置。

第一节　强制力与法律理论

一、法哲学理论中强制力的浮沉

法律与强制密切相关,人们经常会被法律迫使去做自己并没有动力去做的事,也有一些人因违背了法律而被制裁失去了自己的生命、自由或财产,因此将强制与法哲学研究联系起来并不是什么新鲜事。除去过去的50年间,从古希腊到现代几乎所有的理论都将强制力视为理解法律和法律现象的要素所在,契约论者认为强制力是维系社会契约的重要手段,德性法理学家将其视为推进法律道德化的理想工具,法律实证主义者则认为它区分了法律与其他非法律规范,是法律规范的构成性因素。这样看起来在强制力与法律的关系上,不同的法哲学学派似乎能够达成一个最低限度的共识:强制力是法律的必要组成部分。

在这些理论中,早期的法律实证主义是最为重视强制力的学派之一。法律实证主义者坚持法律与道德的概念性分离,因此就为强制力进入法律理论之中留出了很大的空间。具体而言,早期的法律实证主义者——边沁、奥斯丁和凯尔森——认为强制力与法律的关系可能体现在三种不同的方面。首先,早期的法律实证主义者认为强制力是法律的重要特征。边沁和奥斯丁都主张法律定义的"命令说”,这种理论将法律视为政治主权者的一种普遍化命令,其中最为严格的版本主张主权者的命令要被治下的臣民“习惯性的服从”,这种对命令的服从被强制力所支持,一旦不服从命令在逻辑上就会产生制裁性的剥夺。也就是说,强制力一方面胁迫人们服从法律,另一方面对不服从的行为进行处罚。国家的合法性暴力是否真正出场并不重要,隐含的强制也是法律强制力的体现形式——很可能还是最主要的体现形式,因此强制力时时刻刻伴随着法律,是法律的重要特征。其次,在某些法律实证主义者看来,不但整个法律制度与强制力相联系,甚至只有当个别化的规范与制裁相联系时,它才能成为一条法律规范。凯尔森就主张任何法律规范都必须与制裁相联系,要么直接联系成为一条真正的法律规范,要么间接联系因而只是规范的一部分。如果没有丝毫联系,它就失去了法律规范的身份。最后,最为强硬的法律实证主义者将强制力或制裁当作法律定义的关键所在。奥斯丁似乎就是这类理论的簇拥,他区分了法律是什么和法律应当是什么,认为自然法学将后者视为前者的定义基础是犯了范畴错误。根据“命令说”,“如果我不服从你指示的意愿,就会招致你带来的不幸(evil),我被你的命令所约束或责成,或者我处于服从它的职责之下”。[1] 所以在奥斯丁看来,法律无非是由带有对不服从恐吓的一条条命令,其功能既不在于对行为的合法化,也不在于对社会价值的实现,而仅仅是通过制裁可能带来的不幸,使人们转变行为动机服从命令而已。

这样看来,早期法律实证主义者预设了强制力在其理论中的重要位置,然而吊诡的是,同样也是法律实证主义者——当代的法律实证主义理论——将强制力与法律进行脱嵌,把强制力驱赶到学派理论关注的边缘,甚至排除出他们的法哲学视野之外。开启了这种转变的就是当代法律实证主义理论范式的奠基者 H. L. A. 哈特。

---

〔1〕 John Austin, *The Province of Jurisprudence Defined*, Cambridge University Press, 1995, p. 21-22.

当然,早在哈特之前就有不少学者批判过奥斯丁等人的理论,但是他们的批判过于零散,并且很少在哲学层面对其进行攻击,因此并未损害强制力在法哲学理论中的地位。作为一个哲学专业出身的学者,哈特从完全不同的角度展开了自己的批评。哈特将几千年来法哲学概括为"什么是法律"这一本体问题的思考,具体来说有三个反复出现的议题共同界定了这个研究对象,"法律与由威胁所支持的命令由何区别和关联?法律义务与道德义务有何区别和关联?什么是规则,以及在何程度上法律是属于规则的问题?大部分对法律'本质'之思辨的主要目标,就在于消除对这三个议题的疑虑和困惑"。[1] 而奥斯丁的"命令说"自然就被其视为当时对这些问题最为主流的回答。然而,哈特发现虽然奥斯丁将法哲学的事业向前推进了很大一步,但他的回答是不那么令人信服的,在上述三个问题上这种理论都有无法克服的难题。

在与本文密切相关的第一个问题上,哈特指出了奥斯丁理论的两大困难。

一方面,以强制力为基础的命令说无法识别法律的规范性,很难将法律与其他强制性命令区别开来。在抢匪情形中,抢匪向银行职员下达一个命令,"把钱交给我,不然我要开枪了"。[2] 这种情形与奥斯丁对法律的定义非常相似,抢匪——类似于政治社会中的主权者——是两造之间的"强者",因此他下达的是一个命令(order),而非平等主体之间的建议或者请求;而使他成为强者的原因是在该情境下,他拥有着对方无法企及的自然或社会资源——如手枪或匕首。这些资源向对方施加了威胁,意图使其依照命令的内容行动,否则在逻辑上会产生制裁性的剥夺。在加上一般性、普遍性和持续性等特征之后,抢匪情形就和奥斯丁的法律定义难以区分,然而无论是普通

---

[1] [英]H. L. A. 哈特:《法律的概念》,许家馨、李冠宜译,法律出版社 2006 年版,第 13 页。

[2] [英]H. L. A. 哈特:《法律的概念》,许家馨、李冠宜译,法律出版社 2006 年版,第 19 页。

公民还是法律人都不会这种抢匪的命令视为一道法律。哈特认为,这是由于奥斯丁以制裁为基础的定义忽略了法律规范性维度,他称其为内在面向,人们通过法律规范辩护自己的行动并批评与之相反的行动,其通常表现为援引法律规范进行的"我/你应该……"推理形式之中。正如黑尔所说,在这类规范性词汇出现的场合,其"描述性意义……从属于它的评价性意义",[1]也就是说,法律的规范性维度不能化约为命令和制裁这样的经验事实,否则就犯下了"自然主义谬误"。

另一方面的困难则是法律规范的类型问题。早期法律实证主义者将法律规范与制裁联系在了一起,无论是直接的还是间接的,这导致了他们采取了一种化约论的方式研究法律规范。现代法律体系中的法律规范丰富多彩,并非所有的法律规范都是施加义务的规范,也并非所有的施加义务的法律规范都与制裁直接或间接相关。哈特区分了初级规则和次级规则,前者是施加义务的规范,后者是授予权力的规范,而这些授予公共权力或私人权力的规范并不能由制裁和"命令说"所囊括,然而它们毫无疑问都是法律体系的一部分。进一步,哈特考虑了两种可能的反对意见,但他认为这些意见为了理论上的化约整洁(tidiness),扭曲了人们对法律现象的日常理解。首先,私法,尤其是契约法中有很多契约的生效条件,一旦达不到这些条件,契约就不能被视为一项合法契约或有效契约,这一反对意见将无效视为一种制裁。然而,哈特反驳道"规定契约之法法律形式的法律规则,并非是设计来压制某些行为的。这些规则只是使得约定无法获得法律上的承认"。[2] 如果我们将"制裁"一词扩张到这种无效化的情景中的话,反倒使这个词汇失去了在日常语义中的重要意义,因为制裁常常是与生理或心理上的剥夺感或恶紧密相关的。第

---

〔1〕 [英]理查德·麦尔文·黑尔:《道德语言》,万俊人译,商务印书馆 1999 年版,第 113 页。

〔2〕 [英]H. L. A. 哈特:《法律的概念》,许家馨、李冠宜译,法律出版社 2006 年版,第 34 页。

二种反对意见并没有改变语词的含义,反倒是改变了规范的形态以求得理论化约。凯尔森就是这样的代表,他将强制性规范或是制裁支撑的规范视为真正的法律规范,而授予权力的规范只是这些义务性规范的"条件子句"。也就是说,授予权力的规范是一种不完整的规范形态,前述的契约法规范必须将其转化为"当契约被违反诉讼至法院之后,法院应当实施××的制裁"这样的完整格式。哈特认为这样做或许在逻辑上存在可能,但是为此付出了相当大的代价。法律规范有着不同的社会功能,凯尔森将关注点放在法院的制裁之上,因而忽视了法律在日常生活中的最重要的行为指引功能。

哈特的两个批评直接命中早期法律实证主义理论的要害,后者将制裁放在其理论的重要甚至中心位置,既无法识别法律的规范性,又忽视了法律规范的不同形态和社会功能。这就使强制力在哈特的理论中处于一种比较微妙的位置,"强制是真实的(real)但又是第二位的(secondary)。首先,只有在法律没能完成给予行为标准和评价行为的初级任务之时,才需要它。其次,可以构造一个完全无需强制的法律体系"。[1] 由此出发,哈特建立了自己的理论范式,既在法律规范性问题上"内在观点"作为其理论视角,又在法律的功能上区分了初级规则和次级规则,因此无论是整体的法律体系还是个别化的法律规范都开始与强制力拉开了距离。哈特对旧范式的批评和新范式的建立赢得了英美法哲学界的一片赞同,后续的法律实证主义者延续了这条理论进路,进一步强调法律的行为指引功能和规范性维度,以强制力为基础的早期法律实证主义理论也就被抛弃在历史的残骸堆里去了。

二、本质主义的"谬误"

然而,当代的法律实证主义者在"去强制化"的道路上似乎走得

---

〔1〕 Leslie Green, *The Concept of Law Revisited*, Michigan Law Review, Vol. 94:6, p. 1703 (1996).

太远了,很多学者不但将强制力与个别化的法律规范脱钩,还将强制力与法律体系“脱钩”,开始在理论上建构一种无须强制力的法律体系。这就把强制力抛弃在法哲学的研究视野之外,认为这只是一种经验的或者非必然的特征,不值得法哲学进行研究。因此在肖尔的专著出现之前,强制力并非法哲学的争论热点,似乎所有学者都同意并深化了哈特的批判,奥斯丁他们以强制力为基础的理论是一个极端,我们需要向另一端不停地走下去。但是,一个奇怪的现象在于,当英美法哲学界,特别是法律实证主义学派在理论中不停“去强制化”的同时,现代社会法律体系中的强制力因素不但没有减少,甚至还不断增加,以不同类型的强制形态渗透到法律管制的各个领域之中。同样不容忽视的是,普通公民、政治家和其他研究领域的学者仍然将强制力视为法律现象主要的表现形式,[1]美国总统尼克松倡导的“法律与秩序”运动将法律带来的强制力视为恢复社会秩序的工具,法律社会学与法律人类学在进行跨文化分析时仍然将强制力视为可比较的“法律”分析单元,而法经济学则将强制力视为人类行为选择的成本之一,“去强制化”的趋势似乎仅仅发生在法哲学这个狭窄的理论领域之内。

这样看来,肖尔可以称为法哲学,特别是法律实证主义内部难得的反叛者。但是首先需要指出的是,肖尔并非提倡回归早期的法律实证主义理论,而是反对其他学者在“去强制化”的对立道路上越走越远,看不到强制力在法哲学研究中的重要地位。具体而言,肖尔在两条战线上对这种“去强制化”的趋势展开了攻击。首先是方法论层面,肖尔质疑了法哲学研究的“本质主义”(essentialism)。这种研究方式认为法哲学的任务在于分析法律现象的必要或本质的属性,而非必要或本质的事物不属于法哲学的研究范畴。所谓必要或本质的

---

〔1〕 See Christoph Bezemek, *Bad for Good*: *Perspectives on Law and Force*, in Christoph Bezemek & Nicoletta Ladavac eds.. The Force of Law Reaffirmed: Frederick Schauer Meets the Critics, Springer, 2016, p. 22.

属性同时包括了肯定和否定的含义,在肯定的层面上是指在所有既有的法律现象中都肯定存在的重要属性,在否定的层面上要求我们无法构想出一个法律情景不存在这些属性。而强制力就是满足了肯定条件而不满足否定条件的法律现象,比较法和法律史研究告诉我们目前尚未发现不规定制裁的法律体系,在不同的法律体系中有所区别的只是制裁的类型和制裁的强度,但是法哲学家指出即使这样我们仍然能想象出一个没有制裁的法律体系,即使在现实中并不存在。比如,在一个假想的社会中,法律体系乃至每一条法律规范都制定得非常完美,同时每一位公民和官员都高度理性,认识到这些法律是实现他们个人善和社会善的最佳手段,在这样的一个社会中,法律可以不规定任何制裁仍然能完美运行。当然,这样的社会是不存在的,甚至可能永远不会存在。但是没有关系,一个假想出来的社会使我们看到无须制裁法律体系仍然能正常运转,实现它们的行为指引功能。只要能有这样的一个反例,就可以使强制力被剔除出法律现象的必要或本质特征,成为研究永恒和普遍问题的哲学家和法哲学家无暇关心的事实。

然而,肖尔质疑到并非所有的事物都有必要或本质的特征,或许一些自然类型的对象我们可以通过概念的种属定义寻找这种覆盖所有个例的特征,但是其他研究对象并不具有唯一或者通用的特征,最典型的就是“游戏”,我们可以说足球、象棋、跳绳甚至是电脑游戏都属于游戏的范畴,但却很难找出概括出这些游戏之间有着何种必要或本质的属性,因此维特根斯坦提出“家族相似”来研究同一词汇覆盖不同特性的情况。肖尔认为,法律同样也是如此,“任何概念或范畴的本性或本质可能有时、经常甚至总是一系列相互联系的属性,没有哪种属性是个体必需的。至少,很可能法律的概念、种类或制度没有什么本质,只是一种现象的集合,能够被一种或多种属性捕捉或是说明”。[1] 这是后哈特时代的法哲学误入歧途，因为哈特本人其实也是一个反本质主义者。哈特自己就秉承着维特根斯坦式的信念，将法律或法律相关词汇的定义置于语境中进行分析，并不认为它们有什么固定的本质。因此，法哲学想去寻找什么法律现象的必要或本质属性往坏处说注定就是徒劳，往好处说可能会将很多重要的法律现象撇开到分析之外。

肖尔认为，对于理论研究来说，寻找“典型”(typical)的特征可能比寻找必要或本质的特征重要得多，这种典型就寄居在日常生活之中。比如，并非所有的鸟类都能飞，鸵鸟和企鹅都属于动物分类中的鸟纲，与其他鸟类有着共同的祖先，但由于适应生活环境的演变进化(或是退化)成了现在的样子，有翅膀却无法飞翔，因此如果用飞翔就不是鸟类的一个必要或本质属性(甚至无法满足本质研究的肯定要件)，但这不妨碍我们在很多时候将飞翔作为典型特征来研究鸟类，因为大多数鸟类都能够飞翔，只要我们不是进行一种定义性质的研究，就可以将典型特征飞翔作为鸟类理论研究的直观出发点。与此相似地，“非强制性的法律可能就像不能飞翔的鸟：有助于告诉我们关于所有鸟类的事情，但并不值得排他性或哪怕是支配性的关注”。[2] 在肖尔看来，这种反本质主义方法论不但能够扩大法哲学的研究范围，还能够使我们对法律现象获得真正重要的理解。当代法律实证主义者的问题在于反对强制力为基础的理论范式时，用一句俗语来说就是将脏水和婴儿一同抛出，忽视了在典型情况下进行法哲学反思的重要意义，因此我们需要方法论上的反本质主义转向。

三、强制力的“现实性”

肖尔对“去强制化”的第二个质疑是从经验层面出发的。当然，这两个质疑并非毫无关联，经验层面的质疑可以显示本质主义者

[1] Frederick Schauer, *The Force of Law*, Harvard University Press, 2015, p. 4.
[2] Frederick Schauer, *The Force of Law*, Harvard University Press, 2015, p. 40.

的错误,而反本质主义方法论同样强化了肖尔在经验层面上的质疑,但是在理论分析中这两方面的质疑仍是可以分开的,肖尔本人也将它们区别对待。

经验层面上,肖尔得出的结论是大多数公民和官员都是因为强制力迫使其服从法律。如前所述,哈特对奥斯丁的批评之一就是认为制裁和"命令说"忽视了法律的规范性维度,由此引入了"规则的内在面向"理论,认为如法律这样的社会规则(至少是承认规则)要求行动主体将其反思性的接受并作为自己的行动指引,"接受"一词似乎排斥了强制力的成分。然而肖尔认为"规范性"这个概念在法哲学理论中是非常神秘的,它掩盖了日常生活中法律发挥功能的真实情况。规范性概念至少暗示了行动主体对法律规范的认知或是认同,麦考密克就将规范性的"内在观点"进行了划分:"认知性内部观点"与"意志性内部观点"。前者似乎包括哈特书中提到的"无知的人""感到困惑的人",只需理解规则及其中的规范性意义,用以指导自己的行为即可,社会中这样的人比比皆是,他们并不需要主动的意志层面的认知,也没有用理性的态度进行反思,根据法律说什么就做什么。而"意志性内部观点"才是"内在观点"的核心,它也包含了"认知性"的部分,但进一步通过反思性的批判建构了规则的规范性,"行为人对规则的主动遵奉上的,这些行为人根据某些自认为有利的理由,主动遵守一个给定的行为模式,使该模式称为他自己、他人或者大家共同的行为标准"。[1] "认知性"适用规则,"意志性"在适用的同时,也保证了规则本身的存在。因此在哈特那里,将认知性和意志性混为一谈的"内在观点"或"规则的内在面向"也并非一个

〔1〕 [英]尼尔·麦考密克:《法律推理与法律理论》,姜峰译,法律出版社2005年版,第278~279页。

完备的规范性理论,[1]法律规范性的生产最终只能依赖于意志性的部分。

退一步说,即使我们将规范性的概念放宽到"认知性内部观点"的范围内,社会之中这样的人群似乎也被过度夸大了,肖尔在两方面发展了这个质疑。一方面绝大多数普通公民都不会像哈特笔下的"困惑之人"[2]那样去主动寻找并服从法律规范,而更像是霍姆斯所言的"坏人"(当然不一定是道德上的坏人),生活在法律的阴影之下,被强制力的威胁驱使着与法律的规定相一致。即使是在一个制定良好的法律体系中,法律规范也不可能与人们的最佳判断完全一致,肖尔正确地指出,为了保证法律的一般性和稳固性,所有的法律规范都不得不呈现出"包含过度"与"包含不足"的情况,前者囊括了太多的规范设立的背景性理由,后者却不得不抛弃某些背景性理由,因此在某些特定情境中,法律规范就与行动主体哪怕最为理性的最佳判断产生了冲突。[3] 法律作为一种权威性的制度就应当排斥与之相冲突的其他判断,这就是很多学者指出的法律权威的"实践差异命题"。然而法律如何要求人们放弃自己的最佳判断呢？肖尔认为,强制力在其中起了决定性的作用,它提供的制裁胁迫人们放弃自己的判断,而与法律规定的内容相一致,他指出了政治学和社会学上经验研究的证据,认为尽管根据法律制定的完善程度和对法律尊重的历史文化因素,在不同的社会中因强制力而服从法律的比例不一,但其

---

[1] 与麦考密克类似,朱利斯·科尔曼就批判哈特并不足以完全解释法律的规范性,他自己规范性理论就只采纳了哈特"内在观点"中具备道德视角的那一部分。See Jules L. Coleman, *The Architecture of Jurisprudence*, The Yale Law Journal, Vol. 121:1, p. 24-28(2011).

[2] 格林认为,肖尔误读了哈特,在哈特那里困惑的人只是寻找规范,但并不预设任何的视角,也不涉及对规则的内在化,因此困惑之人就不一定与规范性的"内在观点"有关。笔者同意格林的这一批判,但由于困惑之人是肖尔批判的起点,本文依然遵从肖尔的用法,忽视其中的误读之处。See Lesile Green, *The Force of Law: Duty, Coercion, and Power*, Ratio Juris, Vol. 29:2, p. 164-181(2016).

[3] 参见[美]弗雷德里克·肖尔:《依规则游戏:对法律与生活中规则裁判的哲学考察》,黄伟文译,中国政法大学出版社 2015 年版,第 37~41 页。

数量之大绝不可以像其他法律实证主义者那样简单将其置之不顾。

另外,肖尔认为,从经验上看正是强制力确保了官员行为的一致性。官员如何对待法律与强制力的关系更为重要,因为几乎所有当代的法律实证主义者都赞同哈特的承认规则理论,公民们是否采纳"内在观点"对待法律规范并不是十分重要,但是官员们(特别是司法和执法官员)是否用这样的观点对待承认规则却是法律体系存废的关键。根据这种理论,承认规则是一种社会规则,官员们如何行为决定了承认规则是否存在。在哈特那里,官员们是通过"内在观点"反思性的接受并集体反复践行从而使这条元规则产生和持续的,但这产生了一个严重的问题,"内在观点"强调的是承认规则乃至法律体系的规范性维度,但并非所有的法律体系都具备如此高标准的合法性,当官员们出于对制裁的恐惧践行承认规则,从而维系着"法律体系"时,我们还能不能认为承认规则和法律体系存在。肖尔似乎认为,根据哈特的"接受说",我们无法得出一个肯定的答案,但是当我们把目光转向经验性的证据时,就能清晰地看到规范性本身不能成为承认规则和法律体系存在的条件。纳粹德国很多官员的内心信念并不赞同该国的法律体系,也不认同承认规则识别对法律的识别,只是由于惧怕盖世太保的威胁才不得不执行纳粹规则,但是我们不可能认为这些国家没有法律可言,尽管是非常邪恶的法律。官员的行为对于承认规则和法律体系的存续至关重要,但是肖尔强调我们没有必要将这种行为与认同、接受相挂钩,"设想法律体系的法律身份最终必须系于强制力的使用或威胁之上肯定是错误的,但设想它从不或很少这样做同样也是错误的"。[1] 也就是说,强制力和哈特的接受概念一样,都不是法律体系的唯一基础,我们可能有着多种不同的对待法律的态度,经验层面上它们常常混合着保证承认规则的正常运转。即使官员们是出于恐惧而行动,只要能确保与承认规则的

---

〔1〕 Frederick Schauer, *The Force of Law*, Harvard University Press, 2015, p. 84.

反复实践相一致，也能维系着法律体系的再生产。[1]

第二节　拉兹的本质主义与法律规范性理论

一、渊源论的本质主义

肖尔的批判看似把我们带回到早期法律实证主义的年代，但事实上他并没有认证边沁、奥斯丁、凯尔森或其他早期任何人以制裁为基础的理论。在很大程度上，他同意哈特对奥斯丁的批判。肖尔与这些早期学者相似之处仅仅在于他们都对强制力的作用进行肯定，但是后者却同样犯下了“本质主义”错误，将制裁或强制力作为法律的定义性元素，或者最起码将它们视为法律现象的必要或本质的属性，将每个法律体系，甚至每条法律规范与之相联系，这在肖尔看来同样是不可接受的。强制力只是法律现象的典型属性，而不是必要或本质属性，肖尔同意我们可以设想一个没有制裁的法律体系，但是这在现实中并不存在，而且在想象中我们也必须添加很多限制性条件（如法律的完善、人类的绝对理性、极小规模的社会）。反之，他对强制力的肯定是在经验层面上的，现代社会的大多数公民和许多官员都被强制力迫使与法律相一致行动，即使是早期的法律实证主义理论也沉迷于本质的幻想没有从这个层面进行考察。不过，肖尔心目中的假想敌绝非早期的法律实证主义者也非哈特本人，而是同时代的其他法律实证主义者。有趣的是，尽管并未直接承认，但肖尔所指向理论敌人无疑是同属排他性法律实证主义阵营的约瑟夫·拉

---

〔1〕需要将肖尔的批评和实证主义之外的批评区别开来。如亚瑟·利普斯坦（以及罗纳德·德沃金）出于不同的理论旨趣对国家的强制进行证成，并认为规范性权威与规范性强制不可分开。他们看来合法性强制是首要的，合法性权威是派生的。不同于利普斯坦使用一种规范性的制裁概念，肖尔谈到强制力、强制和制裁概念时，使用的是一种经验性和非本质的路径，所以和拉兹的理论形成了鲜明的对照。利普斯坦的理论，See Arthur Ripstein, *Authority and Coercion*, Philosophy & Public Affairs, Vol. 32(1), 2004, p. 2-35.

兹(以及其追随者),因为无论是方法论还是对待经验问题的态度上,拉兹都持有与肖尔完全不同的观点。

拉兹曾经挑衅式地区分了法哲学和法律社会学的任务,"法律社会学提供在某些特定社会中的详细信息以及法律的功能分析。法哲学不得不致力于所有法律体系都必须拥有的少量特征"。[1] 很不幸,肖尔上述两方面的质疑都可以视为对这段话的批评。一方面,这段话犯了"本质主义"的错误,认为只有被"所有"囊括的"必须"的特征才是法哲学的研究对象。也就是说,法哲学研究的对象是非常狭隘的,但又绝对重要,就是遍布在所有既存的和可以想象的法律体系中的特征。而一旦不符合"本质主义"的要求,哪怕多么重要、多么典型,但应该留待其他学科进行解决。需要提醒的是,拉兹从来没有将法哲学置于其他学科之上,而是认为它们都是同等重要的学科,只是出于研究方法和研究对象的不同而有所区分,但这并不能将拉兹从肖尔的质疑中拯救出来。另一方面,拉兹将法律的经验研究留给了法律社会学领域。法律体系在不同的时空表现形式和典型特征都不相同,拉兹甚至认为法律没有唯一的特定功能,[2] 这些功能根据不同国家的政治目标和历史文化有着区别,因此即使是功能研究也不属于法哲学的研究对象,这些都是法律现象的偶然因素,只能通过法哲学之外的经验性研究进行发现。因此,拉兹自己的著作就通过关注必要的或本质的特征来建构一般性法哲学,这个特征就是社会渊源,以及建立在社会渊源这个特征之上的一些基本主张——比如所有法律体系都主张合法性权威,所有法律规范都试图提供行动理由影响人们的行动。

拉兹的本质主义只限于就对法律实证主义渊源论的论述,具体来说就是关于"法律是什么"问题的讨论。根据这种理论,法律只能

---

〔1〕 Joseph Raz, *The Authority of Law*: *Essays on Law and Morality*, Clarendon Press, 1979, p. 104-105.

〔2〕 See Joseph Raz, *Between Authority and Interpretation*: *On the Theory of Law and Practical Reason*, Oxford University Press, 2009, p. 374.

是一种社会渊源,其内容和存在不依赖于偶然具备的道德性而获得识别,相反其识别只能通过实证性的社会事实。[1] 这是对法律进行的一种概念分析,因此只有考察所有法律都占有的特征才能对其定义。肖尔多次谈到的会飞的鸟,确实在理解鸟类有着非常重要的直观价值,并且和日常语言相一致,但却不能被视为鸟类的正式定义。作为语词概念,我们可以通过所有该概念的类型都拥有的特征,或者是通过该概念的类型适用时产生的普遍特征进行定义,前者包含了很多自然类型的概念,后者则包含了很多拟制的概念。肖尔谈到的家族相似的游戏概念就可以通过后者进行定义,一个候选的非精确定义可能是玩游戏时带来娱乐,另一个候选可能会是玩游戏"求赢避输"[2]的目的,不管采用哪个定义都需要覆盖到游戏概念之下的所有实例。因此,拉兹在考察法律定义之时确实是采用了本质主义方法论,而强制力并非所有法律体系都拥有的特征,因此被排除在概念定义之外,这是定义概念必不可少的方法,相信同为排他性法律实证主义者的肖尔本人也会同意这一点。如前所述,强制力并不符合必要或本质属性中的否定性条件,我们可以构想出一个无须强制力的法律体系——拉兹称为"天使的社会"。因此,在渊源论中本质主义就排斥了强制的位置,强制力不是法律必要的或本质的特征。

然而,本质主义只是拉兹在分析法律性质所采用的方法,他本人绝非是一个本质主义者。在他的法哲学之中,本质主义方法论占有了重要但绝非唯一的位置,限定在渊源论的探讨之中。法律是一种社会渊源,所有法律体系都主张合法性权威,所有法律规范都试图提供行动理由影响人们的行动,但纳粹时期的法律体系并不真正拥有合法性权威,白色恐怖的时期法律规范也失去了提供行动理由影响人们行动的能力。如果只通过本质主义对法律进行分析,那么这种

---

[1] See Joseph Raz, *The Authority of Law: Essays on Law and Morality*, Clarendon Press, 1979, p. 47.

[2] [英]约瑟夫·拉兹:《实践理性与规范》,朱学平译,中国法制出版社2011年版,第129页。

法哲学可能不会为我们对法律和法律现象带来太多的理解。什么时候法律这两个必要的或本质的主张才能变成现实?或者说,法律体系在什么情况下才能发挥自身功能?在这些问题上拉兹离开对于“所有法律体系都必须拥有的少量特征”的关注,延续了哈特对法律规范性的重视,只不过即使在此本质主义之外,强制力也未能在拉兹的理论中占有一席之地。

二、理由论与规范性

规范性是一个模糊不清的概念,或许正因如此,有学者就将强制力和规范性混为一谈,“制裁的威胁给予了法律的规范性力量与权威,因此接下来创建了法律义务的理念”。[1]然而这并非规范性的标准含义,哲学上的规范性概念是指关于“应当做什么”的研究,根据乔纳森·丹西的理解,规范性对“应当做什么”采取了一种广义的理解,既包括对什么是好或坏的评价性应当,也包括对什么是对或错的道义上的应当,[2]而理由就成为解释规范性的关键概念。通过对理由的分析,规范性卸掉其模糊的装束,成为伦理学与法哲学研究的确定领域,“所有的规范性就在于它规范的构成,或者提供理由,或者其他相关的方式与理由相联系”。[3]

并非所有的理由都是规范性的构成要素,比如哈特提及的抢匪情景中,抢匪通过对生命的威胁虽然为银行职员的行动提供了审慎理由,但并不表明抢匪的命令就因此获得了规范性。这时对银行职员的实践推理起作用的是威胁,而不是命令的内容本身,正如扔出去的铅球总会落在地上一样,它更像是一种因果法则,而非“应当做什

[1] Nicoletta Ladavac, *Coercion and Sanctions as Elements of Normative Systems*, in Christoph Bezemek & Nicoletta Ladavac, The Force of Law Reaffirmed: Frederick Schauer Meets the Critics, Springer, 2016, p. 78.

[2] See Jonathan Dancy, *Editor's Introduction*, in Jonathan Dancy ed., Normativity, Blackwell Publishers, 2000, p. vii.

[3] Joseph Raz, *Explaining Normativity: On Rationality and the Justification of Reason*, Ratio, Vol. 12:4, p. 354(1999).

么”这种评价性或道义性的行动指引方式(详见后文关于动机和理由的分析)。因此,拉兹就认为,道德理由是解释规范性的唯一工具,但即使我们没有走向这样极端的论断,也可以承认审慎理由和道德理由、其他类型的理由之间有着重要的区别,前者本身不具备规范性,甚至可能不具备理由的身份。与抢匪情景类似,法律中的强制或制裁力量也只能提供一种审慎理由,人们由此估计自身利益和行动后果之间的关系,他们很可能最终会与法律规定的内容相一致,但不能说是接受或服从法律,因此强制力本身并不能产生法律的规范性。因此,拉兹明确指出合法性权威是其研究理由的前提,这表明了他的理由论是一种规范性的理由论。

在排除掉审慎理由之后,拉兹提出了一种关于理由的类型学,其中法律提供的理由在其功能和运行方式上不同于其他类型的理由,与奥斯丁理论中的命令概念非常相似。比如一个军官向属下的士兵下达一个往 A 地行军的指令,这就要求士兵们即使考虑到战时的最佳目的地应该是 B 地时,也应当依照军官的命令行事。法律也是这样,哪怕制定完美的法律规范也经常出现各种包含过度或包含不足的情况,但即使在这种情况下法律也主张社会主体依照法律规范行事,而非执行自己的最佳判断。而在什么情况下这样的主张能够真正实现呢?尽管拉兹和肖尔都认可法律的这种“实践差异”能力,但在如何解释这一点上两人存在分歧,肖尔认为这种能力体现在强制力对社会主体进行威胁的情景,而拉兹则认为在法律处于具备规范性的情景中。

拉兹根据理由发挥作用的方式区分了一阶理由和二阶理由。一阶理由是行动理由,具体来说就是根据理由所规定内容直接去做或不做某事的理由。因此一阶理由是根据其内容在特定环境中产生一定的规范性。由于现实生活的复杂性,一阶理由之间经常存在冲突,解决冲突的方式就是行动主体在具体的场景之中权衡各种理由的重要性,分量最为重要的理由将胜过其他的一阶理由成为实践推理的大前提。也就是说,在具体的场景之中,一个不败的理由就是某人应当如此行动的适当的规范性理由。[1] 但这并非理由与行动关联的唯一方式,并非所有的理由都是一阶理由,比如上述例子中的军官对士兵下达的命令,就要求排除士兵们依照行军路线各自的最佳判断去行动。约翰·布鲁姆对命令类的规范性陈述与要求类的规范性陈述进行了区分,认为前者是一种超然性(detaching)的陈述,后者则不然。[2] 具体来说,在要求或命令这种类型的规范性陈述中,指示的内容可以脱离于要求者或命令者而存在,这与一阶理由的依附性有着很大的不同,比如军官对士兵的命令就不依赖于军官的个人德性,而具有超然于个人特质的权威。但布鲁姆错误地认为要求不属于理由。相对而言,拉兹的理论扩大了理由概念的外延,更能够融贯地处理理由之间的冲突。拉兹将国家法律的规定视为一种保护性理由,它既是着一个按照法律规定行动的一阶理由,同时又是一个排他性的二阶理由。[3] 后者本身并非一个行动理由,而是关于一阶理由的理由,意在排除与其所保护的一阶理由相抵触的其他一阶理由。因此,一个有效的保护性理由与其他一阶理由冲突之时,并非考虑它们内容的重要性,而是经由排他性的一面排除掉相冲突的一阶理由的适用,使被保护的一阶理由最终成为一个不败的理由。也就是说,排他性理由的实现方式就是排除相冲突的一阶理由,无论这些一阶理由的重要性如何,有效的排他性理由"包赢不输"。[4]

所有的法律主张自己给予的理由是一种保护性理由,可以排除相冲突的一阶理由,这是拉兹理由论中仅有的本质主义。也就是

---

[1] See Joseph Raz, *From Normativity to Responsibility*, Oxford University Press, 2011, p. 113-120.

[2] See John Broome, *Normative Requirements*, Ratio, Vol. 12:4, p. 398-405 (1999). 当然,布鲁姆的要求和拉兹的权威命令之间还有一定的区别,但本文不讨论这个问题。

[3] See Joseph Raz, *The Authority of Law: Essays on Law and Morality*, Clarendon Press, 1979, p. 17-18.

[4] [英]约瑟夫·拉兹:《实践理性与规范》,朱学平译,中国法制出版社 2011 年版,第 41 页。

说,法律要求社会主体不管自己的理性慎思会得出什么样的结果,都必须只依照法律的规定行动。但是只有在法律具有规范性的时候,法律的要求才会被实现,拉兹关于理由论的分析完全集中在这种规范性状态下,因而排除了基于强制力的审慎理由的位置。法律提供的保护性理由同时具有排他性理由和一阶行动理由相构成,重要的是前者,只有当排他性发挥作用时才能够确保具有规范性的一阶理由进入人们的实践推理。为什么法律具有规范性时就能够获得这种排他性能力呢？拉兹认为,这是给出保护性理由的法律是一种拥有合法性的权威。“所有有效权威中的常见因素就是,它们涉及一种信念:有关的主体拥有合法性权威。因此,对于有效权威的解释将合法性权威作为预设的前提”。[1] 这就进入拉兹后期的权威证成理论。

三、权威的道德证成

尽管有些学者将拉兹从理由论转向权威论视为一种理论转向,但事实上更恰当的观点或许是其理论的自然延伸。早期的拉兹关注的是法律实证主义的基本教条事实论或渊源论,将理由进行多重划分就是为了体现出法律不同于道德等一阶理由的特点,然而这种理论面临着一个难题,就是法律提供的理由为什么会有排除与之冲突的一阶理由的能力,或者如果法律的本质只是主张保护性理由的话,法律的这种主张如何能成为现实。他只是笼统的承认,“合法性权威的概念被有效性权威所预设。某人不仅仅需要权力(影响力)来拥有事实权威,他还必须要么主张他拥有合法性权威,要么被他人所支持拥有合法性权威”。[2] 然而这两者是完全不同的概念,主张权威不等于就能拥有权威,一个披着权威外衣但并不拥有合法性威

---

〔1〕 Joseph Raz, *The Authority of Law: Essays on Law and Morality*, Clarendon Press, 1979, p. 29.

〔2〕 Joseph Raz, *The Authority of Law: Essays on Law and Morality*, Clarendon Press, 1979, p. 9.

权的政权所颁布的法律自然不具备规范性和排他的作用,拉兹认为,在这种情况下人们就没必要服从法律。因此,主张权威是法律基于渊源的本质属性,但拉兹对于法律权威的证成理论是基于非本质的道德理论之上的。

合法的实践权威具备产生“实践差异命题”的能力,当行动主体自身理性判断出的行动理由不符合时,权威有资格改变主体的行动理由。因此,对服从法律理由排他能力的证成就自然转向了对实践权威的证成,如果实践权威不拥有合法性的话,它提出的理由即使非常清晰和非常有价值,也不具备这种排除冲突一阶理由的能力。我们可以设想在纳粹德国时期,法西斯政权很出人意料地制定出一条很优秀的法律,遵从这条法律给出的理由就能够提升社会总体的福利,那么这条法律是否具备规范性,提供的理由能否排除掉其他与之相冲突的道德理由呢?比如,当时的异议分子或犹太人主张不服从包括这条法律在内的所有法律,他们是不是正当的呢?根据拉兹的理论,在法西斯政权和纳粹法律体系整体上不具备合法性权威的情况下,这条制订良好的法律也没有规范性,因此不具备排除其他一阶理由的能力。因此,证明实践权威的合法性才是法律规范性理论的重点。

有些学者认为,像国家政权和法律体系这样的普遍性权威是无法证成的,因此法律永远不具备合法性,任何国家中对法律的服从仅能依靠强制力带来的审慎理由,这种理由不具备规范性特征。格林追溯了惯习主义、社会契约论、同意论、承诺论等传统的证成方式,分别指出了它们各自的缺陷,最后得出结论:现阶段的既有理论是不可能证成普遍性权威的,对哪怕合法性实践权威也只存在个别服从义务,没有普遍义务。“个人生活的复杂性、需求与利益的多样性都表明,要求一种忠顺理论应该解释为什么我们的政治义务可以是道德的、独立于内容的、约束性的、特殊的、普遍的,这是没有用的。最后一个要求应该要放弃，同时也要放弃通常所持的那种政治义务观念。”[1]然而，这种哲学上的无政府主义论证对法律的权威是致命的，它全面否定了包括法律在内普遍性权威的存在可能性，在这种情况下强制力可能会带来致命的后果。不过仔细考察格林的论证就能发现，他对权威的论证是一种形式主义的论证方式，这可能和他秉持的中立性的权威观有很大的关系，但这种道德中立的论证方式不是唯一的证成形式，既然是证成权威的合法性或规范性就不可能完全的道德中立和内容独立。拉兹对权威的证成就采用了一种实质性道德论证的路径，他认为合法的实践权威给出的理由是道德中立的，但权威本身不必如此，它作为行动理由和行动主体的中介而存在，因此吸收了道德理论作为其合法性基础，因此拉兹提出的是一种“服务型权威观”的权威证成方式，他认为这是一种对“道德问题”的回答，[2]在特定的条件下法律可以具备合法性权威。权威的这种道德性就蕴含在常态证立命题（normal justification thesis）的道德证成之中：[3]

> 常态证立命题：确定一个人应当被承认对另一个人拥有权威的常规且主要的方式是要表明，如果所断言的服从者把断言的权威命令接受为有权威性约束力的，并尽力遵循它们，那么相比于他尽力直接遵循适用于他的理由而言，他能更好地符合适用于他的那些理由（而不是所断言的权威命令）。

具体来说，常态证立命题是一个实质性的道德命题，它的实质性体现在能使行动主体更好实现理由的价值，一旦权威提供的理由不

---

[1] ［英］莱斯利·格林：《国家的权威》，毛兴贵译，中国政法大学出版社 2013 年版，第 289 页。拉兹本人对此持有一个颇为暧昧的态度，参见本书第四章。

[2] Joseph Raz, *Between Authority and Interpretation: On the Theory of Law and Practical Reason*, Oxford University Press, 2009, p. 136.

[3] Joseph Raz, *Ethics in The Public Domain: Essays in the Morality of Law and Politics*, Clarendon Press, 1994, p. 214.

能通过常态中“更好”的检测,它也就不是一个完全的规范性理由,其排斥与之相突出的一阶理由的能力也会受到影响。[1] 可以看到,常态证立命题将权威规范性的来源赋予了道德理由,只有当权威能够证成自身比行动主体更好地服务于道德理由之时,权威才能享有最完整的规范性力量,也能在任何环境中给予排他性的规范理由。这一点正如科尔曼所言,拉兹法哲学基础的权威理论是一种彻底的道德理论,将任何不道德的因素排除在其分析过程之外。[2]

将拉兹的权威论和理由论统合起来,就构成了一套完整的法律规范性理论。理由论部分解释规范性的运作方式,而权威论部分解释规范性的来源。在这种“背景性理由→权威→权威性(保护性)理由”之间的完整理论链条中,具备完整规范性的权威所给出的法律理由就进入了人们的实践推理,“理由是本质上行为指引,这就是使它们成为理由的东西:我们能够被它们所指引”。[3] 在这个链条中,每个步骤都具备了完全的规范性,作为规范性对立面的强制力完全无法进入到分析过程中来。但是这种理论并不能通过本质主义获得,在现实社会中它不可能是所有法律体系,甚至任何法律体系完全具备的必要的或本质的特征。换句话说,拉兹奠基在本质主义之上的渊源论只是提出一种定义法律的标准,在此之上所有法律都主张权威,所有法律规范都试图提供行动理由影响人们的行动,但只有满足特定的条件——常态证立命题的测试之后,法律才能具备规范性。因而法律规范性理论尽管排除了强制力,它也和本质主义并不相干。

---

[1] See Noam Gur, *Legal Directives in the Realm of Practical Reason: A Challenge to the Pre-emption Thesis*, American Journal of Jurisprudence, Vol. 52: 1, p. 179-185 (2007).

[2] See Jules L. Coleman, *The Architecture of Jurisprudence*, The Yale Law Journal, Vol. 121:1, p. 72-75(2011).

[3] Joseph Raz, *Comments and Responses*, in Lukas H. Meyer, Stanley L. Paulson and Thomas W. Pogge, Rights, Culture, and the Law: Themes from the Legal and Political Philosophy of Joseph Raz, Oxford University Press, 2003, p. 257.

第三节　强制力在法哲学理论中的应有位置

一、无强制力的中心案件

肖尔对本质主义的批判虽然合乎情理，但他似乎竖错了靶子，无论是哈特还是拉兹都并没有犯下本质主义的错误。当拉兹采用本质主义方法论时，是在对法律性质的渊源论进行分析，但他并没有将法哲学的事业局限在渊源论或本质主义之内。他的法律规范性理论就不符合本质主义的限定，只不过这种规范性理论站在了强制力的对立面，在完全具备规范性的理想情境中可能并没有强制力的位置。也就是说，拉兹的本质主义主张只限定在渊源论的范围内，并不适用于其规范性的理由论和权威论，很明显并非所有的法律体系都能够通过拉兹的命题检验，享有合法性权威，这清晰表明了其对合法性权威的分析并非本质主义方法论的结果。规范性和强制力似乎处于对立的两级，现实社会中的法律体系通常是两造混合的产物，两者都无法洞见法律的本质。事实上，拉兹的本质主义只是强调了所有法律都主张合法性权威，以及所有的法律都主张提供一种有效的保护性理由影响人们的行动，这两者是辨别法律性质的重要特征，但只有那些通过服务型权威检测的法律体系才能享有规范性。这样看来，当肖尔认为法律实证主义者只关注本质主义时，他的方法论批判并不适用于拉兹的规范性理论。但是，我们需要继续追问的是，如果拉兹的法律规范性理论不是一种本质主义方法论的话，拉兹和肖尔的方法论之间是否有着同样的研究旨趣。这就要求我们不仅要在否定意义上证明两者之间不存在冲突，还需要证明首先拉兹的法律规范性理论对强制力的排除是否正确，这种非本质主义的方法论能否避免肖尔的第二个批评。

为了更好地说明拉兹独特的方法论特征，让我们首先回到阿奎那主义者的理论。阿奎那将法律与理性进行了对接，认为法律是理性的命令,但如何理解这句话却存在很大的分歧。其中一种理解是形式的可普遍性,对于所有统治下的主体来说,它都应当成为一项法律理由,这就是理性的命令,所有人都应当服从。另外一种理解却并非如此,它不是化约为普遍性的量化条件,而是对于这种法律类型来说,主张其是理性的命令就是指给出了属于这种类型的一项"非缺陷性的条件"。[1] 约翰·菲尼斯就采用了第二种理解,在他的理论中始终将法律的非缺陷性状态作为研究对象。进一步,菲尼斯区分了"中心案件"和"边缘案件",认为在法哲学中只有前者具有分析的价值,因为前者处于非缺陷性状态之下,始终通过实践理性服务于共同善,而后者中理性处于一种不完备的状态,或是无法认识共同善,或是无法真正实现共同善。因此,后者只能作为法律的败坏,无法通向法律的根本问题,而我们"必须通过询问那些通过关注、决定和活动来创造或构成主题事项的人认为在该领域被认为重要或重要的内容,来评估其主题内部的相似和差异的重要性或重要性"。[2] 这是因为法律规范将人们的行为导向共同善,只有在"中心案件"之中它们才能发挥出这样的功能,如果法哲学家坚持描述性理论的话,就无法区分"中心案件"和"边缘案件"的区别,也就看不到阿奎那提及的"理性的命令"。

菲尼斯的解释招来了很多批评,在方法论上最为严重的困难就是菲尼斯将"边缘案件"与道德缺陷进行了等同,在法学领域这些案件不值得法哲学审视的原因在于它们不具备一项或某些"中心案件"的重要条件。比如朝令夕改的法律,它缺乏确定性这一法律的形式要件,社会主体无法有效的得知法律规范究竟要求其做什么,因此就无法通过法律来获得共同善。在菲尼斯看来,这样的法律不符合实践理性的要求,即使我们并不因此去除它们的法律身份,也不值得将

---

〔1〕 Mark C. Murphy, *Defect and Deviance in Natural Law Jurisprudence*, in Matthias Klatt ed., Institutionalized Reason: The Jurisprudence of Robert Alexy, Oxford University Press, 2012, p. 46.

〔2〕 John Finnis, *Natural Law and Natural Right*, Oxford University Press, 2011, p. 12.

其纳入法哲学的聚焦范围。但是墨菲正确地指出了,这种方法论并不能完全达到菲尼斯的目的,因为菲尼斯并没有在评价意义上区分"中心/边缘",一只跑得比人还快的乌龟无法成为乌龟的"中心案件",因为可能99.99%的乌龟都没不可能做得到,但是我们绝对不能因为这只乌龟跑得快而将其视为一种缺陷。[1] 在法律中同样也是如此,菲尼斯从来没有明确地指出法律的"中心案件"需要具备哪些非缺陷性条件。如果我们以数量意义上进行划分的话,绝大多数法律体系都设立了宪法审查制度,那么没有设立这种制度的法律体系是否就不能成为理性的命令,不值得法哲学反思了呢?而如果我们从规范意义上进行划分的话,世界上所有的法律体系都可能未能达到菲尼斯关于法治价值的要求,或许溯及既往又或许前后矛盾,这些法律无法在规范意义上指导人们的行为,那是不是只有尚未存在的法律体系(如果我们秉承进步论的话)才值得法哲学考察了呢?菲尼斯在进一步回答这些问题之前,我们不能说他的方法论选择是正确的。

墨菲的意见不仅仅是对菲尼斯的反对,还可以在更广泛意义上视为对拉兹与肖尔之争的一个质疑:我们采用研究方法论的目的到底是什么。菲尼斯对"中心案件"和"边缘案件"的区分如果不在更广泛的意义上考虑方法论构建的目的,我们就无法评述这场争论的意义。如果我们把"中心案件"视为一种数字上的中心,那我们就回到了肖尔的论证方式,法哲学的研究应该考虑经验上的"典型案件",这种案件在数量上占据了绝大多数,通过大数法则归纳出的特征可能不是一种分析意义上重要的特征,而是在经验意义上显得最为直观、最为突出的典型特征,比如乌龟走得慢,鸟儿会飞,法律伴随强制力等。当然它们都是考察的类型,作为本质特征所覆盖的部分

---

[1] See Mark C. Murphy, *Defect and Deviance in Natural Law Jurisprudence*, in Matthias Klatt ed., Institutionalized Reason: The Jurisprudence of Robert Alexy, Oxford University Press, 2012, p. 48-50.

实体,也肯定会带着本质特征,但是这并不能推断出其所具备的本质特征,也不能说这些特征就是值得分析的特征。数字本身不具备评价意义,评价和判断最终还是必须溯源到规范性的问题上来。然而,如果我们"中心案件"从规范意义上进行考察的话,不具备指引能力的法律规范和法律体系自然就被视为边缘案件,也就是说中心和边缘的区分从一开始就有了规范意义,这就使我们必须承认边缘案件不仅仅是对中心案件的偏离,而且是中心案件的缺陷形式,这种缺陷可能是坏相对于好的评价缺陷,也可能是错相对于对的道义缺陷。比如下雨天我被困在外面,打电话给同学请他带一把伞来,这时他带来的伞就应该是能遮雨的伞,如果他只是带来一把只有伞骨没有伞面的"伞",那我就可以在规范意义上对这把"伞"进行评价,对比起功能良好的伞它只能算是一个"边缘案件"。拉兹的法律规范性理论就是采用的这样一种研究方式,"法律的理想类型……合法性权威的主张和未被强制的服从置于实践的中心特征",[1]尽管经验层面上有着不可计数的反例,甚至可能没有一个法律体系达到他的规范性理想状态,但这不妨碍我们将其视为一种理念或是愿景的研究模型,从而寻找出关于法律现象的重要结论。

二、典型方法论与焦点方法论

肖尔和拉兹在方法论上的不同旨趣已经非常明显,本文将前者在方法论层面上的建构称为"典型方法论",而后者称为"焦点方法论",典型方法论和焦点方法论都不是本质主义的方法论,这样看来肖尔在方法论上对拉兹的批评并不成立。肖尔主张强制力并非法律的本质特征,却是对理解法律现象重要的一种特征,它虽然不出现在所有法律体系和法律规范之中,但是"将限制我们考察概念本质的必要性之中解放出来,我们就能从逃离可疑的本质主义的投射,恢复法

[1] Jeffrey A. Pojanowski, *The Place of Force in General Jurisprudence*, Legal Theory, Vol. 21:3, p. 249(2015).

律中关于强制的理论和哲学检视”。[1] 在对本质主义的批判上，肖尔并没有错，但拉兹可以轻易地逃脱“本质主义”的指控。但在谈到法律规范性时，拉兹就不是一个本质主义者了，焦点方法论要求将研究的重点放在完全拥有规范性的法律身上，即使这样的法律规范和法律体系从来没有存在过（要完全满足服务型权威观的两大命题几乎是不可能的事），现实社会中虽然法律规范性总有这样或那样的不足，但这不妨碍我们在法哲学层面思考真正完全拥有规范性的法律能为我们带来什么。在这个问题上考虑法律规范性的“边缘案件”并不能为我们带来多少有价值的认识，“通过将自身限定在非评价的描述，它（典型方法论）否弃了自身作为识别为什么这些规范性特征如此重要的工具”。[2] 那么抛开本质主义的批判，我们可以看到典型方法论与经验研究，以及焦点方法论与规范性研究，两造之间并没有矛盾，因此肖尔的第二个批评似乎也可以通过方法论旨趣的不同得到解释。

一方面，典型方法论和焦点方法论有着平行的关注点，在法哲学研究中无法相互化约。典型方法论强调用经验的方式进行研究，可以看到许多在本质主义之下掩盖的重要价值。与肖尔相似，布莱恩·莱特也对形而上学的本质主义表示怀疑，认为法律理论最终可以化约为一种经验事实，因而强调经验研究的重要性。但与肖尔不同的是，他并没有简单地试图用经验性的理论去取代规范性理论，而是将攻击的目标指向概念分析的完全描述性理论。“因为这些研究计划（暗中）依赖于法律实证主义的法律的‘概念’，排他性实证主义将由其在我们最佳法律的后验理论中内在的角色以及在自然因果秩序中的位置所维护”。[3] 因此，莱特要求将拉兹关于概念定义的回

---

〔1〕 Frederick Schauer, *The Force of Law*, Harvard University Press, 2015, p. 43.

〔2〕 Jeffrey A. Pojanowski, *The Place of Force in General Jurisprudence*, Legal Theory, Vol. 21:3, p. 249(2015).

〔3〕 Brian Leiter, *Naturalizing Jurisprudence: Essays on American Legal Realism and Naturalism in Legal Philosophy*, Oxford University Press, 2007, p. 135.

答加上一个经验性的基础，他似乎认为作为一个描述性的法律理论，失去经验的基础就会回归到无意义的定义之争。在这个意义上，被拉兹明确排除在法哲学事业之外的社会学、人类学、统计学理论又有了用武之地。然而，即使是莱特，也没有将枪口对准拉兹的法律规范性理论及其焦点方法论。他认为，没有人会反对，"确实，如果某人认为描述性法理学必须回答实质性的道德和政治哲学——应当做什么，什么法律应当服从——这不能是纯粹描述的。"[1]法律规范性理论正是如此，它需要回答法律应当怎么样指引人们的行为，人们应当服从什么样的法律，因此他所谈到的描述性的经验基础就不可能对准拉兹理论的这个方面。这样看来，莱特不仅不是肖尔的同盟，还在很大程度上算是一个肖尔的反对者。典型方法论的关键在于找到社会生活中某一事物普遍存在的重要特征，其中经验性考察可以提供关于普遍和重要的判准，与本质主义不同的是普遍并不是必要，普遍是一个经验上的大数法则，可以用数据上的统计来找准普遍性特征，但是更关键的还是在于重要性的判别，某物具有 ABC 三种普遍特征，其中 A 特征有九成个体拥有，B 特征八成，C 特征七成，但仅仅是数量上的多少不具有哲学研究的重要性判别。双脚的鸟儿可能比会飞的鸟儿更多，但在典型方法论看来，前者并不比后者更具备哲学研究的意义。[2] 简单地说，典型方法论的典型判别是通过普遍性和重要性两个标准，和聚焦于理想状态的焦点方法论完全不同。因此，典型方法论不能覆盖的非典型案件是不具有普遍性和重要性的案件，但是它不是一种非理想状态，用墨菲的语言来说，非典型案件是典型案件的描述性偏离，而不是一种缺陷。在其他研究

[1] Brian Leiter, *Naturalizing Jurisprudence: Essays on American Legal Realism and Naturalism in Legal Philosophy*, Oxford University Press, 2007, p. 172.

[2] 如果要上升到哲学层面的话，就要对经验范畴的典型进行追问，什么是典型。格林就谈到，在我们能够计数之前，我们必须知道什么算作什么，这又是在二阶层面上涉及本质的问题。See Lesile Green, *The Force of Law: Duty, Coercion, and Power*, Ratio Juris, Vol. 29:2, p. 177(2016).

方法的辅助下,这种典型方法论可以拓展我们对法律现象非本质的一些重要洞见。但是焦点方法论与之完全不同,它研究的是一种法律的理想状态,也是一种要求现实法律体系不断向之完善的理想追求。这种焦点的法律体系让我们看到在理想状态中,法律会如何发挥出功能,法律又如何与道德、价值等规范性事态联系在一起。因此,它从一开始就是理想的,也是道德的,与这种理想状态的差距,也就不仅仅是一种偏离,而且是一种道德缺陷。

另一方面,两种方法论在法哲学研究中有着不同的作用。拉兹认为,法哲学只研究本质问题,这肯定是错误的,或者说是当代法哲学路子越走越窄的原因。事实上,非本质的典型特征在法哲学研究中一直占据重要的位置,除了肖尔关注的强制力之外,还有很多法哲学关注的典型而非必要特征。比如,《法律的概念》第一版中似乎并未将次级规则视为一种必要的特征,因为如果将其视为一种所有法律体系都必须占有的特征,就可能不得不将国际法这样重要的法律现象排除在法律之外,因为它们没有完善的承认规则、改变规则和审判规则,在这个问题上哈特给出了相对模糊的答案,“国际法在形式上倒比较类似原始法律或习惯法的体制”,只有初级规则。[1] 然而,如果将这样的规范性体系排除在法律体系之外,我们不但大大限缩了法律概念的范围,并且这种限缩是完全反直觉的,杰里米·沃尔德伦就对此进行了强烈的批判。[2] 然而,如果将哈特的分析视为法律体系的一种典型特征,我们就可以避免沃尔德伦的批评,典型案件有助于我们看到法律的一般情形,但作为偏离的非典型案件并不因此排除在法哲学研究之外。就像不会飞的鸟,尽管可能无助于我们

---

〔1〕［英］H. L. A. 哈特:《法律的概念》,许家馨、李冠宜译,法律出版社 2006 年版,第 213 页。因此哈特认为国际法中强制力的作用更加明显。但需要注意的是,在第二版后记中,或许是受到德沃金对规则存在的批评,哈特似乎将承认规则视为法律体系存在的本质和必要特征。

〔2〕See Jeremy Waldron, *International Law*: “*A Relatively Small and Unimportant*” *Part of Jurisprudence*?, in Andrea Dolcetti & James Edwards eds., Reading HLA Hart's The Concept of Law, Hart Publishing, 2013, p. 213-218.

直观的认识鸟类这种一般性概念,但在特定的情形中,我们需要对这些非典型的案件进行专门研究,为什么会偏离、何种程度的偏离以及偏离会造成功能上的何种转变等。

因此,在描述性意义上,尽管典型方法论并不能给出概念的定义,但仍然能提供直观的认识起点和重要性的有关思考。[1] 而焦点方法论是我们研究应然问题的一种方法,它能给出法律应当往何处去,我们应该怎样完善法律,以及作为一种独特规范体系的法律会发挥何种作用等。焦点方法论关注理想的道德状态,把规范性的对立面排除在分析之外,但这并不等同于焦点方法论是唯一可行的法哲学方法论,或者强制力就因此失去了其法哲学的位置。拉兹自己也曾说过,"规范的、制度化的、强制性的"是法律最为一般和重要的特点,[2]如果说规范性的分析可能要求焦点方法论,制度化的分析可能需要一些本质主义的方法,那么对强制性的全面分析或许又会采纳完全不同的方法论——典型方法论就成为一种选项。事实上,真正的法哲学事业既要面对很多描述性问题,也要回答作为规范现象的法律所面临的规范性问题,对于前者本质主义和典型方法论各有其用,而对于后者焦点方法论的独特地位是无法被轻易取代的。

三、动机、理由与强制力

这样看来,典型方法论和焦点方法论针对的是不同的法哲学事业,肖尔不但对本质主义的批判竖错了靶子,而且对关注于规范性的焦点方法论的质疑也是不得要领,忽视了是与应当这个难以逾越的哲学界限。然而,这是不是表明在规范研究中完全没有强制力的位

---

〔1〕 然而,即使是描述性意义上,我们对典型方法论的使用也会部分涉及规范性因素,比如评价什么是描述性意义上的重要性,99%的鸟都会飞和99%的鸟都有一个鼻子可能在描述性意义上的价值也不是等同的。这种描述性意义上的规范性或价值因素被当代法哲学视为"间接评价理论"。

〔2〕 [英]约瑟夫·拉兹:《法律体系的概念》,吴玉章译,中国法制出版社2003年版,第4页。

置呢，或者如拉兹的理论中偶尔出现的“天使的社会”，[1]这种社会有着极其完善的法律体系，所有社会主体都有着如天使般的理性认知、利他主义和对共同善的渴求，因此没有任何存在的位置。但是，焦点方法论只是规范研究的一种方式，法律实证主义理论甚至可能需要强制力理论进行补充才能成为最为完整的法哲学理论，这就需要超越拉兹和肖尔之争。由此看来，摆正强制力在理论中的位置尤为重要，在这里我们需要仔细鉴别强制力在法哲学理论中的两种不同作用。肖尔曾经谈到我们常常在两种不同的意义上使用“理由”这一规范性的词汇，[2]表面上看两种意义都符合日常语言的用法，但事实上是混淆了经验层面上动机和规范性层面的理由，这就可能导致如奥斯丁一般无法区分责成（obliged）和义务（obligation）之别。

第一种是强制作为社会主体服从法律动机中的“理由”。肖尔认为，在这一意义上使用理由，是在问为什么人们确实在做服从法律的事情，也就是可以还原到动机层面上的心理状态，因此就不是一种真正意义上的规范性用法，这个意义上的强制力和其他动机手段一样起着重要的作用。动机和规范性理由确实密切相关，但两者并不能相互化约，前者与行动类似一种自然上的因果关系。“动机说明是一种生产性的说明（productive explanations）。它们说明什么带来了行动的实施”。[3] 而这种将动机和理由进行混淆可能来源自哈特。如前所述，哈特创造性地将“内在观点”或规则的内在面向引入了法律领域，从而发现了法律的规范性领域。但是哈特在这个问题上犯了

---

[1] [英]约瑟夫·拉兹：《实践理性与规范》，朱学平译，中国法制出版社2011年版，第180页。

[2] Frederick Schauer, *Incomplete Responses*, in Christoph Bezemek & Nicoletta Ladavac eds., The Force of Law Reaffirmed: Frederick Schauer Meets the Critics, Springer, 2016, p. 153.

[3] Joseph Raz, *The Guise of the Bad*, Journal of Ethics & Social Philosophy, Vol. 10:3, p. 4 (2016).

不小的错误,这是因为他把反思性的接受当作规范内在化的唯一标准,这就导致了他关于内在观点的描述不能很好地捕捉法律的规范性状态。在哈特看来,内在观点不必然包含着道德动机,但必然不包含出于制裁或习惯服从法律的动机,“对于特定行为模式被视为共同标准,应持有反思性批判的态度,而这个态度应在评论中(包括自我批判)表现出来,以及对遵从的要求,和承认这样的批判与要求是正当的”。[1] 在这里,动机和理由明显产生了混淆,每个人是由于特定的动机因而采取了不同的对待规则的态度。动机带来刺激,刺激人们改变自己原有的动机去认识法律和确切的遵从法律,这些人可能由于某些原因自身无法认识或遵从规范性理由,“法律不仅仅是针对道德怪物,或是阻止好人想变坏,还针对那些有着良好意愿却做错事的人……法律强制能够通过刺激人们做他们(错误地)认为是错的事来提升公共善”。[2] 然而动机层面并不会要求人们排除“坏人观点”,坏人出于对惩罚的畏惧和困惑之人出于对法律的尊敬都同样的会因此改变自己的行为,因此哈特将官员个人动机层面的内在观点视为法律体系存在的基础似乎欠妥,在纳粹德国时期可能很多官员都是基于恐惧服从纳粹法律,但法律实证主义几乎都同意纳粹法律也是一种法律体系。事实上,肖尔更多是在这个动机层面上强调强制力,“法律使我们去做我们不想做的事。它也有其他的功能,但可能法律最直观的方面是它要求我们与它的意愿相符合,不管我们自己的个人利益或最佳判断”。[3] 这样看来,在动机层面上强制和道德、习惯、承诺等手段并没有什么区别,它们提都供了一种将个别认知与法律理由相结合的刺激,尽管它们都很重要,但没有必要区分这些手段的不同。

---

[1] [英]H. L. A. 哈特:《法律的概念》,许家馨、李冠宜译,法律出版社 2006 年版,第 55 页。

[2] Jeffrey A. Pojanowski, *The Place of Force in General Jurisprudence*, Legal Theory, Vol. 21:3, p. 252(2015).

[3] Frederick Schauer, *The Force of Law*, Harvard University Press, 2015, p. 1.

然而理由不同于动机，动机是非常个别化的心理状态，而理由是客观化的行动指引。的确，具有道德性的理由可以刺激人们服从法律的动机，但并不必然如此，习惯、承诺、强制力在动机层面上可能发挥着比理由更大的作用。前者就是规范性层面的理由，而不是用来可以还原为心理动机的理由。正如拉兹最近所谈论的，规范性推理被理由所引导和组织，而动机层面上的心理过程并不是规范性推理的一部分。[1] 这种规范性的理由又被称为证成理由（justification reason），它不同于因果关系式的动机层面，还承担着对所指引的行动的合法性进行证成的作用。[2] 基于道德价值（如通过了拉兹服务型权威观的检测），某项法律规定就能成为行动理由。即使社会主体没有察觉、没有认识到这项理由，或是出于特定原因发生了认知错误，这都不影响理由的存在。比如"禁止故意杀人"这条法律规范提供了一个不伤害他人的行动理由，但某法盲不知道这条法律规范，但看到电视中有过杀人行为的人都被处决，因此不敢杀人。在这种情况下，这位法盲的行为与法律提供的理由相一致，但他并不是服从法律，而是出于恐惧制裁的心理动机而不敢杀人。但这一事实并没有否定法律理由的存在。因为规范性理论只是在理想状态中进行分析，现实中法律体系可能永远会处于规范性不足的状态。尽管人们有义务完善法律体系使之规范性不断增强。但在法律权威的合法性不能完全得到证成的时候，其行动理由有时无法合法地排除与之相冲突的一阶道德理由，因此就无法仅凭自身就能影响人们的行动，在这种状态下要获得法律确定性并实现其社会功能，法律规范性就需要强制等动机手段进行补足。尽管强制力提供的审慎理由并不是一种规范性理由，因而不是规范性的构成部分，但它可以起到巩固法律规范性的作用。"不可避免的结论就是，尽管在所有人类法律体系

---

〔1〕 See Joseph Raz, *Normativity: The Place of Reasoning*, Philosophical Issues, Vol. 25:1, p. 152(2015).

〔2〕 See Kenneth Einar Himma, *The Authorisation of Coercive Enforcement Mechanisms as a Conceptually Necessary Feature of Law*, Jurisprudence, Vol. 7:3, p. 621(2016).

中,制裁以及行使强制性力量以强制执行制裁具有毋庸置疑的重要性,但是制裁导向的说明法律之规范性的尝试却走进了死胡同。它说明了法律构成理由的一种方式。但是它无法说明法律何以是规范。”〔1〕或许,我们可以提出一个规范性公式:在特定的社会中,以制裁为后盾的法律体系为所有社会主体提供了多种法律理由,当法律体系接近于完全拥有合法性权威的状态下,这些法律理由就可以独自发挥自己在实践推理中的先占功能;而仅仅是主张却不拥有合法性权威的状态下,就要通过制裁提供的审慎理由改变人们的行为激励,使社会主体的行为与法律规范相一致;而在规范性间隙中,越接近于完全拥有合法性权威一端,法律理由的功能越明显,审慎理由的作用越小;反之亦然。

这样看来强制力有着自身的法哲学位置,尽管它不能完全取代规范性的分析,而是与后者一同成为本质主义之外的法哲学理论。强制力的重要性体现在,它可以巩固现实社会中规范性体系的存在,改变社会主体的动机状态,使他们认识到法律提供的保护性理由;而在规范性不足的时候,它也可以暂时弥补规范性不足带来的不稳定状态,确保既有的规范性理由能够正常运转。只有通过这样的安置,肖尔提出的强制力的重要性才能在法哲学理论中占有一席之地。

---

〔1〕 [英]约瑟夫·拉兹:《实践理性与规范》,朱学平译,中国法制出版社2011年版,第183页。

参考文献

一、拉兹文本

[1][英]约瑟夫·拉兹:《法律体系的概念》,吴玉章译,中国法制出版社 2003 年版。

[2][英]约瑟夫·拉兹:《实践理性与规范》,朱学平译,中国法制出版社 2011 年版。

[3][英]约瑟夫·拉兹:《纯粹法学的纯粹性》,李诚予译,载葛洪义主编:《法律方法与法律思维》第 9 辑,法律出版社 2016 年版。

[4] Joseph Raz, *Promises and Obligations*, in P. M. S Hacker & Joseph Raz eds., Law, Morality and Society: Essays in Honour of H. L. A. Hart, Clarendon Press, 1977.

[5] Joseph Raz, *Introduction*, in Joseph Raz ed., Practical Reasoning, Oxford University Press, 1978.

[6] Joseph Raz, *The Authority of Law: Essays on Law and Morality*, Oxford University Press, 1979.

[7] Joseph Raz, *Legal Principles and The Limits*

of Law, in Marshall Cohen ed., Ronald Dworkin and Contemporary Jurisprudence, Duckworth, 1983.

[8] Joseph Raz, *Hart on Moral Rights and Legal Duties*, Oxford Journal of Legal Studies, Vol. 4:1, 1984.

[9] Joseph Raz, *The Morality of Freedom*, Clarendon Press, 1986.

[10] Joseph Raz, Raz, Joseph. *Autonomy*, *Toleration*, *and the Harm Principle*, in Ruth Gavison ed., Issues in Contemporary Legal Philosophy, Oxford University Press, 1987.

[11] Joseph Raz, *Facing Up*, Southern California Law Review, Vol. 62, 1989.

[12] Joseph Raz, *Introduction*, in Joseph Raz ed., Authority, New York University Press, 1990.

[13] Joseph Raz, *Disagreement in Politics*, American Journal of Jurisprudence, Vol. 43:1, 1998.

[14] Joseph Raz, *Engaging Reason*: *On the Theory of Value and Action*, Oxford University Press, 1999.

[15] Joseph Raz, *Value*, *Respect*, *and Attachment*, Cambridge University Press, 2001.

[16] Joseph Raz, *Ethics in the Public Domain*: *Essays in the Morality of Law and Politics* (Revised Edition), Clarendon Press, 2001.

[17] Joseph Raz, *Comments and Responses*, in Lukas H. Meyer, Stanley L. Paulson and Thomas W. Pogge eds., Rights, Culture, and the Law: Themes from the Legal and Political Philosophy of Joseph Raz, Oxford University Press, 2003.

[18] Joseph Raz, *The Practice of Value*, Clarendon Press, 2005.

[19] Joseph Raz, *Between Authority and Interpretation*: *On the*

Theory of Law and Practical Reason, Oxford University Press, 2009.

[20] Joseph Raz, *From Normativity to Responsibility*, Oxford University Press, 2013.

[21] Joseph Raz, *Value: A Menu of Questions*, in John Keown & Robert P. George eds., Reason, Morality, and Law: The Philosophy of John Finnis, Oxford University Press, 2013.

[22] Joseph Raz, *Normativity: The Place of Reasoning*, Philosophical Issues, Vol. 25:1, 2015.

[23] Joseph Raz, *A Hedghog's Unity of Value*, in Wil Waluchow & Stefan Sciaraffa eds., The Legacy of Ronald Dworkin, Oxford University Press, 2016.

[24] Joseph Raz, *Comments on The Morality of Freedom*, Jerusalem Review of Legal Studies, Vol. 14:1, 2016.

[25] Joseph Raz, *The Guise of the Bad*, Journal of Ethics & Social Philosophy, Vol. 10:3, 2016.

[26] Joseph Raz, *The Democratic Deficit*, https://papers.ssrn.com/sol3/Delivery.cfm/SSRN_ID3101720_code82848.pdf?abstractid=3101720&mirid=1, February 3, 2018.

[27] *The Law's Own Virtue*, Oxford Journal of Legal Studies, Vol. 39:1, 2019.

二、国内文献

[1] 陈景辉:《法律的界限:实证主义命题群之展开》,中国政法大学出版社 2007 年版。

[2] 陈景辉:《权威与法概念:理论史的考察》,载郑永流主编:《法哲学与法社会学论丛》2007 年第 2 期,北京大学出版社 2008 年版。

[3] 陈景辉:《实践理由与法律推理》,北京大学出版社 2012 年版。

[4] 陈景辉:《法治必然承诺特定价值吗?》,载《清华法学》2017年第1期。

[5] 范立波:《权威、法律与实践理性》,载郑永流主编:《法哲学与法社会学论丛》2007年第2期,北京大学出版社2008年版。

[6] 范立波:《论法律规范性的概念与来源》,载《法律科学》2010年第4期。

[7] 金韬:《哈特"内在观点"理论的新解读》,载谢进杰主编:《中山大学法律评论》第8卷第2辑,法律出版社2010年版。

[8]金韬:《摆正强制力的位置:在拉兹与肖尔之间》,载《北大法律评论》第18卷第2辑,北京大学出版社2019年版。

[9] 金韬:《价值如何进入法治:形式法治理论的失败》,载《法制与社会发展》2020年第1期。

[10] 李腾:《作为行动理由的服务型权威》,载《北大法律评论》第20卷第1辑,北京大学出版社2020年版。

[11] 刘星:《译者序:奥斯丁的"法理学的范围"》,载[英]约翰·奥斯丁:《法理学的范围》,刘星译,中国法制出版社2002年版。

[12] 刘苏、徐梦秋:《理由、规则与行动——论拉兹的理由理论》,载《厦门大学学报(哲学社会科学版)》2017年第3期。

[13]刘作翔:《奥斯丁、凯尔森、拉兹的法律体系理论——根据拉兹的〈法律体系的概念〉一书》,载《金陵法律评论》2004年春季卷。

[14] 马驰:《法律规范性的基础:以法律实证主义的演进为线索》,法律出版社2013年版。

[15]毛兴贵:《政治义务的道德基础研究》,人民出版社2019年版。

[16] 沈宏彬:《反对形式法治》,载《法制与社会发展》2017年第2期。

[17] 沈宏彬:《法律与强制——对〈法律的强制〉的批判性检

读》,载《北大法律评论》第 18 卷第 2 辑,北京大学出版社 2019 年版。

[18] 谭杰、李先敏:《哲学无政府主义及其当代论争》,载《西南大学学报(社会科学版)》2014 年第 1 期。

[19]谢世民:《德沃金论平等义务与守法义务》,载谢世民主编:《以平等为本的自由主义:德沃金法政哲学研究》,台北,开学文化 2014 年版。

[20] 王绍光:《民主四讲》,三联书店 2008 年版。

[21]汪雄:《论命令的内容与结构和命令的强制性基础》,载《北大法律评论》第 18 卷第 2 辑,北京大学出版社 2019 年版。

[22] 吴玉章:《西方的法治理论》,载郑永流主编:《法哲学与法社会学论丛》第 3 卷,中国政法大学出版社 2000 年版。

[23]吴玉章:《法治的层次》,清华大学出版社 2002 年版。

[24]杨建:《非理想型理论的法治意义》,载郑永流主编:《法哲学与法社会学论丛》2015 年卷,法律出版社 2016 年版。

[25] 叶会成:《实践权威与权威正当化——论拉兹的权威理论》,载《金陵法律评论》2015 年秋季卷,法律出版社 2016 年版。

[26] 叶会成:《权威、自治与实践合理性——重访"权威悖论"》,载《法制与社会发展》2019 年第 3 期。

[27] 张超:《法概念与合法性价值》,中国政法大学出版社 2012 年版。

[28] 张龑编译:《法治国作为中道:汉斯·凯尔森法哲学与公法学论集》,中国法制出版社 2017 年版。

[29]张文显:《二十世纪西方法哲学思潮研究》,法律出版社 1996 年版。

[30] 赵英男:《论整全法与哲学解释学的同一与差异——基于方法论的考察》,载《法制与社会发展》2019 年第 3 期。

[31]郑玉双:《权威的证成困境及其解决——对〈法律的权威性:基于实践哲学的研究〉的评析》,载郑永流主编:《法哲学与法社

会学论丛》2016 年卷,法律出版社 2016 年版。

[32] 支振锋:《驯化法律:哈特的法律规则理论》,清华大学出版社 2009 年版。

[33] 朱峰:《拉兹:法律权威的规范性分析》,黑龙江大学出版社 2013 年版。

[34] 朱佳峰:《告别政治义务:迈向一个新的正当性理论》,中国法制出版社 2017 年版。

[35]朱振:《法律的权威性:基于实践哲学的研究》,上海三联书店 2016 年版。

[36] 庄世同:《法律的图像:一种人文主义的分析与诠释》,载《台大法律论丛》第 40 卷第 4 期。

三、中文译作

[1][美]布鲁斯·阿克曼:《我们人民:转型》,田雷译,中国政法大学出版社 2014 年版。

[2][德]罗伯特·阿列克西:《法概念与法效力》,王鹏翔译,商务印书馆 2015 年版。

[3][美]肯尼斯·约瑟夫·阿罗:《社会选择与个人价值》,丁建峰译,上海人民出版社 2010 年版。

[4][美]斯坦利·L. 鲍尔森:《汉斯·凯尔森的规范主义》,载张龑编译:《法治国作为中道:汉斯·凯尔森法哲学与公法学论集》,中国法制出版社 2017 年版。

[5][美]斯坦利·L. 鲍尔森:《赫尔曼·黑勒对纯粹法学的批判》,载张龑编译:《法治国作为中道:汉斯·凯尔森法哲学与公法学论集》,中国法制出版社 2017 年版。

[6][美]布赖恩·H. 比克斯:《牛津法律理论词典》,邱昭继、马得华、刘叶深等译,法律出版社 2007 年版。

[7][英]边沁:《道德与立法原理导论》,时殷宏译,商务印书馆

2000 年版。

[8][美]罗纳德·德沃金:《法律帝国》,李冠宜译,台北,时英出版社 2002 年版。

[9][美]罗纳德·德沃金《认真对待权利》,信春鹰、吴玉章译,上海三联书店 2008 年版。

[10][美]罗纳德·德沃金《身披法袍的正义》,周林刚、翟志勇译,北京大学出版社 2009 年版。

[11][意]登特列夫:《自然法:法律哲学导论》,李日章、梁捷、王利译,新星出版社 2008 年版。

[12][美]欧文·费斯:《如法所能》,师帅译,中国政法大学出版社 2008 年版。

[13][美]富勒:《法律的道德性》,郑戈译,商务印书馆 2011 年版。

[14][美]埃里希·弗洛姆:《论不服从》,叶安宁译,上海人民出版社 2017 年版。

[15][英]莱斯利·格林:《国家的权威》,毛兴贵译,中国政法大学出版社 2013 年版。

[16][德]哈贝马斯:《在事实与规范之间:关于法律与民主法治国的商谈理论》,童世骏译,三联书店 2003 年版。

[17][英]H. L. A. 哈特:《法理学与哲学论文集》,支振锋译,法律出版社 2005 年版。

[18][英]H. L. A. 哈特:《法律的概念》,许家馨、李冠宜译,法律出版社 2006 年版。

[19][英]H. L. A. 哈特:《哈特论边沁:法理学与政治理论研究》,谌洪果译,法律出版社 2015 年版。

[20][英]理查德·麦尔文·黑尔:《道德语言》,万俊人译,商务印书馆 1999 年版。

[21][英]霍布斯:《利维坦》,黎思复、黎廷弼译,商务印书馆

1986 年版。

[22][美]小奥利弗·温德尔·霍姆斯:《霍姆斯读本:论文与公共演讲选集》,刘思达译,上海三联书店 2009 年版。

[23][奥]凯尔森:《法与国家的一般理论》,沈宗灵译,中国大百科全书出版社 1995 年版。

[24][奥]凯尔森:《共产主义的法律理论》,王名扬译,中国法制出版社 2004 年版。

[25][澳]汤姆·坎贝尔:《法律与伦理实证主义》,刘坤轮译,中国人民大学出版社 2014 年版。

[26][美]朱尔斯·L. 科尔曼:《原则的实践:为法律理论的实用主义方法辩护》,丁海俊译,法律出版社 2006 年版。

[27][德]彼得·科勒:《20 世纪法律实证主义的里程碑:凯尔森之〈纯粹法学〉与哈特之〈法的概念〉》,载张龑编译:《法治国作为中道:汉斯·凯尔森法哲学与公法学论集》,中国法制出版社 2017 年版。

[28][德]古斯塔夫·拉德布鲁赫:《法律的不法与超法律的法》,舒国滢译,载雷磊编:《拉德布鲁赫公式》,中国政法大学出版社 2015 年版。

[29][美]大卫·莱昂斯:《伦理学与法治》,葛四友译,商务印书馆 2016 年版。

[30][美]林郁沁:《施剑翘复仇案:民国时期公众同情心的兴起和影响》,陈湘静译,江苏人民出版社 2011 年版。

[31][美]约翰·罗尔斯:《正义论》,何怀宏、何包刚、廖申白译,中国社会科学出版社 1988 年版。

[32][美]约翰·罗尔斯:《罗尔斯论文全集》,陈肖生等译,吉林出版集团有限公司 2013 年版。

[33][美]约翰·罗尔斯:《万民法》,陈肖生译,吉林出版集团有限公司 2013 年版。

[34][英]洛克:《政府论》(下篇),叶启芳、瞿菊农译,商务印书

馆1964年版。

[35][美]安德瑞·马默:《社会惯习》,程朝阳译,中国政法大学出版社2013年版。

[36][美]安德瑞·马默:《排他性法律实证主义》,朱振译,载郑永流主编:《法哲学与法社会学论丛》2016年卷,法律出版社2016年版。

[37][美]阿拉斯戴尔·麦金太尔:《追寻美德:道德理论研究》,宋继杰译,译林出版社2011年版。

[38][英]尼尔·麦考密克:《法律推理与法律理论》,姜峰译,法律出版社2005年版。

[39][美]斯坦利·米尔格拉姆:《对权威的服从:一次逼近人性真相的心理学实验》,赵萍萍译,新华出版社2013年版。

[40][英]乔治·爱德华·摩尔:《伦理学原理》,长河译,上海世纪出版集团2003年版。

[41][美]罗伯特·诺奇克:《无政府、国家和乌托邦》,姚大志译,中国社会科学出版社2008年版。

[42][美]罗伯特·萨默斯:《大师学述:富勒》,马驰译,法律出版社2010年版。

[43][葡]博温托·迪·苏萨·桑托斯:《迈向新法律常识:法律、全球化和解放》,刘坤轮、叶传星译,中国人民大学出版社2009年版。

[44][美]布雷恩·Z. 塔玛纳哈,:《论法治——历史、政治和理论》,李桂林译,武汉大学出版社2010年版。

[45][美]耶尔·塔米尔:《自由主义的民族主义》,陶东风译,上海社会科学院出版社2017年版。

[46][法]涂尔干:《职业伦理与公民道德》,渠东译,商务印书馆2015年版。

[47][英]拉里·西登托普:《发明个体:人在古典时代与中世纪

的地位》,贺晴川译,广西师范大学出版社 2020 年版。

[48][美]A. 约翰·西蒙斯:《道德原则与政治义务》,郭为桂、李艳丽译,江苏人民出版社 2009 年版。

[49][美]斯科特·夏皮罗:《哈特与德沃金之争:答疑解惑》,郑玉双译,载郑永流主编:《法哲学与法社会学论丛》2012 年卷,法律出版社 2012 年版。

[50][美]斯科特·夏皮罗:《合法性》,郑玉双、刘叶深译,中国法制出版社 2016 年版。

[51][美]弗里德里克·肖尔:《依规则游戏:对法律与生活中规则裁判的哲学考察》,黄伟文译,中国政法大学出版社 2015 年版。

[52][美]弗里德里克·肖尔:《像法律人那样思考:法律推理新论》,雷磊译,中国法制出版社 2016 年版。

[53][英]休谟:《人性论》,关之运译,商务印书馆 1980 年版。

[54][德]马克斯·韦伯:《经济与社会》(第 2 卷),闫克文译,上海人民出版社 2010 年版。

[55][美]文森特·A. 韦尔曼:《法律的权威》,载丹尼斯·帕特森主编:《布莱克维尔法哲学和法律理论指南》,汪庆华、魏双娟等译,上海人民出版社 2013 年版。

[56][美]杰瑞米·沃尔德伦:《法律与分歧》,王柱国译,法律出版社 2009 年版。

[57][美]罗伯特·沃尔夫:《为无政府主义申辩》,毛兴贵译,江苏人民出版社 2006 年版。

[58][古希腊]亚里士多德:《政治学》,吴寿彭译,商务印书馆 1965 年版。

四、外文文献

[1] N. P. Adams, *In Defense of Content-Independence*, Legal Theory, Vol. 23:3, 2017.

[2] Larry Alexander, *Law and Exclusionary Reason*, Philosophical Topics, Vol. 18:1, 1990.

[3] John Austin, *The Province of Jurisprudence Defined*, Cambridge University Press, 1995.

[4] Leora Batnitzky, *A Seamless Web? John Finnis and Joseph Raz on Practical Reason and the Obligation to Obey the Law*, Oxford Journal of Legal Studies, Vol. 15:2, 1995.

[5] Allan Beever, *Forgotten Justice Forms of Justice in the History of Legal and Political Theory*, Oxford University Press, 2013.

[6] Christoph Bezemek, *Bad for Good: Perspectives on Law and Force*, in Christoph Bezemek & Nicoletta Ladavac eds., The Force of Law Reaffirmed: Frederick Schauer Meets the Critics, Springer, 2016.

[7] Stefano Bertea, George Pavlakos, *Introduction*, in Stefano Bertea & George Pavlakos eds., New Essays on the Normativity of Law, Hart Publishing, 2011.

[8] Brian Bix, *Kelsen, Hart, and Legal Normativity*, Revus: Journal for Constitutional Theory and Philosophy of Law, Vol. 34, 2018.

[9] Brian Bix, *The Normativity of Law*, in Torben Spaak & Patricia Mindus eds., The Cambridge Companion to Legal Positivism, Cambridge University Press, 2021.

[10] Robert E. Brandom, *Make it Explicit: Reasoning, Representing, and Discursive Commitment*, Harvard University Press, 1994.

[11] Michael E. Bratman, *Reflections on Law, Normativity and Plans*, in Stefano Bertea & George Pavlakos eds., New Essays on the Normativity of Law, Hart Publishing, 2011.

[12] Matthias Brinkmann, *Coordination Cannot Establish Political*

Authority, Ratio Juris, Vol. 31:1, 2018.

[13] John Broome, *Normative Requirements*, Ratio, Vol. 12:4, 1999.

[14] Bruno Celano, *Publicity and the Rule of Law*, in Leslie Green & Brian Leiter eds., Oxford Studies in Philosophy of Law: Volume 2, Oxford University Press, 2013.

[15] Laurence Claus, *The Empty Idea of Authority*, University of Illinois Law Review, Vol. 2009:5, 2009.

[16] Jules L. Coleman, *Negative and Positive Positivism*, The Journal of Legal Studies, Vol. 11:1, 1982.

[17] Jules L. Coleman, *Beyond the Separability Thesis: Moral Semantics and the Methodology of Jurisprudence*, Oxford Journal of Legal Studies, Vol. 27:4, 2007.

[18] Jules L. Coleman, *The Architecture of Jurisprudence*, The Yale Law Journal, Vol. 121:1, 2011.

[19] Paul P. Craig, *Formal and Substantive Conceptions of the Rule of Law*: An Analytical Framework, Public Law, Aut, 1997.

[20] Hugo Cry, *Functional and Existential Authorities*, Canadian Journal of Law & Jurisprudence, Vol. 28:2, 2015.

[21] Jonathan Dancy, *Editor' s Introduction*, in Jonathan Dancy ed., Normativity, Blackwell Publishers, 2000.

[22] Norman Daniels, *Wide Reflective Equilibrium and Theory Acceptance in Ethics*, Journal of Philosophy, Vol. 76:5, 1979.

[23] Stephen Darwall, *Authority and Reasons: Exclusionary and Second-Personal*, Ethics, Vol. 120:2, 2010.

[24] Sylvie Delacroix, *Legal Norms and Normativity: An Essay in Genealogy*, Hart Publishing, 2006.

[25] Sylvie Delacroix, *Law and Habits*, Oxford Journal of Legal

Studies, Vol. 37:3, 2017.

[26] Julie Dickson, *Evaluation and Legal Theory*, Hart Publishing, 2004.

[27] Sionaidh Douglas-Scott, *Law after Modernity*, Hart Publishing, 2013.

[28] George Duke, Robert P. George, *Introduction*, in George Duke & Robert P. George eds., The Cambridge Companion to Natural Law Jurisprudence, Cambridge University Press, 2017.

[29] Ronald Dworkin, *A Reply by Ronald Dworkin*, in Marshall Cohen ed., Ronald Dworkin and Contemporary Jurisprudence, Duckworth, 1983.

[30] Ronald Dworkin, *Justice for Hedgehogs*, Bleknap Press, 2011.

[31] Timothy Endicott, *Interpretation, Jurisdiction and the Authority of Law*, APA Newsletter, Vol. 14:6, 2007.

[32] William A. Edmundson, *Three Anarchical Fallacies: An Essay on Political Authority*, Cambridge University Press, 1998.

[33] Kenneth M. Ehrenberg, *Law's Authority Is Not a Claim to Preemption*, in Wil Waluchow & Stefan Sciaraffa, Philosophical Foundations of the Nature of Law, Oxford University Press, 2013.

[34] Jon Elster, *Reason and Rationality*, Princeton University Press, 2009.

[35] David Enoch, *Authority and Reason-Giving*, Philosophy and Phenomenological Research, Vol. 89:2, 2014.

[36] David M. Estlund, *Democratic Authority: A Philosophical Framework*, Princeton University Press, 2008.

[37] John Finnis, *The Authority of Law in the Predicament of Contemporary Social Theory*, Notre Dame Journal of Law, Ethics and

Public Policy, Vol. 1:1, 1984.

[38] John Finnis, *On Reason and Authority in Law's Empire*, Law and Philosophy, Vol. 6:3, 1987.

[39] John Finnis, *Natural Law and Natural Right*, Oxford University Press, 2011.

[40] John Finnis, *What is the Philosophy of Law?*, The American Journal of Jurisprudence, Vol. 59:2, 2014.

[41] Richard Flathman, *The Practice of Political Authority: Authority and the Authoritative*, University of Chicago Press, 1980.

[42] Jonathan Floyd, *Raz on Practical Reason and Political Morality*, Jurisprudence, Vol. 8:2, 2017.

[43] Rainer Forst, *The Rule of Reasons, Three Models of Deliberative Democracy*, Ratio Juris, Vol. 14:4, 2001.

[44] John Gardner, *Legal Positivism*: 5 1/2 *Myths*, American Journal of Jurisprudence, Vol. 46:1, 2001.

[45] John Gardner, *Nearly Natural Law*, American Journal of Jurisprudence, Vol. 52:1, 2007.

[46] Leslie Green, *Review: The Concept of Law Revisited*, Michigan Law Review, Vol. 94:6, 1996.

[47] Leslie Green, *Positivism and Conventionalism*, Canadian Journal of Law & Jurisprudence, Vol. 12:1, 1999.

[48] Leslie Green, *The Force of Law: Duty, Coercion, and Power*, Ratio Juris, Vol. 29:2, 2016.

[49] Leslie Green, Thomas Adams, *Legal Positivism*, https://plato.stanford.edu/entries/legal-positivism/, May 14,2021.

[50] Mark Greenberg, *How Facts Make Law*, Legal Theory, Vol. 10:3, 2004.

[51] Kent R. Greenwalt, *Conflicts of Law and Morality*, Oxford

University Press, 1987.

[52] James Griffin, *Well-Being*, Oxford University Press, 1996.

[53] Noam Gur, *Legal Directives in the Realm of Practical Reason: A Challenge to the Pre-emption Thesis*, American Journal of Jurisprudence, Vol. 52:1, 2007.

[54] Andrew Halpin, *Reasoning with Law*, Hart Publishing, 2001.

[55] H. L. A. Hart, *Positivism and the Separation of Law and Morals*, Harvard Law Review, Vol. 71:4, 1958.

[56] Binesh Hass, *The Methods of Normativity*, Canadian Journal of Law & Jurisprudence, Vol. 30:1, 2017.

[57] Cyril Hédoin, *Institutions, Rule - Following and Game Theory*, Economics & Philosophy, Vol. 33:1, 2017.

[58] Scott Hershovitz, *Legitimacy, Democracy, and Razian Authority*, Legal Theory, Vol. 9:3, 2003.

[59] Kenneth Einar Himma, *Inclusive Legal Positivism*, in Jules L. Coleman, Kenneth Einar Himma and Scott J. Shapiro eds., The Oxford Handbook of Jurisprudence and Philosophy of Law, Oxford University Press, 2004.

[60] Kenneth Einar Himma, *The Authorisation of Coercive Enforcement Mechanisms as a Conceptually Necessary Feature of Law*, Jurisprudence, Vol. 7:3, 2016.

[61] Kenneth Einar Himma, *Coercion and the Nature of Law*, Oxford University Press, 2020.

[62] Heidi M. Hurd, *Challenge Authority*, The Yale Law Journal, Vol. 100:6, 1991.

[63] Jeffery Kaplan, *Attitude and the Normativity of Law*, Law and Philosophy, Vol. 36:5, 2017.

[64] Matthew H. Kramer, *In the Realm of Legal and Moral Philosophy*: *Critical Encounters*, ST. Martin Press, 1999.

[65] Matthew H. Kramer, *On the Moral Status of the Rule of Law*, The Cambridge Law Journal, Vol. 63:1, 2004.

[66] Matthew H. Kramer, *Objectivity and the Rule of Law*, Cambridge University Press, 2007.

[67] Dimitrios Kyritsis, *Shared Authority*: *Courts and Legislatures in Legal Theory*, Hart Publishing, 2015.

[68] Nicoletta Ladavac, *Coercion and Sanctions as Elements of Normative Systems*, in Christoph Bezemek & Nicoletta Ladavac eds., The Force of Law Reaffirmed: Frederick Schauer Meets the Critics, Springer, 2016.

[69] Charles Larmore, *What is Political Philosophy*?, Princeton University Press, 2020.

[70] Brian Leiter, *Naturalizing Jurisprudence*: *Essays on American Legal Realism and Naturalism in Legal Philosophy*, Oxford University Press, 2007.

[71] David Lewis, *Convention*: *A Philosophical Study*, Blackwell Publishing, 2002.

[72] Barbara Baum Levenbook, *How to Hold the Social Fact Thesis*: *A Reply to Greenberg and Toh*, in Leslie Green & Brian Leiter eds., Oxford Studies in Philosophy of Law: Volume 2, Oxford University Press, 2013.

[73] David Lyons, *On Formal Justice*, Cornell Law Review, Vol. 58:5, 1972.

[74] Maksymilian Del Mar, *Marmor's Social Conventions*: *The Limits of Practical Reason*, Philosophy of the Social Sciences, Vol. 41:3, 2011.

[75] Andrei Marmor, *Positive Law and Objective Values*, Oxford University Press, 2001.

[76] Andrei Marmor, *Philosophy of Law*, Princeton University Press, 2010.

[77] Andrei Marmor, *An Institutional Conception of Authority*, Philosophy & Public Affairs, Vol. 39:3, 2011.

[78] Margaret Martin, *Judging Positivism*, Hart Publishing, 2014.

[79] Michael S. Moore, *Authority, Law, and Razian Reasons*, Southern California Law Review, Vol. 62, 1989.

[80] Víctor M. Muñiz – Fraticelli, *The Structure of Pluralism*, Oxford University Press, 2014.

[81] Colleen Murphy, *Lon Fuller and the Moral Value of the Rule of Law*, Law and Philosophy, Vol. 24:3, 2005.

[82] Mark C. Murphy, *Natural Law in Jurisprudence and Politics*, Cambridge University Press, 2006.

[83] Mark C. Murphy, *Defect and Deviance in Natural Law Jurisprudence*, in Matthias Klatt ed., Institutionalized Reason: The Jurisprudence of Robert Alexy, Oxford University Press, 2012.

[84] ThomasNagel, *The View from Nowhere*, Oxford University Press, 1989.

[85] Cristóbal Orrego, *Joseph Raz's Service Conception of Authority and Natural Law Theory*, The American Journal of Jurisprudence, Vol. 50:1, 2005.

[86] J. E. Penner, *Legal Reasoning and the Authority of Law*, in Lukas H. Meyer, Stanley L. Paulson and Thomas W. Pogge eds., Rights, Culture, and the Law: Themes from the Legal and Political Philosophy of Joseph Raz, Oxford University Press, 2003.

[87] Stephen R. Perry, *Second-Order Reasons, Uncertainty and Legal Theory*, Southern California Law Review, Vol. 62, 1989.

[88] Stephen R. Perry, *Holmes versus Hart: The Bad Man in Legal Theory*, in Steven J. Burton ed., The Path of Law and its Influence: The Legacy of Oliver Wendell Holmes, Jr., Cambridge University Press, 2000.

[89] Stephen R. Perry, *Political Authority and Political Obligation*, in Leslie Green & Brian Leiter eds., Oxford Studies in Philosophy of Law: Volume 2, Oxford University Press, 2013.

[90] Aleksander Peczenik, *On Law and Reason*, Springer, 2009.

[91] Jeffrey A. Pojanowski. *The Place of Force in General Jurisprudence*, Legal Theory, Vol. 21:3, 2015.

[92] Gerald Postema, *Conformity, Custom, and Congruence: Rethinking the Efficacy of Law*, in Mathew H. Kramer, Claire Grant, Ben Colburn and Antony Hatzustavron eds., The Legacy of H. L. A. Hart: Legal, Political and Moral Philosophy, Cambridge University Press, 2008.

[93] David Plunkett, Scott Shapiro, *Law, Morality, and Everything Else: General Jurisprudence as a Branch of Metanormative Inquiry*, Ethics, Vol. 128:1, 2017.

[94] Margaret Jane Radin, *Reconsider the Rule of Law*, Boston University Law Review, Vol. 69:3, 1989.

[95] John Rawls, *Political Liberalism*, Columbia University Press, 1993.

[96] Arthur Ripstein, *Authority and Coercion*, Philosophy & Public Affairs, Vol. 32:1, 2004.

[97] Veronica Rodriguez-Blanco, *The Moral Puzzle of Legal Authority*, in Stefano Bertea & George Pavlakos eds., New Essays on

the Normativity of Law, Hart Publishing, 2011.

[98] Veronica Rodriguez - Blanco, *Law and Authority under the Guise of the Good*, Hart Publishing, 2014.

[99] Alf Ross, *On Law and Justice*, Stevens, 1958.

[100] David Ross, *The Right and the Good*, Clarendon Press, 1930.

[101] Nicole Roughan, *Authorities: Conflicts, Cooperation, and Transnational Legal Theory*, Oxford University Press, 2013.

[102] Nicole Roughan, *Judging Raz*, Jurisprudence, Vol. 7:1, 2016.

[103] Kristen Rundle, *Form and Agency in Raz's Legal Positivism*, Law and Philosophy, Vol. 32:6, 2013.

[104] T. M. Scanlon, *What We Own to Each Other*, Belknap Press, 1998.

[105] T. M. Scanlon, *Reasons: A Puzzling Duality?*, in R. Jay Wallace, Philip Pettit, Samuel Scheffler and Michael Smith eds., Reason and Value: Themes from the Moral Philosophy of Joseph Raz, Clarendon Press, 2004.

[106] T. M. Scanlon, *Being Realistic about Reasons*, Oxford University Press, 2014.

[107] Katrien Schaubroeck, *Legal Normativity and the Instrumental Principle*, in Stefano Bertea & George Pavlakos eds., New Essays on the Normativity of Law, Hart Publishing, 2011.

[108] Frederick Schauer, *The Force of Law*, Harvard University Press, 2015.

[109] Frederick Schauer, *Incomplete Responses*, in Christoph Bezemek & Nicoletta Ladavac eds., The Force of Law Reaffirmed:

Frederick Schauer Meets the Critics, Springer, 2016.

[110] Frederick Schauer, *Deconstructing Law's Normativity*, https://papers.ssrn.com/sol3/papers.cfm?abstract_id=3080437, December 9,2017.

[111] Scott J. Shapiro, *Authority*, in Jules L. Coleman & Scott J. Shapiro eds., The Oxford Handbook of Jurisprudence and Philosophy of Law, Oxford University Press, 2002.

[112] Scott J. Shapiro, *Reply to Crocker, Guest and Murphy*, Analysis, Vol. 72:3, 2012.

[113] Roger Shiner, *Norm and Nature: The Movement of Legal Thought*, Clarendon Press, 1992.

[114] A. John Simmons, *Boundaries of Authority*, Oxford University Press, 2016.

[115] Nigel E. Simmonds, *Straightforwardly False: The Collapse of Kramer's Positivism*, The Cambridge Law Journal, Vol. 63: 1, 2004.

[116] Alexander Somek, *The Legal Relation: Legal Theory after Legal Positivism*, Cambridge University Press, 2017.

[117] Zofia Stemplowska, Adam Swift, *Ideal and Nonideal Theory*, in David Estlund ed., The Oxford Handbook of Political Philosophy, Oxford University Press ,2012.

[118] Anna Stilz. *Liberal Loyalty: Freedom, Obligation, and the State*, Princeton University Press, 2009.

[119] Brian Z. Tamanaha, *Law as a Means to an End: Threat to the Rule of Law*, Cambridge University Press, 2006.

[120] Brian Z. Tamanaha, *A Realistic Theory of Law*, Cambridge University Press, 2017.

[121] Kevin Toh, *Hart's Expressivism and His Benthamite Project*, Legal Theory, Vol. 11:2, 2005.

[122] Kevin Toh, *An Argument Against The Social Fact Thesis (and some additional preliminary steps towards a new conception of legal positivism)*, Law and philosophy, Vol. 27:5, 2008.

[123] Jeremy Waldron, *Kant's Legal Positivism*, Harvard Law Review, Vol. 109:7, 1996.

[124] Jeremy Waldron, *The Dignity of Legislation*, Cambridge University Press, 1999.

[125] Jeremy Waldron, *Is the Rule of Law an Essentially Contested Concept (in Florida)?*, Law and Philosophy, Vol. 21:2, 2002.

[126] Jeremy Waldron, *International Law: "A Relatively Small and Unimportant" Part of Jurisprudence?*, in Andrea Dolcetti & James Edwards eds., Reading HLA Hart's The Concept of Law, Hart Publishing, 2013.

[127] Jeremy Waldron, *Political Political Theory: Essays on Institutions*, Harvard University Press, 2016.

[128] Wil J. Waluchow, *Inclusive Legal Positivism*, Clarendon Press, 1994.

[129] Ralph Wedgwood, *The Nature of Normativity*, Oxford University Press, 2007.

[130] Fabian Wendt, *Authority*, Polity, 2018.

[131] Robin West, *Normative Jurisprudence: An Introduction*, Cambridge Press, 2011.

[132] Bernard Williams, *Moral Luck: Philosophical Papers* 1973-1980, Cambridge University Press, 1982.

[133] Bernard Williams, *In the Beginning Was the Deed: The*

Deed Realism and Moralism in Political Argument, Princeton University Press, 2005.

[134] Bernard Williams, *Ethics and the Limits of Philosophy*, Routledge, 2006.

后　　记

后记可能是全书最早构思的一部分了，然而到了真正落笔之时却又觉得无从下手。思来想去，觉得“平平淡淡才是真”，把自己想要说的诚心说出来就好。本书由我的博士论文修改而成，在2016年暑期博士论文选题之时，国内法哲学界对拉兹的专题性著作和论文并不多见，而且多集中于对他的法律实证主义理论进行研究。五年时光过去，拉兹似乎已经成了研究热点，规范性研究对法哲学领域也不再陌生，不少学术新星们将该主题的研究向前推进了一大步。不过，我认为自己的博士论文还是有一定的价值，研究方法和对拉兹的解读仍有很多创新之处，因而一直有心修改后出版。然而，博士毕业之后迫于学术界“内卷”的考核压力，一度远离了对拉兹的理论研究，试图去研究更加具体的法律问题，这使博士论文的修订工作总是有心无力。但是，考虑到出书可以作为一项考核“成果”，考核压力最终又促使我现在回到了这本博士论文，考虑放弃遥遥无期的“完美主义”修订计划，经过一定程度的修订之后呈现在大家面前。

与小说或其他领域的学术著作不同,阅读法哲学、政治哲学、伦理学的著作需要静心,也需要投入大量的非碎片化时间,去领会和反思论证的整个过程。对拉兹的文本来说更是如此,国内外学界几乎都认为,拉兹并不是一个"读者友好型"的作者。我在阅读这些论著时总是有痛并快乐着的感觉,一方面忍受着阅读晦涩文本的痛苦,另一方面总是在阅读过程之中享受着知识的快乐。我想,无论以后会不会继续研究这个主题,这种知识上的收获都是受益终身的。仔细算起来,自己对法哲学的研习已经有多个年头,正是有许多人的关心和帮助,才使我能够静下心来阅读思考,也才使这本书能够呈现在大家面前。

首先要感谢的是我的博士导师吴玉章研究员,吴老师的治学为人都值得我终身学习。吴老师是国内翻译拉兹著作的第一人,这篇论文的发端正是由于他的关心。在仔细询问了我硕士期间的学习情况之后,吴老师鼓励我沿着法律实证主义这条路深入挖掘。在我将博士开题的想法告诉吴老师时,他欣然同意并提出了很好的研究建议。在博士论文的写作阶段,吴老师也多次关心提出很中肯的修改意见,并多次强调"深入浅出"的写作要求。但惭愧的是,受个人能力限制,这项写作计划无论在文风还是内容上很可能都没有达到吴老师的标准。

同样要感谢的是我的硕士导师夏锦文教授。夏老师是我整个学术研究的引路人,第一次见到夏老师时,他就为我们开列了非常详细的书单,让我们能够系统地掌握法理学的基本知识框架,同时也让我找到了研究的兴趣点,避免去走很多弯路。尽管与夏老师的研究方向并不完全一致,但他还是积极鼓励我将法律实证主义作为硕士阶段的主攻方向。在博士论文写作过程中,夏老师也对我的学习生活颇为关心,提醒我将心思放在论文撰写上。

本书的主体部分是在博士阶段写作完成的,请允许我按照拼音顺序予以真诚的致谢。感谢封丽霞、蒋余浩、田雷、沈宏彬老师在考博过程之中提供的帮助。感谢法学所崔燕云、赵晓莉老师，研院班主任闫雷老师在读博期间的悉心关怀。感谢甘德怀、龚庭泰、庞正、孙文恺等多位不同时期的法理学授课老师启发我对理论的兴趣，感谢蔡琳老师在本科论文写作时教导我写作规范，感谢硕士时期法哲学读书会的朋友们。感谢博士开题和答辩委员会的老师们，为论文的修改和完善提供了很大的帮助。在三年的博士读书期间，蔡宏伟、曹丽君、陈真楠、陈森、丁胜、冯川、何明智、贾海洋、江悦、金磊、李树静、林娜、刘朋朋、刘胜江、刘昭陵、刘振宇、鲁小江、宋烨、王绍喜、王栀韩、吴刚、武文扬、吴映雪、徐聪、徐阳、杨祝顺、张彬、张兰兰、张奇、张泽、郑松、周俊仰等同学在生活和学术上与我有一定的交流。特别记忆犹新的是，与姜鹏、赵晓光在博一学年常常在学校食堂交流法理学的观点，我们多次聊到食堂下班，这些真是愉快美好的回忆。

这几年，一些朋友给予了我很多关心和帮助，这些关心和帮助有些是学术上的，更多是学术之外的。如果没有你们多年来的鼓励和对话，我不会对学术有这么执着的追求，也更不可能有这本书现在的模样。我是一个非常内敛的人，平时可能没有向你们表示过感激，请允许我在这里说一句"谢谢你们"！免得挂一漏万，我不在这里列出详细的清单，但是仍需要提及高扬、顾萍萍、钱济平、叶子豪、张晶、周扬等，特别要感谢为我提供参考文献的钱一栋、杨建、赵英男，以及帮我下载论文的好友黄佩映、李诚予。

本书一些内容的初稿曾在期刊上发表，其中第二章前两节的初稿发表于《哲学分析》，第四章中间两节的一个不同版本发表于《道德与文明》，第五章前两节的部分内容被写入《法制与社会发展》上发表的论文中，在本书的写作和修订过程之中，这些内容经过了一定程度的补充、修改甚至颠覆。本书也原文附录了发表于《北大法律评论》的一篇相关论文，并得到了编辑和出版社的许可。在此，谢谢这些期刊的编辑和审稿老师们的肯定。

博士毕业后我来到了宁波大学法学院工作，之前完全没有想到学院里有这么多主业或副业研究法哲学、政治哲学和伦理学的老师们,以后真要多向你们学习请教。法学院是一个温馨的大家庭,感谢学院领导和同事们的关怀,特别感谢钭晓东院长和谢小瑶老师对本书出版的帮助。这里也要感谢原工作单位在读博期间给予的较为宽松的学习环境。

放眼此时面前的书架,我很难数清楚自己到底收藏了多少本法律出版社的书籍。本科以来,法律出版社的各种著作就成为专业知识的重要来源。因此,非常荣幸能在这里出版自己的第一本著作。感谢李群、翁潇潇等老师专业、耐心、细致、高效编辑工作,促使这本书能够以更加完善的形态呈现在读者面前。

最后,要感谢我的家人,特别是我的母亲。工作多年之后读博,并且毕业后到了一个全新的城市,我的家人肯定承受着相当大的压力。他们很宽容我的选择,尤其是任凭我根据自己的爱好选择了"以学术为业",而放弃了在收入上可能更为丰厚的专业和职业。感谢他们这么多年来容忍我的任性,默默地支持我,这是我的幸运。

金　韬

2021年5月20日